慧眼识数

内部审计赋能企业数字化转型

杨玲玲　肖　竞◎主编

人民邮电出版社
北京

图书在版编目（CIP）数据

慧眼识数 : 内部审计赋能企业数字化转型 / 杨玲玲，肖竞主编. -- 北京 : 人民邮电出版社，2023.8（2024.5重印）
ISBN 978-7-115-61903-7

Ⅰ. ①慧… Ⅱ. ①杨… ②肖… Ⅲ. ①数字技术－应用－企业管理－内部审计－研究 Ⅳ. ①F239.45

中国国家版本馆CIP数据核字(2023)第102491号

内 容 提 要

本书围绕企业数字化转型治理层的主要关切，从内部审计定位与价值、内部审计赋能企业数字化转型的关键举措及与之匹配的内部审计数字化能力建设等方面展开研究，旨在明确内部审计在数字化时代的新定位、新价值，并为企业内部审计数字化转型提供有益参考。其中，第一篇“审时度势”主要阐明企业数字化转型的内涵、阶段、各阶段的主要风险及内部审计的定位和价值。第二篇“审势而行”梳理了内部审计发展历程和在数字经济时代面临的挑战和机遇，提出内部审计在当前数字化趋势下的灵魂“三问”。第三篇“价值之审”主要介绍内部审计赋能企业数字化转型的重要举措，包括实施企业数字化转型战略审计、完善企业数字化转型风险审计、加强企业数字化转型合规审计及促进企业数字化审计能力的内外共享。第四篇“识明智审”探究内部审计如何推进自身数字化能力体系建设以更好地发挥数字化审计职能，明确了审计数字化的建设路径和关键成功因素。第五篇给出了相关企业的优秀应用实践。

◆ 主　　编　杨玲玲　肖　竞
　责任编辑　赵　娟
　责任印制　马振武
◆ 人民邮电出版社出版发行　　北京市丰台区成寿寺路 11 号
　邮编　100164　　电子邮件　315@ptpress.com.cn
　网址　https://www.ptpress.com.cn
　北京盛通印刷股份有限公司印刷
◆ 开本：720×960　1/16
　印张：18.5　　　　　　2023 年 8 月第 1 版
　字数：220 千字　　　　2024 年 5 月北京第 2 次印刷

定价：99.90 元

读者服务热线：(010)53913866　印装质量热线：(010)81055316
反盗版热线：(010)81055315

推荐序

企业数字化转型是一个快速迭代的过程，目标是建立起一个相对稳态的数字原生企业。数字原生企业（Digital Native Enterprise，DNE）指在深度数字化的大背景下，以新一代数字技术为核心驱动力，以数字思维为关键指导原则，以快速业务创新和灵活市场响应为导向的那些企业。这类企业不仅将数字技术作为支撑业务的重要手段，而且也将数字化贯穿到企业文化和战略层面。

企业在做数字化转型的过程中要内外兼修，不仅要转变“形”，更要修炼“魂”。数字化转型既是公司治理体系发挥作用的过程，也是数字时代公司治理体系进一步完善和升级的机会。

内部审计是公司治理体系的重要组成部分，是独立、客观的确认和咨询活动。企业内部审计不仅可以从内部第三方视角有效洞察企业内部数字化建设和数字化转型，还可以发挥内部咨询顾问的作用，成为企业内部业务发展、IT 基础设施重构和迈向数字原生的合作伙伴。

工欲善其事，必先利其器。内部审计需要自身数字化赋能才能发挥上述职能，赋能企业数字化。一方面，内部审计团队需要懂数字化。既要了解数字技术，也要认识数字化转型的内涵，理解数字化新模式、新业态、新架构，新思维；另一方面，内部审计团队还要通过数字化加持，提高审计质效，促进发挥审计价值。

可以说，企业数字化转型对内部审计来说既是机遇也是挑战。企业数字化转型的核心特点之一是开放、合作，以助力数字化转型为目标，同时需要进行数字化转型的内部审计，也可以通过内外部生态的资源共享，有效获得所需知识、技能、数据、人力等，快速补齐能力短板，促进履行审计职能，满足公司治理层的时效性要求。因此，生态合作和能力共享是推进企业数字化转型的关键和有效的渠道。

中国信息通信研究院云计算与大数据研究所（以下简称云大所）在人工智能、大数据、区块链、云计算和数据中心等技术领域持续不断地进行产业探索与标准研究的同时，也在不遗余力地推动新技术在不同行业和管理领域的应用发展。例如，云大所成立了智慧健康和金融科技两个技术与行业融合、促进技术赋能行业发展的专业部门；又如，成立了审计与治理部，从审计和治理的视角，与“产、学、研、用”各方协同开展生态建设、课题研究、标准制定、技术预研等活动，输出成果与资源，促进产业发展和应用示范。

本书是云大所与中国内部审计协会、南京审计大学以及数字审计领域需求侧和产业侧生态合作、课题研究的成果，也是将数字审计知识、专家智库、最佳实践向企业内部审计进行阶段性能力输出、资源共享的介质。这是业内一本系统性分析与介绍数字经济时代，内部审计新价值、新定位、新举措和新挑战的图书，并且全面地介绍了内部审计数字化转型的道、法、术、器。希望本书能够提高公司治理层对数字审计职能的重视，促进内部审计资源的保障和数字审计能力的建设。

由于时间仓促，本书可能还存在遗漏和不足之处，希望各位读者批评指正。

在数字化治理体系的建设中，还有很多重要的领域和核心问题需要共建和共研。云大所将继续发挥生态组织者、合作协调者和业务服务者的作用，推动企业治理现代化建设，促进数字经济高质量发展。

中国信息通信研究院云计算与大数据研究所所长

何宝宏

前言

党的二十大报告明确指出，要加快建设数字中国。2023年年初，中共中央、国务院下发的《数字中国建设整体布局规划》进一步提出我国的数字治理体系要更加完善。数字治理是数字中国可持续、高质量发展的重要保障。

审计作为国家治理的重要组成部分，肩负着数字时代统筹安全与发展的使命。企业内部审计具有视野宽广、独立性强、客观性强的特点，同时，企业内部审计不仅能够横向打通企业的业务管理领域，还能够对某个专业方向进行纵向深耕。企业内部审计，特别是通过数字化加持的内部审计在企业数字化转型中是不可或缺的一环，必将大有可为。

企业治理层需要内部审计发挥内部监督者、咨询者的独立、双重身份，对企业数字化转型现状、能力和效能进行描述、评价、解读，识别数字化转型规划、现状与监管要求的差距，明晰在同业中的位置及与领先同业的差距，了解各板块、部门数字化转型的能力差异，为下一步数字化转型战略部署、数字化能力全面提升提供决策支撑与方向把控，充分发挥内部审计赋能企业数字化转型的推动作用，确保企业数字化转型战略目标的实现。

本书由来自20多家机构的60余名内审专家共同编写完成，汇集了专家们的真知灼见和探索实践，既是审计人向企业治理层展现新定位、新价值的推介书，也是审计人开展数字化转型的宝贵指南和工具书。

本书第一篇“审时度势”，从审计视角解读了数字化转型的内涵、分析了数字化转型的价值。

本书第二篇“审势而行”，介绍了审计不可不知的那些事、不可不了解的那些年，以及不可不应对的那些变化与挑战，并提出和回答了数字时代，满足众多读者需求、引起无限共鸣的内部审计灵魂“三问”。

一问：在时代洪流中奔腾，内部审计如何赋能企业数字化转型。

二问：打铁还需自身硬，为了更好地实现赋能，内部审计如何适应企业数字化转型。

三问：数字化审计与审计数字化的区别与联系分别是什么。

本书第三篇“价值之审”，有理有据地介绍了在数字化转型的大背景下，企业需要内部审计发挥重要职能、实现更大价值，帮助企业促战略、防风险、保合规，激发治理动能，并且结合前瞻实践，体系化、落地性地介绍了具体的行动方案。

本书第四篇“识明智审”，旗帜鲜明地提出了坚持科技强审理念。推动数字技术与审计工作有机融合，是数字时代提升监督效能的前提。书中指出，审计数字化不只是微观层面平台、工具、模型的建设，更是中观层面制度、流程、团队的重塑，宏观层面文化和组织的转型。通过“审计数字化建设路径”和“审计数字化五大关键成功因素”两个章节的内容，读者可以根据企业特点选择合适的规划思路和建设方案，并有效借鉴同业实践，在数字化转型建设道路上少走弯路、多避坑，提高转型效能。

第五篇“博学审例”，展示了5家不同行业、不同性质的企业数字化转型案例，结合第四篇的理论介绍，读者能够对数字化转型怎么转、转成什么样有更全面的认识和更深刻的理解。

本书由一批有情怀的内部审计界的领导和专家共同完成，献给有同样情怀的众多审计同行者。我们也相信，本书能让更多非审计领域的管理者和同事们看到审计人的情怀和价值。

目录

第一篇　审时度势

第一章　回归本质：解惑数字化转型…… 002

第一节　数字经济：数字化转型的驱动力 …… 002

第二节　数字化转型定义、内涵与外延 …… 006

第三节　数字化转型技术新底座 …… 007

第四节　数字化转型的驱动因素 …… 012

第二章　数字化转型价值发现与重塑 …… 016

第一节　企业数字化转型都转什么 …… 016

第二节　找到风险才能对症下药 …… 018

第三节　把握机会，开启数字化转型之路 …… 023

第二篇　审势而行

第三章　内部审计的发展历程 …… 026

第一节　关于审计那些事 …… 026

第二节　内部审计发展那些年 …… 027

第三节　内部审计的前进方向…………………………………………… 033

第四章　内部审计迈向新征程…………………………………………… 041

第一节　格局打开，内部审计面对的环境变化 …………………………… 041

第二节　理解变化，内部审计经历的企业变革 …………………………… 042

第三节　开放接纳，内部审计机构应对新挑战 …………………………… 044

第五章　内部审计灵魂“三问” ………………………………………… 047

第一节　一问：在时代洪流中奔腾，内部审计如何赋能企业数字化转型 …… 047

第二节　二问：打铁还需自身硬，为了更好地实现赋能，内部审计如何适应企业数字化转型…………………………………………… 048

第三节　三问：数字化审计与审计数字化的区别与关系分别是什么 ……… 049

第四节　结论：寻求通往价值之审的道路 ………………………………… 050

第三篇　价值之审

第六章　用内审促战略，精准发力“定方向” …………………………… 056

第一节　国家数字化转型重大战略落实跟踪审计 ………………………… 056

第二节　企业数字化转型战略规划及落地审计 …………………………… 058

第三节　企业数字化转型绩效审计…………………………………………… 060

第七章　用内审控风险，夯实转型“稳定器” …………………………… 062

第一节　数据治理审计 ………………………………………………………… 063

第二节　新技术采用风险审计 ……………………………………………… 073

第三节　模型助力企业数字化管理和智能化决策 ………………………… 085

第四节　研发运营一体化审计（DevOps 审计）…………………… 091

第五节　核心数字化产品审计 …………………………………… 105

第六节　开放服务审计 …………………………………………… 114

第八章　用内审查合规，筑牢监管“生命线”…………………… 121

第一节　网络安全合规审计 ……………………………………… 123

第二节　数据安全合规审计 ……………………………………… 129

第三节　个人信息保护合规审计………………………………… 134

第九章　用内审强能力，激发治理“新动能”…………………… 141

第一节　数字经济时代，你能胜任吗 …………………………… 141

第二节　解读内审能力 …………………………………………… 143

第三节　能力内部共享 …………………………………………… 144

第四节　能力外部共享 …………………………………………… 146

第四篇　识明智审

第十章　洞察审计数字化…………………………………………… 150

第一节　审计数字化的内涵………………………………………… 150

第二节　为什么做审计数字化……………………………………… 151

第十一章　审计数字化建设路径…………………………………… 156

第一节　内部审计数字化能力建设 ……………………………… 156

第二节　审计数字化建设四大领域………………………………… 157

第三节　审计数字化建设基础路径………………………………… 161

第四节　审计数字化建设四大典型场景……………………………… 165

第五节　集团化企业管控模式下的审计数字化建设路径 …………… 197

第十二章　审计数字化五大关键成功因素……………………………… 206

第一节　思想文化要引领 ……………………………………………… 206

第二节　组织模式要变革 ……………………………………………… 209

第三节　团队能力要重塑 ……………………………………………… 212

第四节　审计流程要再造 ……………………………………………… 215

第五节　制度体系要保障 ……………………………………………… 218

第五篇　博学审例

因情施策、统建分治，多元化集团审计数字化建设之路——华润集团内部审计数字化转型成果……………………………………………… 222

科技赋能，智慧审计——中信银行内部审计数字化转型成果案例 …… 232

科学规划，明确路径，体系化推进审计数字化建设——浦发银行内部审计数字化转型成果案例 ……………………………………… 244

纵向贯通，横向协同，体系融合——中国远洋海运集团内部审计数字化转型成果案例 ……………………………………………… 254

多业态、多种类、全流程审计数字化建设——物产中大集团内部审计数字化转型成果 ……………………………………………… 267

后记……………………………………………………………………… 277

第一篇

审时度势

第一章　回归本质：解惑数字化转型

第一节　数字经济：数字化转型的驱动力

（一）数字经济理论研究

推动数字经济高质量发展，迫切需要加强数字经济发展的相关重点理论研究。《“十四五”数字经济发展规划》要求，深化数字经济理论和实践研究，完善统计测度和评价体系。

加强数字经济发展的理论研究，既有利于我国抓住新一轮科技革命和产业变革的大好机遇，又有利于推动形成系统化的数字经济理论体系。建构数字经济理论体系，需要深化对数字经济的概念、内涵和特征的认识，加强数字技术和数据要素对经济发展影响的机理研究，在创新经济学研究方法体系方面下功夫，以数字经济的新假设、新特征、新产业、新业态、新模式和新研究方法等推动经济学理论创新。

（二）数字经济政策发展

2020 年，《中共中央关于制定国民经济和社会发展第十四个五年规划和二〇三五年远景目标的建议》要求加快数字化发展：发展数字经济，推进数字产业化和产业数字化，推动数字经济和实体经济深度融合，打造具有国际竞争力的数字产业集群；加强数字社会、数字政府建设，提升公共服务、社会治理等数字化智能化水平；建立数据资源产权、交易流通、跨境传输和安全保护等基础制度和标准规范，推动数据资源开发利用；扩大基础公共信息数据有序开放，建设国家数据统一共享开放平台；保障国家数据安全，加强个人信息保护；提升全民数字技能，实现信息服务全覆盖；积极参与数字领域国际规则和标准制定。

2021年，中共中央、国务院印发的《国家标准化发展纲要》提出，建立数据资源产权、交易流通、跨境传输和安全保护等标准规范，推动平台经济、共享经济标准化建设，支撑数字经济发展。

2022年，国务院印发《"十四五"数字经济发展规划》，明确了"十四五"时期推动数字经济健康发展的指导思想、基本原则、发展目标、重点任务和保障措施，指出应以数据为关键要素，以数字技术与实体经济深度融合为主线，加强数字基础设施建设，完善数字经济治理体系，协同推进数字产业化和产业数字化，赋能传统产业转型升级；提出到2025年，数字经济核心产业增加值占国内生产总值比重达到10%。

2022年《政府工作报告》更是首次以单独成段的方式提出，促进数字经济发展，加强数字中国建设整体布局。在九大重点任务中，数字经济被列为第四大重点任务，发展重点集中于建设数字信息基础设施，促进产业数字化转型，加快发展工业互联网，完善数字经济治理等。

（三）数字经济助力产业升级

信息化为我国带来了千载难逢的机遇，我们必须紧紧抓住信息化发展的历史机遇，以信息化驱动现代化，发展数字经济，加快推进数字产业化、产业数字化，利用互联网新技术、新应用对传统产业进行全方位、全角度、全链条的改造，引导数字经济和实体经济深度融合，提高全要素生产效率，最大限度地释放数字技术对经济发展的放大、叠加、倍增作用，推动经济高质量发展。

数字经济的重要意义不仅体现在对经济总量的贡献上，更重要的是对产业结构优化升级所起到的推动作用。一方面表现为数字技术赋能传统产业，另一方面表现为数字技术不断催生新产业。数字技术赋能传统产业，通常也被称为产业数字化，即利用数字技术对传统行业的业务进行升级，进而提升生产数量和效率。从生产流程的角度来看，数字技术可以通过对企业生产过程中产生的数据进行分析，将程序性业务交给计算机处理，从而降低操作的失误率。同时，企业通过数据分析，能够对业务流程进行全面且系统的监督，及时发现生产经营过程中存在的问题和隐患，降低风险。从制定产品策略的角度来看，数字技术可以帮助企业快速、准确地收集和处理来自消费端的数据，从而更好地洞察消费需求以指导生产，降低了企业决策失误的概率。而且，企业根据消费需求进行定制化生产，既能更好地满足消费者需求，也能为企业带来新的机遇。

数字经济助力产业升级，一方面需要推动产业数字化，建设大数据中心，夯实智能经济基础。基于海量的经营、生产、客户大数据，以优化、预测为重点，利用人工智能技术，实现感知智能、数据智能和协同智能，大幅提高效率和降低成本，从根本上提升企业竞争力。实施“上云用数赋智”行动，推动数据赋能全产业链协同转型。在重点行业和区域建设国际水准的工业互联网平台和数字化转型促进中心，深化研发设计、生产制造、经营管理、市场服务等环节的数字化应用，培育发展个性化定制、柔性化制造等新模式，加快产业园区数字化改造。深入推进服务业数字化转型，培育众包设计、智慧物流、新零售等新增长点。加快发展智慧农业，推进农业生产经营和管理服务数字化改造。另一方面需要推动数字产业化，培育壮大人工智能、大数据、区块链、云计算、网络安全等新兴数字产业，提升通信设备、核心电子元器件、关键软件等产业水平。构建基于5G的应用场景和产业生态，在智能交通、智慧物流、智慧能源、智慧医疗等重点领域开展试点示范。鼓励企业开放搜索、电商、社交等数据，发展第三方大数据服务产业。促进共享经济、平台经济健康发展。

（四）我国数字经济前景广阔

随着产业数字化的深入发展，我国数字化进程正在由消费端全面渗透生产端。我国拥有完备的现代工业体系，是全世界唯一拥有联合国产业分类中全部工业门类的国家，在生产端拥有丰富的场景优势。近年来，我国大力推进以5G、工业互联网为代表的新型基础设施建设。截至2022年年底，我国已建成5G基站超200万座，占全球70%以上，5G终端用户突破4亿；有一定影响力的大型工业互联网平台超过100家，连接设备数量超过7600万台（套）。这些海量的企业级用户场景和需求数据，将极大地促进我国本土企业针对客户需求开展技术和产品迭代创新，实现创新驱动发展。同时，以数字技术为代表的新一代信息技术与能源技术交叉融合，数字经济在绿色低碳发展领域呈现广阔的应用前景。数字技术与新能源技术融合形成的数字能源技术，将有效构建数字经济时代绿色低碳的生产生活方式，为我国在工业化进程中实现绿色低碳发展提供了关键路径。

第二节　数字化转型定义、内涵与外延

数字化转型是指将数字技术和通信手段融入产品、服务与业务流程，以数字形式定义产品和服务，改变企业创造价值的方式。

企业数字化转型是指利用数字技术，对企业战略体系、商业模式、业务流程、生产运营、组织架构等进行全方位、系统化的变革和重塑，其内涵主要包括业务转换、数据融合、流程重构 3 个层面。

业务转换是指将企业的业务流程各个环节产生的各类控制文件、经营管理结果等，通过实时的数据采集，转换成计算机可读取、可存储、可计算的数据。

数据融合是对从企业实体业务中产生的各类数据，通过信息网络和数据管理技术，实现数据流通，让企业全方位、全过程、全领域的数据能够实时流动与共享，实现信息技术与业务管理的真正融合。数字化转型本质上是新一代信息技术驱动下的一场业务、管理和商业模式的深度变革重构，技术是支点，业务是内核。

流程重构是指以数据为核心，以信息化、网络化、智能化建设为基础，建立能适应数字经济环境下的新流程架构，将战略、计划、组织、实施、管理等重构为数字化流程。

数字化转型是流程重构，是业务运营模式和商业模式的数字化延伸。

一个层面是实现业务运营模式的变化，例如，中国石化的智能工厂建设，九江石化通过现场巡检业务模式的变化，实现了内外操作一体化，简化了交接班方式。中国石化销售电商平台“石化 e 贸”上线后，化工品销售模式从原来的渠道销售变为平台销售。中国石化智能管道上线运行后，通过在沿线的铁塔上安装摄像头，利用图像识别方式自动识别管

道附近是否有人员滞留，预防打孔盗油，还能从定时巡检转变为发现问题再去现场巡检，彻底改变了巡检模式。

另一个层面是企业商业模式的转型，例如，从卖产品变为卖服务，从卖自产商品变为卖所有商品，从服务少数客户变为服务更多的客户。中国石化建设智能油站，将加油站升级为综合服务站，从仅卖成品油发展到综合提供加气、充电服务，洗车、修车等后装服务，广告及银行业务，电信服务，销售生活用品，提供休闲餐饮服务等。中国石化旗下的工业品电商平台“易派客”上线运行后，彻底改变了物资装备部门保供的职责定位，把采购能力升级为标准服务，提供给社会和企业用户，创造了新的利润增长点。企业数字化转型的目的在于带来新的价值，拓展新的发展领域，这些价值或领域的获得依赖于对数据资产的盘活，企业数字化转型的本质则是挖掘和利用企业日渐丰富的数据资产，让数据资产市场化。

在企业业务运营模式和商业模式的数字化延伸中，数字化营销至关重要，将产品以最有效、最直接的方式推荐给最合适的消费者，并在第一时间获得更多的用户，也是许多企业关注的重点。

第三节　数字化转型技术新底座

（一）技术驱动力

数字化能够成为行业的热点及共识，技术的不断发展演进是重要的推动力。每年都会有很多新技术涌现，企业和机构需要主动了解新技术及其发展趋势，并结合自身的特点对新技术的影响进行详细评估。新技术促进了与人们生产生活场景息息相关的应用与商业模式的创新，例如，通过手机扫描二维码付款、工业互联网在工厂广泛应用、人脸识别成为公共交通工具安检的手段等。这些已经相对成熟的技术让每一个人、每一个设备都成为重要的数据源，而这些丰富的数据所隐含的价值巨大。

在大数据的快速发展中，企业可以借助众多技术实现对数据的洞察。最常见的场景是通过多种数据源的集成与分析，构建用户画像以实现精确营销、信用评级、金融风险管控等工作。因此，大数据的重要性在于帮助企业发现并分析不同数据源的逻辑关系。面对丰富的数据源及海量的数据，企业除了通过大数据技术进行数据采集、清洗、分析，还利用人工智能、云计算、区块链、5G 等技术对数据进行存储、处理和分析，从而赋能企业数字化转型。

（二）万物互联

随着越来越多的事物、人、数据和互联网联系起来，网络的价值与联网的用户数的平方成正比。万物互联是指将人、流程、数据和事物结合在一起，使网络连接更加相关，更有价值。万物互联将信息转化为行动，为国家、企业和个人带来更加丰富的体验和前所未有的发展机遇。过去，所有数据处理都集中在企业拥有和运营的数据中心。而现在，工业物联网设备应用于无人驾驶汽车、无人机、闭路电视摄像头、心脏监视器、石油钻塔等。这些设备生成的大量数据需要被及时处理。这会导致计算领域发生巨大的转变，需要云网边端协同一体化发展。

（三）人工智能

人工智能（Artificial Intelligence，AI）是中小企业数字化转型的重要手段和工具，其借助机器学习等技术为数据价值的发现带来了新的能力，使机器具有执行认知的功能。人工智能在自然语言处理、图像识别、自动驾驶等领域展现出显著的优势，不仅改变了人机交互的方式，也深刻影响了决策、执行的模式。

一方面，AI 通过转变工作方式，提升生产过程的自动化程度，处理简单、重复、低附加值、高危险性任务，让业务人员从繁琐的工作中得到释放，帮助中小企业提升劳动生产率。例如，AI 呼叫中心解决方案可以提供产品库存开放时间、预订取消等查询服务，并实现与客户“7×24”小时不间断互动。另一方面，AI 能够提升管理决策的预测准确性，提高资产维护和管理效率。AI 能够大幅降低预测成本，助力中小企业进行基于数据驱动的决策，以降低不确定性风险，识别潜在的商业机会。此外，AI 可以影响中小企业业务流程的多个环节，通过分析已有数据和知识积累，发现新的业务价值点、业务流程或客户需求，以数据流带动技术流、物资流、资金流和人才流，改变成本结构和价值创造过程，推动企业业务创新和模式变革。市场营销、供应链管理和生产过程是人工智能影响最大的业务环节，预测、质量控制等是各环节中人工智能技术应用的主要方面。

（四）区块链

区块链本质上是一个“去中心化”的数据库，同时作为比特币的底层技术，是一串使用密码学方法相关联产生的数据块，每一个数据块中包含了一批次比特币网络交易的信息，用于验证其信息的有效性（防伪）和生成下一个区块。区块链是分布式数据存储、点对点传输、共识机制、加密算法等计算机技术的新型应用模式。从科技层面来看，区块链涉及数学、密码学、互联网和计算机编程等学科问题。从应用视角来看，区块链是一个分布式的共享账本和数据库，具有“去中心化”、不易篡改、全程留痕、可追溯、集体维护、公开透明等特点。这些特点保证了区块链的“诚实”与“透明”，为区块链创造信任奠定基础。

面对数字时代的新问题和新挑战，越来越多的企业正在积极拥抱新型数字技术，加快数字化转型，区块链也受到各行各业的关注和重视。第一，区块链采用分布式存储结构，因此区块链系统中的每个节点都存有系统上的所有数据，各流程数据公开透明，帮助企业解决传统数据管理模式中面临的“数据孤岛”问题，提高数据协作效率，充分挖掘和释放数据潜力。同时，区块链集成隐私计算等密码学技术，可以在不泄露数据隐私的前提下实现数据的安全共享。基于以上技术特点，区块链可以帮助企业在数字化转型的过程中对各类流程数据进行更加透明、安全的管理。第二，为应对数字化转型，企业常常需要对供应链进行大规模的改革重组，将原材料采购、产品生产、销售等供应链中各个环节的关键数据上链存储，区块链技术可以确保这些数据难以被篡改、全程可追溯，帮助企业更好地监控和管理供应链中的各个环节。第三，企业可以将事先确定好的条件和条款以代码的形式写进区块链上运行的智能合约里。当这些条件或条款被满足时，智能合约就会自动开始执行，从而提高流程效率。同时，基于区块链上的数据难以篡改等技术特征，智能合约的执行也是不可逆转和难以篡改的，能够确保流程执行的安全可靠。第四，区块链集成的分布式账本、密码学等技术同样有助于企业在数字化转型过程中优化财务管理流程。与传统的中心化账本技术相比，区块链的分布式账本技术可以实现数据的“去中心”管理，使数据全程可追溯。

（五）云计算

云计算是分布式计算的一种，是指通过网络“云”将巨大的数据计算处理程序分解成无数个小程序，然后通过多部服务器组成的系统处理和分析这些小程序，并将得到的结果返回给用户。通过这项技术，企业可以在很短的时间内完成对海量数据的处理，从而实现强大的网络服务。我国已经进入云计算发展的高潮期，云计算、大数据等技术在移动互联网飞速成长的带动下，成为构建数字化基础设施的中坚力量，不仅取得了技术层面的巨大进步，也深刻影响了企业信息化的发展路径。在产业转型的过程中，我国各行业企业纷纷利用云计算等新技术，提升了生产效率、创新能力和资源利用率，带动发展模式变革，为最终实现数字化转型奠定了坚实的基础。可以说，云计算是数字化转型的基石和助推器，进一步推动数智化时代的快速来临。

（六）5G 网络

5G 是具有高速率、低时延和大连接特点的新一代宽带移动通信技术，5G 通信设施是实现人、机、物互联的网络基础设施。

国际电信联盟定义了 5G 的三大类应用场景，即增强型移动宽带（eMBB）、超可靠低时延通信（uRLLC）和大连接物联网（mMTC）。eMBB 主要面向移动互联网流量爆炸式增长，为移动互联网用户提供更加极致的应用体验；uRLLC 主要面向工业控制、远程医疗、自动驾驶等对时延和可靠性具有极高要求的垂直行业应用需求；mMTC 主要面向智慧城市、智能家居、环境监测等以传感和数据采集为目标的应用需求。同时，“5G+工业互联网”正在成为加速千行百业数字化转型、助力经济社会高质量发展的重要引擎。“5G+工业互联网”与实体经济的融合，推动了制造、能源、交通、医疗等行业的数字化、网络化、智能化转型发展。

第四节　数字化转型的驱动因素

我国高度重视数字化发展进程，各行各业都在加速推进相关部署工作，努力实现数字化转型。数字化转型的驱动要素可以总结为政策层面、产业层面和技术层面。

政策层面，国家战略为企业数字化转型提供制度支持。我国相继出台了一系列政策文件以推动企业数字化转型。例如，《“十四五”数字经济发展规划》中明确指出要协同推进数字产业化和产业数字化，实现数字经济高质量发展。数字经济成为促进经济增长、提升竞争优势和治理能力、化解供需市场波动风险的关键力量。为推动我国企业数字化转型，《关于加快推进国有企业数字化转型工作的通知》《关于银行业保险业数字化转型的指导意见》《中小企业数字化赋能专项行动方案》等相关政策集中出台，为促进企业数字化发展提出指导意见和推进措施。

产业层面，数据共享与跨界融合已成大势所趋。企业只有打通各部门之间的数据壁垒，实现数据共享，才能更好地挖掘数据价值。数字化转型与数据共享是双向赋能的关系，数据共享是企业数字化发展的基础，数字化也为实现数据共享提供了直达路径。同时，就产业内部而言，任何一个环节的中断都会造成上下游企业的巨大损失，而产业的数字化转型可以打通产业链的供应链上下游，让企业对产业整体趋势进行分析和预测，打破“信息孤岛”的局面。因此，数字化对于驱动产业效率提升、推动产业跨界融合、重构产业组织的竞争模式，以及赋能产业升级具有重要意义。

技术层面，信息技术快速更迭驱动企业利用新技术获取竞争优势。例如，企业利用人工智能技术取代重复低价值劳动，IT 基础设施建设能够提供环境支持，海量的大数据蕴藏的大量商机亟待挖掘，物联网、云计算能够支撑算力升级。同时，信息技术的发展推动了各类社交平台和新媒体平台的发展，使用户需求得到大量释放。

经过工业化、电气化、信息化 3 个阶段之后，全球现在已经进入数字化阶段，全球数字化转型势不可挡。

我国通信、金融、能源、制造业等行业都已积极开启数字化转型之路并取得卓有成效的阶段性成果。

中国石化推进五大体系建设，大力推进数据治理工作，建立健全数据标准体系、数据资源共享与数据资产管理机制；建设集团级、企业级数据资源中心和统一的数据中台、数据服务平台；加强大数据、人工智能等专业人才培养，提高全员数字化素养和应用技能，推动业务数字化和数字化业务创新，培育数字新业态、新产业，发展数字新产品、新服务。

中国石油锚定“数字中国石油”建设目标，围绕“业务发展、管理变革、技术赋能”三大主线，坚持“价值导向、战略引领、创新驱动、平台支撑”总体原则，推动数字技术与油气产业深度融合，深化管理体制改革，加快人力资源的数字化转型，重塑经营管理和综合管理的架构和流程。

中国电信在 2022 年加大推进云改数转战略发展力度，加快建设“高速泛在、天地一体、云网融合、智能敏捷、绿色低碳、安全可控”的智能化综合数字信息基础设施。

中国移动聚焦“四个三”战略内核，牢牢把握数字化转型加速的发展机遇。加快“三转”，即推动业务发展从通信服务向信息服务拓展延伸，推动业务市场从 toC 为主向 CHBN[1] 全向发力、融合发展，推动发展方式从资源驱动向创新驱动转型升级；聚力“三新”，即推进新基建、融合新要素、激发新动能；深化“三融”，即构建基于规模的融合、融通、融智价值经营体系；提升“三力”，即打造高效协同的能力、合力、活力组织运营体系。

中国联通数字经济主航道将“大联接、大计算、大数据、大应用、大安全”作为主责主业，加快构建“多元共建、互补互促、跨界融合、竞合共生”的数字生态，创建贯穿创新链、产业链、价值链的全新生态体系，构建“全覆盖、全在线、全云化、绿色化、一站式”数字化服务。

鞍钢集团积极打造数字鞍钢。数字鞍钢建设围绕自动化、信息化、数字化、智慧化建设，制定“四化”攻关指标，聚焦“智慧管理、智慧生产、数字产业创新发展”3 条路径，全面优化升级“管控、钢铁、矿山、钒钛、交易、金融、物流、技术”八大体系。

中国商飞搭建数字化的协同建模仿真平台，构建集成统一的采购数字化管理平台，推动大飞机制造产业实现采购数字化，打造更高效敏捷的数字供应链；打造一批数字化领军人才和创新团队，初步形成“数字飞机”产品和服务；建设大飞机数字港生态圈，实现共享；不断使业务智能化，努力使其发展成为世界知名的数字化商用飞机基础能力中心 5G 产业圈。

1. C是指个人移动业务、H是指家庭业务、B是指政企业务、N是指新兴业务。

中国盐业启动了数字化转型推动数字化与业务的深度融合，为企业发展赋能，充分利用新工艺和大数据参与“健康中国”行动，主动服务国家能源战略，不断拓展延伸盐的产业链和价值链，寻求新的增长点。

价值效益是企业开展业务活动所创造且可度量的经济价值、社会价值及效益的结果，它既是企业数字化转型的出发点，也是数字化转型的落脚点。数字化转型给企业带来的价值有以下 3 个方面：一是生产运营优化，企业通过数字技术对传统存量业务进行改造优化，提升传统产品的规模化生产与交易水平；二是产品 / 服务创新，随着传统产品市场从增量走向存量，越来越多的企业加快运用数字技术，通过产品 / 服务创新，拓展基于传统业务的延伸服务、增值服务，进而获取增量发展空间；三是业态转变，企业专注于发展壮大数字业务，形成符合数字经济规律的新型业务体系，价值创造和传递活动由线性关联的价值链、组织（企业）内部价值网络转变为开放价值生态。

第二章　数字化转型价值发现与重塑

第一节　企业数字化转型都转什么

数字经济大潮下，各行各业对数字化转型展开研究，其内涵日益丰富。数字化转型是发展数字经济的必由之路，也是用数据构建“新经济”的要求。在企业数字化转型的探索过程中，学术界和产业界对数字化转型有不同的认知和解读。

IDC 认为数字化转型是利用数字技术（例如云计算、大数据、人工智能、物联网、区块链等）和能力来驱动企业商业模式创新及商业生态系统重构的途径和方法，其目的是实现企业业务的转型、创新、增长。

华为公司提出数字化转型是指通过新一代数字技术的深入运用，构建一个全感知、全连接、全场景、全智能的数字世界，进而优化再造物理世界的业务，对传统管理模式、业务模式、商业模式进行创造和重塑，实现业务成功。

中国信息通信研究院发布的《中国数字经济发展与就业白皮书》提出，数字化转型是指产业与数字技术全面融合，提升效率的经济转型过程，即各产业利用数字技术，把产业各要素、各环节全部数字化，通过对数字世界的仿真模拟、设计优化等操作，推动技术、人才、资本等资源配置优化，推动业务流程、生产方式重组变革，从而提高生产效率。

企业数字化转型是一项战略性、系统性工程，企业需要突破产业技术的专业壁垒，制定从“静”到“动”的发展战略，从“刚性”到“柔性”的新型能力，从“技术”到“数量”的解决方案，从“水平”到“扁平”的治理体系，从“分工”到“生态”的业务转型，从而开辟价值出现的新空间，以转型的系统性应对环境的不确定性。

在战略转型方面，企业应该注重发展战略的重塑。面对日益复杂多变的环境，企业必须增强竞争优势的可持续性和战略灵活性，重塑自身的价值主张。从构建封闭价值体系的静态竞争战略，到共同创造共享开放价值生态系统的动态竞争合作战略；由仅关注竞争，转向构建多重竞合关系；由职能分工型的固化业务场景，转向灵活柔性的动态业务场景；从基于技术创新构建商业壁垒的长期价值获取模式，到资源共享、能力共建的开放价值生态模式。

在能力转型方面，企业应该注重新型能力的构建。为应对显著增加的不确定性，企业需要在能力模块化、数字化和平台化的基础上实现能力与业务的解耦，加强对价值创造和传递的支持，从刚性固化的传统能力体系转向可柔性调用的数字能力体系。根据价值体系创新与重构的要求，企业推进产品创新、生产运营控制、用户服务、生态合作、员工赋权、数据开发等数字化能力的建设与提升。

在技术转型方面，企业应该注重解决方案的升级。企业要想改变推进数字化转型中“治标不治本”的现象，需要坚持制度观念，共同推动技术创新和管理变革，强化技术价值支撑。企业应提供从基于技术元素的解决方案到基于数据元素的系统解决方案，即规划和实施涵盖数据、技术、流程、组织 4 个要素的系统解决方案，通过互动、创新、协同、优化，推动数字化能力的持续提升。

在管理转型方面，企业应该注重治理体系的变革。为了更好地提高企业对变化的反应速度，需要充分激发员工的主观能动性，加强价值管理支持。从封闭的自上而下的管理控制到开放的动态灵活的管理，全面推进数字化治理，调整企业组织结构，改革管理模式，创新企业文化，以合适的治理体系为企业数字化转型提供管理保障。

在业务转型方面，企业应该注重业务创新的转型。企业要想在存量市场竞争中开辟可持续发展的新价值空间，就需要不断推进业务创新和转型，实现价值获取。企业要从基于技术专业化的垂直业务系统到具有需求牵引和能力授权的开放业务生态系统。通过业务数字化、业务整合、商业模式创新和数字化业务培育，加快转变过去以技术专业化为基础的垂直业务体系，构建需求牵引、能力赋能的开放业务生态系统。

在国家数字经济战略和各行业数字化规划的推动下，实施数字化转型已经成为企业提升自身竞争力和价值的必然选择。但由于数字化转型的先进性和复杂性，企业在转型的过程中必定会面临诸多新的风险和挑战。内部审计在此过程中应该充分发挥审计监督、评价和咨询的职能作用，由守护企业健康发展的忠诚卫士发展为促进企业数字化转型的有力推手，为企业数字化转型的顺利实施和持续发展保驾护航。

第二节　找到风险才能对症下药

数字化转型不是简单的信息化、数字化升级，也不是一蹴而就的工程项目，过程中充满了风险和挑战。从内部审计的视角来看，可以将企业数字化转型划分为战略规划、落地实施、持续完善 3 个阶段。作为一个体系化的大工程，企业数字化转型应该是一个迭代优化的过程，在各阶段之间通过及时、有效的评估和修正，保证企业数字化转型按照正确的方式、沿着正确的方向进行。数字化转型阶段划分及各阶段价值定位如图 2-1 所示。

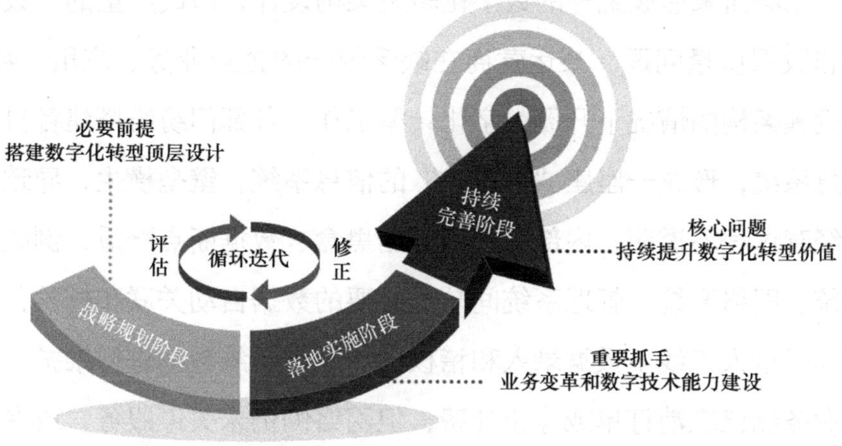

图 2-1　数字化转型阶段划分及各阶段价值定位

（一）战略规划阶段

该阶段的风险主要有数字化转型规划未有效结合国家政策和企业实际制定；数字化转型战略目标不清晰，重在“数字化”建设，而非“转型”；忽视数字化组织架构、协同机制、文化保障、人才资源支撑等数字化治理领域的有效协同；未建立统一的企业应用、数据、基础设施架构等。

数字化转型未在企业治理领域形成有效的管理和协同机制，造成企业数字化战略目标无法实现。某集团在数字化转型的过程中成立了数字技术子公司，负责推动集团数字化转型工作，但未建立强有力的集团层面数字化转型统筹机制，导致推进力度不够，各部门间无法融合，技术不理解业务、业务排斥技术，数字化重复建设，造成严重的资源浪费，数字化投入未能给企业带来匹配的效率提升和商业模式创新效果。

企业层面未形成统一的数字化转型架构设计，造成严重的“数据孤岛”和数据质量问题。某运营商在缺乏统一的企业业务、应用、数据、基础设施架构的情况下开展数字化转型工作。各部门纷纷搭建各自条线的信息系统，形成一座座“烟囱式”的信息系统，壁垒横生，导致企业生产经营过程不透明，内部跨部门数据黑盒、数据断点严重，例如，计费系统、网络系统、管理系统间缺乏必要的数据自动关联和校验，需要大规模通过人工线下数据录入和稽核的方式对系统数据进行维护，频繁出现业务侧已取消订单或停止计费，但网络侧仍未关停服务，或者业务侧已开始向客户收费，但网络侧未开通服务等情况，造成直接经济损失和大量客户流失。

企业虽然重视数字化转型，却忽略了与企业业务和规模的适配性，导致投入资金浪费、数字化转型中途刹车。国外某企业进行数字基础设施建设规划时，未考虑业务增长情况、公共云服务价格与企业运行自己数据中心成本的差异等问题，贸然选择上云策略，投资了上亿美元，经过一年多的上云周期后，发现投入的成本对企业利润率造成重大的负面影响。该企业无奈之下，又将大部分业务从公共云转移到直接由租赁和本地运营的低成本定制基础设施。最终，该企业的数字化项目停滞，且产生数千万美元的经济损失。

（二）落地实施阶段

本阶段的主要风险有数字化转型项目实施进度、投入和结果与规划目标不一致；数据资产质量差；数字化产品和平台引发各种业务、安全和合规风险等。

数字化过程中忽略了数据标准建设和数据质量管理，导致数据质量差，数据中台不足以支撑企业持续的数据分析和经营管理需求。某制造业企业在数字化转型实施的过程中，企业内部数据标准未统一、数据字典不一致，数据采集后缺少清洗、核对、修正等环节的工作，重要决策、应用数据不全面、不准确，造成大量资源投入建设的数字化分析平台无法真正、有效地对企业经营管理决策提供支撑。

数字化产品管理流程和制度不规范，带来严重的监管处罚。以互联网贷款产品管理不规范受监管处罚为例，2021 年 8 个月内共出现 19 次由于互联网贷款管理不规范而受罚的案件，问题主要集中在互联网贷款管理制度及流程存在重大缺陷、线上贷款开展不审慎、业务发展与风险管理能力不匹配、个人线上贷款管控不到位等。

业务系统缺陷导致企业巨额资金损失。某企业证券策略交易系统包含订单生成系统和订单执行系统两个部分，存在程序调用错误、额度控制失效等设计缺陷，并被连环触发，导致短短 2 秒生成 26082 笔共计 70 多亿元巨量非正常交易市价委托订单。此次事件当日造成资金损失 1.94 亿元，给企业造成巨大的经济损失。

（三）持续完善阶段

该阶段的主要风险有网络安全、数据安全挑战复杂化、规模化，防控压力持续加大；内部控制措施不完善，企业资金损失、用户权益受损事件频发等。

大量 App 因违反个人信息保护监管要求而被下线，相关业务中断，企业利益受损。工业和信息化部持续推进 App 个人信息保护专项整治，2021 年，工业和信息化部组织对 208 万款 App 进行了技术检测，通报违规 1549 款 App，下架 514 款 App。2022 年 2 月，工业和信息化部披露了第 21 批侵害用户权益行为的 App 名单，包含涉及生活社区、线上教育、游戏娱乐、金融及科技等多个领域的 120 款 App，问题集中在强制用户使用定向推送功能、违规收集个人信息、超范围收集个人信息等，工业和信息化部依法依规组织开展相关处置工作，对相关企业进行处罚。

新技术管理不规范引发新风险，导致大额业务损失。某国际金融企业针对其信贷资产组合开发智能风控模型，模型验证团队在模型开发后的验证阶段发现模型存在重大缺陷，但因企业缺乏针对模型风险的有效管理流程，导致此重大缺陷被忽略。模型上线后的预测效果不佳，基于此模型的业务自动执行错误投资策略，造成大额业务损失。

新技术运营模式下的内控机制和流程没有同步更新，员工舞弊、恶意操作事件频发。某企业内部信息系统权限控制失效、技术内控流程不完善，扩大了员工舞弊机会，出现技术开发人员私自篡改信息系统，将其编写的病毒程序植入企业生产环境，监守自盗，造成企业大额资金流入个人账户。某互联网企业普通 IT 运维员工在其个人住所通过计算机连接公司虚拟专用网络，登录公司服务器后执行删除任务，4 分钟便将企业服务器内数据全部删除，造成 300 余万名用户无法正常使用该公司产品。

第三节　把握机会，开启数字化转型之路

企业在落实和推进数字化转型的过程中，要及时发现并高效解决阻碍转型发展的问题，有效规避或降低各类风险，进而塑造企业内部高质量、可持续的转型和发展环境，这是成功完成数字化转型、实现转型目标的必要条件。

通过加速数字化转型（主要表现为提升数字化、网络化、智能化水平）来加强自身的快速应变能力、提升运转效率、降低生产成本，成为企业应对新挑战、寻求新机遇的核心方案。企业需要慎重地确定发展目标与前进方向，并根据运行过程中的实时反馈结果不断地更新与调整策略，以适应快速变化的现实状况。

第二篇

审势而行

第三章　内部审计的发展历程

第一节　关于审计那些事

审计作为一项具有独立性的经济监督活动，从真实性、合规性、效益性 3 个维度对被审计单位进行监督，提升利益相关方对被审计单位的信心。

我国现行的审计体系包括国家审计、社会审计和内部审计。国际内部审计师协会（Institute of Internal Auditors，IIA）发布的《国际内部审计专业实务框架》中明确定义，内部审计是一种独立、客观的确认和咨询活动，旨在增加价值和改善企业的运营，它通过应用系统的、规范的方法，评价并改善风险管理、控制及治理过程的效果，帮助企业实现其目标。随着 2018 年 1 月《审计署关于内部审计工作的规定》（审计署令第 11 号，以下简称 11 号令）的颁布，内部审计被赋予了贯彻落实国家重大措施、企业发展规划、战略决策、年度计划执行、境外经济活动的审计职能，其重要性不言而喻。

内部审计的价值在于提供信息的真实性与可靠性，这些信息是企业治理的重要基石。内部审计通过建立内部控制制度并严格监督其执行，帮助企业减少或者避免损失，当实施内部审计的成本小于可预见的损失时，企业的价值就增加了。在企业发展的进程中，内部审计作为重要的工作组成部分，不仅有助于企业管理者及时发现企业在发展中存在的问题，还可以为企业后续发展提供重要的战略规划，不断优化当前的工作模式，实现经营的合理改进，助力企业价值增值。

第二节　内部审计发展那些年

改革开放以来，内部审计有效维护了财经纪律和市场秩序，促进我国政府部门、企事业单位的健康可持续发展，内部审计凭借其强有力的监督制衡作用，与业务部门和风险管理部门共同组成风险管理的三道防线。

党的十八大以来，党中央对全面深化改革、全面推进依法治国等做出了一系列重大战略部署，尤其是11号令颁布以来，内部审计工作的环境发生了一系列重大变化。这就更需要进一步加强内部审计制度设计，完善企业自我约束机制，促进内部审计在企业经济决策科学化、内部管理规范化、风险防控常态化等方面发挥重要作用。

“读史可以明智，博古方能通今。”只有站在历史的高度，对改革开放以来我国内部审计在事业、制度和学科建设方面的历程进行深入的研究，才能在新时代更好地促进我国内部审计事业的健康发展。

（一）内部审计事业发展历程

纵观我国内部审计事业的发展历程，本书将其划分为4个时期，即探索形成时期、巩固调整时期、转型发展时期和全面提升时期。

（1）改革开放全面展开时期的内部审计——探索形成时期（1983—1992 年）

1978 年，党的十一届三中全会吹响了我国改革开放的号角。为解决经济体制改革和对外开放中出现的新问题，适应加强财政经济监督的需要，1982 年修订的《中华人民共和国宪法》确立了在我国实行独立的审计监督制度。1983 年，中华人民共和国审计署成立。1983 年 8 月，《国务院批转审计署关于开展审计工作几个问题的请示》拉开了我国内部审计建设的序幕。1985 年，国务院颁布的《国务院关于审计工作的暂行规定》将内部审计的管辖权下放给审计署。1985 年 12 月，审计署首次颁布了《审计署关于内部审计工作的若干规定》，指出内部审计是国家审计体系的组成部分，明确了内部审计机构的主要任务、职权和程序。早期的内部审计以保护财产、查错防弊（财务审计）为主，其职能主要是监督。1987 年中国内部审计学会成立，同年加入 IIA。中国内部审计学会从成立伊始便确定了加强内部审计宣传、开展内部审计理论研究和学术活动、协助有关单位培训内部审计人员以及参加国际内部审计学术组织等任务，有力地推动了我国内部审计事业的发展。随着宪法确立我国实行审计监督制度和审计机关的逐步建立，在党中央、国务院的高度重视和审计机关的大力推动下，各部门、各企事业单位纷纷成立内部审计机构，配备内部审计人员，紧紧围绕经济工作中心，遵照“边组建、边工作”的方针，在探索中前进，在前进中发展。

（2）社会主义市场经济体制初步建立时期的内部审计——巩固调整时期（1992—2002 年）

1992 年 10 月，党的十四大做出建立社会主义市场经济体制的重大决策。1994 年 8 月 31 日，第八届全国人民代表大会常务委员会第九次会议审议通过的《中华人民共和国审计法》，是中华人民共和国成立后的第一部审计法，在国家的法律中第一次肯定了内部审计制度，使内部审计制度具有较高的法律地位。2002 年，中国内部审计学会更名为中国内部审计协会（China Institute of Internal Audit，CIIA），这标志着我国内部审计走向职业化的开端。CIIA 自成立以来，颁布了我国第一套内部审计准则，引进了CIA 考试制度，创办了《中国内部审计》杂志，组织编写了多部内部审计相关的专著和教材，并启动了课题研究工作，利用专家研究成果，推动我国内部审计理论和实务的发展。

（3）完善社会主义市场经济体制时期的内部审计——转型发展时期（2002—2012 年）

2002 年后，中央和国家机关有关部门持续加大内部审计制度建设力度。2003 年后，地方人大常委会、地方人民政府也相继出台了一大批有关内部审计的法规规章和规范性文件，2003 年，审计署修订发布了《审计署关于内部审计工作的规定》（审计署令第 4 号，以下简称 4 号令）。CIIA 陆续发布了《内部审计基本准则》《内部审计人员职业道德规范》，以及多项具体准则和实务指南，搭建了较为完善的内部审计准则体系。

这一时期，社会主义市场经济体制进一步完善，内部审计机构总结发展经验，积极借鉴国际内部审计的成熟做法，全面贯彻落实科学发展观，牢固树立科学审计理念，内部审计业务活动的重心逐步由财务合规性审计为主，向以内部控制、风险管理为导向的管理审计为主转变，内部审计在完善组织治理、加强风险管理、支持转变发展方式、促进股份制改造、建立现代企业制度等方面发挥着越来越重要的作用。

（4）中国特色社会主义新时代的内部审计——全面提升时期（2012年至今）

2013年，CIIA发布了新修订的《中国内部审计准则》，我国内部审计准则体系进一步完善和成熟，并逐步与国际准则接轨。2014年，CIIA修订颁布了《内部审计质量评估办法》，启动内部审计质量评估工作。2016年11月，根据《中共中央办公厅 国务院办公厅关于印发〈行业协会商会与行政机关脱钩总体方案〉的通知》要求，CIIA与审计署脱钩，改制成为社会团体，其后部分地方协会也逐步启动脱钩工作，内部审计职业组织在新的环境中继续发展。

2018年1月，审计署先后出台两项重要文件，即11号令和《审计署关于加强内部审计工作业务指导和监督的意见》（审法发〔2018〕2号），文件的出台为内部审计工作在新时代激发新动能、取得新成效提供了重要的制度保障。

2018年5月23日，在中央审计委员会第一次会议上，强调加强对内部审计工作的指导和监督，调动内部审计和社会审计的力量，增强审计监督合力。这是中央领导对内部审计工作的最新指示和要求，在中国内部审计发展史上具有里程碑意义。2018年9月底，审计署新成立了内部审计指导监督司，内部审计事业迎来新的发展机遇。

党的十八大以来，中国特色社会主义进入新时代，以习近平同志为核心的党中央高度重视审计工作，并做出一系列重大决策部署。特别是党的十九大以来，党中央决定改革审计管理体制，组建中央审计委员会，优化审计署职责，着力加强党对审计工作的领导，构建集中统一、全面覆盖、权威高效的审计监督体系。全国各级内部审计机构坚持以习近平新时代中国特色社会主义思想为指导，认真贯彻落实党中央决策部署，不断完善内部审计体制机制，拓展内部审计领域，健全内部审计法规制度体系，提升信息技术手段，强化内部审计质量，在促进各部门各单位完善内部治理、提升发展质量、推动深化改革、促进反腐倡廉等方面做出了重要贡献，日益成为党和国家审计监督体系中的重要组成部分。

（二）内部审计制度建设历程

1983 年，《国务院批转审计署关于开展审计工作几个问题的请示的通知》，明确“对下属单位实行集中统一领导或下属单位较多的主管部门，以及大中型企事业组织，可根据工作需要建立内部审计机构或配备审计人员，实行内部审计监督”。

1985 年，《国务院关于审计工作的暂行规定》要求国务院和县级以上地方各级人民政府各部门、大中型企事业单位应建立内部审计监督制度，根据审计业务需要，分别设立审计机构和审计人员，在本部门、本单位主要负责人领导下，负责本部门、本单位的财务收支及其经济效益审计，内部审计的业务要受国家审计机关的领导；《审计署关于内部审计工作若干规定》指出内部审计是部门、单位加强财政财务监督的重要手段，是国家审计体系的组成部分，国家行政机关、国营企业事业组织应建立内部审计监督制度。

1988 年，国务院发布《中华人民共和国审计条例》，对内部审计的机构设置、人员职责、工作范围和领导关系做出了明确规定。20 世纪 90 年代以后，随着市场经济体制改革的推进，对设立内部审计制度的要求散见于原国家经济体制改革委员会发布的《股份有限公司规范意见》《有限责任公司规范意见》等文件。

1994 年颁布的《中华人民共和国审计法》进一步明确了内部审计机构的设置要求及其与审计机关的关系。为落实《中华人民共和国审计法》关于内部审计的规定，1995 年审计署发布了《审计署关于内部审计工作的规定》。2006 年新修订的《中华人民共和国审计法》采用描述法进一步扩大了内部审计机构的设置要求，2010 年国务院发布修订后的《中华人民共和国审计法实施条例》，强化了审计机关对内部审计的指导和监督。

2003 年，4 号令之后 CIIA 陆续发布了一系列内部审计准则。2003—2009 年，CIIA 陆续发布了 1 个内部审计基本准则、1 个内部审计职业道德规范和 29 个内部审计具体准则。与此同时，从 2004 年开始，CIIA 开始发布内部审计实务指南，截至 2011 年陆续发布了 5 个内部审计实务指南。至此，我国内部审计规范体系基本建成。

2012 年，随着我国经济社会的发展，各类企业对内部审计的重视程度日益提高，内部审计迎来了新的发展机遇和挑战，对内部审计准则也提出了新的要求。CIIA 对原准则进行了全面、系统的修订，于 2013 年发布了新版《中国内部审计准则》，包括 1 个基本准则、1 个职业道德规范和 20 个内部审计具体准则，为新时期的内部审计工作提供了科学、规范的指引。

2018 年 1 月，11 号令的颁布开启了新时代内部审计工作的新征程。CIIA 又先后发布了审计档案工作、内部审计业务外包管理和经济责任审计 3 个具体准则，以及审计报告、信息系统审计、建设项目审计和经济责任审计 4 个实务指南。内部审计制度体系的不断完善有力地推动了我国内部审计工作的健康发展。

第三节　内部审计的前进方向

（一）扩展内部审计业务活动领域

劳伦斯·索耶很早就提出现代内部审计通过评价组织的全部活动来为组织服务，强调内部审计未来的发展主题应是业务导向和管理导向的综合审计。国外权威机构和专家学者此后对内部审计开展的业务进行研究探讨，安德鲁·贝利于2002年提出内部控制审计、风险管理审计和治理程序审计将成为重点；加拿大审计长公署组织的专门小组于2006年提出内部审计逐步开发出更多的自我评估程序帮助管理人员确定风险和基本控制，内部审计将更加注重高层次和职能部门的衔接问题；安永会计师事务所于2008年指出内部审计在努力改善公司的运营活动和过程中越来越关注战略性层面，公司治理、相关的人力资源、所执行的基础控制活动等领域将发生重要变革；钱伯斯于2009年提出财务审计仍然是内部审计的基础，效益与管理是内部审计的核心，责任与控制是内部审计的永恒主题。IIA对此统计的结果显示，近70%的企业的内部审计部门重视管理审计，通过审查流程和分析系统来提高企业的运行效率，并确保对业务流程和结构的战略性塑造，仅有6%的企业还未开展管理审计的业务。2013年，IIA研究报告显示，国际上内部审计开展的业务活动中，运营审计占28%，财务审计占21%，合规审计占14%，IT审计占9%，风险管理审计占7%，战略审计占5%，舞弊审计占5%，其他审计占11%。这些研究在2009年IIA发布的《国际内部审计专业实务框架》中均有所体现，关注内部控制审计、风险管理审计、治理程序审计是内部审计工作的重点。CIIA在其2013年发布最新《中国内部审计准则》中也曾明确提出，内部审计应开展业务活动、内部控制和风险管理领域的审计。

进入 21 世纪第二个十年以来，全球政治经济环境快速变化，许多新的风险浮出水面。IIA 在“聚焦风险”系列研究中，2021 年和 2022 年连续两年都把网络安全、隐私保护等列入最值得关注的 5 项风险。随着《审计署关于内部审计工作的规定》、国有资产监督管理委员会《关于深化中央企业内部审计监督工作的实施意见》等部门规章和监管要求的出台，内部审计的关注范围也因此得到了进一步的拓展。

（二）内部审计工作方式方法与时俱进

在人口变化、全球经济力量对比变化、城镇化加速、气候变化、资源稀缺、技术突破的今天，内部审计工作的方式方法面临重大的变革与挑战。从国际上看，总体趋势是在有限的人力资源的约束下，内部审计尽可能改变工作方式方法，基于风险导向依法开展内部审计工作，减少审计时间，提升效率。作为企业的首席审计执行官要成为综合型领导，能够在规划今天的同时，高瞻远瞩，看到快速逼近的风险，并据此制订明天的审计计划。审计要关注风险盲点，采取持续改进的方法。2015 年国际内部审计职业中讨论最激烈的内容就是内部审计将会发生怎样的变化。其中，加强数据分析的应用这一共同主题在内部审计各方面和企业大多数领域中都已经显现出来，内部审计人员可能面临的最大业务变化就是风险识别方法的重大改进和发展，因为许多部门都在不同的阶段开展了数据分析，并建立了预测模型，挖掘以往数据以找出未来事项的线索。这是一种在许多企业彻底改变其他部门工作方式的变革，而内部审计也已经进入要更好地利用 IT 技术来完成变革的阶段。2015 年，拉瑞·哈林顿认为，由于有些人批评内部审计工作只向后看，而不向前看，所以一些企业采取的下一个步骤是把对数据的分析转换为预测性分析。

审计技术创新是审计工作适应经济社会发展和科学技术进步的客观要求，也是有效履行审计监督职责和节约审计资源、提高审计效率的需要。审计技术创新是推动审计发展变革的根本力量，并最终推动审计工作其他方面的创新。审计技术创新不仅是技术的突破，还是理念的变革和组织方式的创新。随着大数据、云计算、区块链等技术的兴起，内部审计也在不断探索如何利用对以这些技术驱动的业务进行审计，以及如何运用相关技术不断提升内部审计的胜任能力。内部审计应积极转型，以强化远程审计能力为抓手，向着实现持续审计的目标不断发展，提升审计的敏捷性。在此过程中，机器人流程自动化（Robotic Process Automation，RPA）、人工智能、虚拟现实等技术都是内部审计可以借助的工具。

在当前我国经济新常态的背景下，内部审计适应新常态从“揭露问题型”向“持续改进型”转变；以改善风险管理为审计理念，从“过程控制型”向“风险管理型”转变；以采用新技术、新方法为审计理念，从“借鉴应用型”向“开发创新型”转变。在熟练掌握传统方法的同时，创新审计技术与方法；积极探索大数据、信息化和互联网背景下的内部审计工作，提高内部审计效率。

（三）推动内部审计成果的运用和整改工作

审计成果的有效利用能提升审计工作的成效，有利于发挥审计对企业增值的作用。在审计成果运用方面，企业可以通过建立内部审计发现问题整改机制、审计成果和信息共享机制、信息服务改进管理机制来实现。

内部审计为企业增加价值，改善运营，进而实现企业的目标是。因此，通过内部审计工作发现问题只是起点，重点在于整改，落实审计成果。审计整改是指被审计企业根据审计机构依法依规审计所提出的建议，对其自身存在的违法违规问题进行纠正和改进。各企业要高度重视审计整改工作，制定内部审计整改和责任追究规定、办法或实施细则，推动内部审计整改工作有效开展。

整合各层级审计资源，建立审计成果和信息共享机制，加强各级审计机关、不同审计项目之间的沟通交流，实现审计成果和信息及时共享，提高审计监督成效。充分利用内部审计和外部审计的结果，合理确定审计信息报送范围，实现审计成果和信息及时共享，减少重复审计，降低审计成本。同时通过建立内部审计案例库、健全管理制度，完善内部审计信息服务，改进管理机制。

（四）培育良好的内部审计环境

影响内部审计工作成效的决定性因素之一是环境。领导的重视、被审计企业对内部审计工作的认识、内部审计人员对工作的理解决定了内部审计发挥作用的程度。首先，建立健全完善的治理结构。内部审计作为企业治理的四大基石之一，是企业治理的重要组成部分，同时，治理过程审计也是内部审计重要的业务类型之一，通过内部审计发现治理过程中的问题，进而提出改善治理的建议。在完善的治理环境中，企业管理者对内部审计工作的关注和理解，有利于发挥内部审计的作用。其次，内部审计应设立增值目标，服务对象是所有利益的相关者。从 2001 年

IIA 的内部审计新定义及其内部审计专业实务框架，到 2013 年 CIIA 颁布的最新准则，都强调内部审计不再是查错纠弊，应以为企业增值作为主要目标。内部审计的服务对象不仅是企业的高管层和被审计单位，还应服务于企业内外部的所有利益相关者，例如，企业外部的供应商、客户、投资者、监管者等，企业内部的高管层、被审计单位、内部审计自身等。因此，内部审计需要了解所有利益相关者对内部审计的需求，以便提供相应的供给。再次，内部审计由被动接受变为自愿主动进行。如今，内部审计的功能已由监督、评价变为确认与咨询，内部审计通过一系列的确认活动和咨询活动，充分地发挥了参谋、咨询的作用，成为企业发展的有益助手。因此，企业各层级对内部审计的依赖性越来越强，主动提出内部审计需求慢慢成为一种常态。最后，健全完善的制度体系。内部审计作用的发挥有赖于完善的制度体系建设。一方面，强化内部控制体系建设；另一方面，建立健全内部审计制度规范，包括内部审计章程、内部审计制度、内部审计相关环节的配套制度和实施细则，以促进内部审计工作的开展。

（五）建立独立集中管理的内部审计机构

独立设置内部审计机构，加强集中化管理是未来内部审计发展的趋势。IIA 曾针对内部审计机构设置进行过一次调查，调查结果显示，75% 的企业的内部审计职能基本集中或完全集中管理；仅有 25% 的企业采用了分散式或较为分散的内部审计职能体系。

在我国，2018 年审计署 11 号令第六条明确指出“国家机关、事业单位、社会团体等单位的内部审计机构或者履行内部审计职责的内设机构，应当在本单位党组织、主要负责人的直接领导下开展内部审计工作，向其负责并报告工作”。强调和保证内部审计的独立性，增强内部审计工作的有效性。事实证明，直接领导和对其报告负责者的地位越高，相应的内部审计机构的地位也越高，也越有利于开展内部审计工作。我国内部审计机构的设置及报告关系存在向董事会、监事会、总经理、与财务部门合署办公、与纪检监察合署办公，既向董事会又向总经理报告的双重报告关系等模式。调查显示，目前我国独立设置内部审计机构的占比大，从报告关系来看，占比最大的是向董事会和总经理报告。就内部审计而言，由于其工作的特殊性，为促进企业实现目标，帮助企业增加价值，更应提高内部审计的独立性，独立设置内部审计机构。2015 年，中共中央办公厅、国务院办公厅印发了《关于完善审计制度若干重大问题的框架意见》及配套文件，其主要任务之一是强化上级审计机关对下级审计机关的领导。这一要求的主要目的是增强审计的独立性和整体合力，强化审计统筹工作。对于规模较大的集团化企业，内部审计机构设置有分级管理、垂直管理、分级与垂直相结合、集中与分级相结合等模式，但无论采用何种模式，内部审计机构设置越来越向集中管理发展。独立集中化的内部审计机构设置有利于调动内部审计资源，并有助于企业执行较为简单的标准化审计流程，增强审计的独立性，同时有利于董事会或高管层对内部审计的管控，进而有利于发挥内部审计的增值作用。

（六）培养具备综合素质能力的内部审计人员

IIA 在发布的《国际内部审计专业实务框架》中就职业道德规范、第 1100 号客观性、第 1210 号专业胜任能力与应有的职业审慎，以及其实务公告第 1120 号等均对内部审计人员应具备的能力素质进行了规定。CIIA 在 2013 年发布的《中国内部审计准则》的第 1102 号内部审计人员职业道德规范、第 2105 号结果沟通、第 2305 号人际关系等，对此也有明确的说明。内部审计的有效开展需要内部审计人员具备必要的品德、知识和技能。例如，具备政治坚定、诚信正直、客观公正、保守秘密等品德；掌握经济管理、行业业务、政策法规和新兴技术等知识；拥有信息获取、风险识别、沟通协调、数字化审计等技能。2006 年，加拿大审计长公署组织的专门小组提出，内部审计师技能、知识和技术手段与组织的策略要一致化。2015 年，哈林顿曾预测，将会有更多的内部审计师具有非传统的专业背景，例如工程学等。这种专业背景的多样化会加强部门整体的业务敏锐度。他说，“内部审计师将来要进一步加强自己的分析和批判性思维技能、运用信息技术的技能、数据分析的能力、风险管理的能力以及沟通技巧，他们要认识到品牌的价值并努力在组织中树立自身的品牌”。2015 年，索菲亚·托马斯提出“我们的工作不应再局限于财务会计领域，而应有所扩展，我更倾向于发现心理学者、工程师和管理专业人员，并将他们培养成好的内部审计师”。

时代是在不断发展的，内部审计对象的业务、技术等也是在不断前进的，这就决定了内部审计人员终身学习的必要性。一方面内部审计人员要不断学习审计对象涉及的专业知识；另一方面还要了解国家方针政策，学习审计专业知识和各类技能。内部审计人员要自觉适应新变化，践行新理念，全面学习贯彻党的二十大精神，开创内部审计工作新局面，更好地彰显内部审计在企业中的“预警”和“免疫系统”作用。

在国际权威咨询机构对内部审计人员应具备的相关职业技能统计中发现，内部审计人员在当前比较欠缺的技能依次是对信息的综合分析能力，战略型与批判性思维能力，动态地掌握审计新原理、观念与技术的能力，识别与理解风险及相关机遇的能力，对客户与市场的关注能力，根据一般审计与专项审计目标做出职业判断的能力等。因此，企业应通过提供必要的培训机会和其他途径提升内部审计人员的综合素质能力。

第四章　内部审计迈向新征程

第一节　格局打开，内部审计面对的环境变化

全球数字经济的发展，在为经济社会注入新活力的同时，也催生了一系列革命性、系统性和全局性变革，给治理带来了前所未有的挑战。与传统经济相比，数字经济面临的资源流动性、主体间依赖性、运行逻辑复杂性和不确定性均大幅提高，新技术应用也对数据安全、数字鸿沟、个人隐私和道德伦理等方面形成巨大的挑战。因此，国家治理需要立足于现阶段我国数字经济发展的历史方位，不断创新优化监管和治理政策。党的十八届三中全会首次提出了国家治理体系和治理能力现代化的重大命题，党的十九届四中全会第一次全面阐释了推进国家治理体系和治理能力现代化的总体要求、总体目标和重点任务，为数字经济新形势下推进国家治理现代化做出了重大部署、指明了方向。《中华人民共和国国民经济和社会发展第十四个五年规划和 2035 年远景目标纲要》中也指出，要以数字化转型整体驱动生产方式、生活方式和治理方式变革，打造数字经济新优势。

作为国家审计的重要补充——内部审计，是国家治理体系中的重要

环节，对于推进国家治理体系和治理能力现代化具有重要的意义。随着数字经济的发展和审计对象的数字化转型，内部审计工作面临的冲击与挑战日益加剧，需要内部审计部门创新审计工作方法，提高信息技术应用能力，推进审计工作的数字化和智能化升级。《审计署关于加强内部审计工作业务指导和监督的意见》中指出，内部审计机构应该积极推广大数据审计工作模式等先进审计技术方法，推动提高内部审计人员运用信息技术查核问题、评价判断和分析问题的能力，促进提高内部审计工作的效率和质量。内部审计机构应该牢固树立科技强审思想，全面提高信息化环境下的审计监督能力，将大数据思维贯穿审计的全过程，贯彻落实“总体分析、发现疑点、分散核实、系统研究”的数字化和智能化审计方式，推动内部审计工作腾笼换鸟，实现高质量发展。

第二节　理解变化，内部审计经历的企业变革

人类文明进程随着科技进步和政治、经济社会变革，呈现加速发展的态势。以人工智能、大数据、物联网、移动互联、云计算等为代表的新技术蓬勃发展，催生出更多的新工艺、新产品和新应用，极大地改变了劳动者和劳动工具、劳动对象的关系，人和人之间、人和物之间、企业和企业之间、企业和客户之间形成智能网络，使以客户为中心的商业模式和软性定制化的生产模式逐渐成为主流模式，人们的生产、生活方式和行为模式都发生了深刻的改变，企业的生产要素、生产管理、组织方式也经历着前所未有的变革。

数据成为继土地、劳动、资本和企业家才能之后的第五大生产要素，数字经济成为当今经济发展最主要的推动力。《全球数字经济白皮

书（2022年）》显示，2021年全球47个主要国家的数字经济增加值规模达到38.1万亿美元，其中，中国数字经济规模达到7.1万亿美元，占47个国家总量的18.5%，仅次于美国，位居世界第二。

数字经济的发展，改变了基础设施形态。存储能力、计算能力与传输能力共同构成信息网络系统，成为新型基础设施。物联网和移动互联等技术使传统基础设施的数字化升级快速进行。数字经济重构了企业的资产形态，数字化的知识和信息成为关键生产要素，使越来越多的企业生产经营依赖无形资产，技术、创意、数据等无形资产投资快速增长。到20世纪90年代中期，美国无形资产投资规模超过有形资产投资，全球金融危机前后，欧洲大部分国家的无形资产投资规模也超过了有形资产投资。

数字经济的发展，改变了商业模式和生产组织方式。随着技术的进步和数字经济基础设施的发展，产品生产和服务提供的全球范围分工协作成为普遍现象，企业可以即时、远程、低成本、无边界地获取各类生产要素，极大地提升了生产效率，改变了供需关系。借助数字技术，客户能够直接参与企业设计、研发、生产、制造的全过程，使大规模生产和个性化定制并存，以客户为中心的商业模式逐步形成。数字产品、服务具有生产和消费合一、近乎零成本的无限复制等特性，催生了免费经济、分享经济、长尾效应等新型盈利模式。

数字经济的发展，改变了企业组织模式。产品和服务的不确定性、需求和生产的无缝对接、生产环节的灵活组合颠覆了传统企业的经营决策、管理执行和业务操作方式，业务单元趋于微型化和自组织化，形成价值创造的节点，企业则变成由一个个节点组成的价值网络，可以根据外部环境和客户需求灵活组合、动态匹配。企业和企业之间的边界逐渐模糊，形成“去中心化”的协同创造产业生态链。企业和个人之间的长期合约关系也日趋减弱，劳动力供需之间可以即时配置，企业可以按需配置员工，员工可以作为价值创造节点灵活转换职业，个人的创造力和生产力得以充分释放。

数字化、数字经济在企业 IT 基础设施、企业商业模式和生产组织方式及组织模式 3 个方面发生了变革，这要求企业内部审计工作也要随之做出改变。

第三节　开放接纳，内部审计机构应对新挑战

内部审计作为企业内部自我监督、自我控制的重要环节，随着服务对象的改变，内部审计自身也经历着深刻的变化。

（一）内部审计定位的变化

随着企业内外部环境要求的变化，内部审计由传统的会计监督型转向价值增值型。企业经营向以客户为中心转变，内部审计作为一个独立的价值单元，也需要以客户——审计服务对象，即企业为导向，以企业经营需求为出发点，为企业价值的提升提供服务。内部审计的定位随着经济社会和企业治理的变化不断演进，自 1947 年 IIA 对内部审计首次定义以来，历经半个多世纪的探索，七次修改，最终将内部审计定义为：一种旨在增加企业价值和改善企业运营的独立、客观的确认和咨询活动，通过系统化、规范化的方法来评价和改善风险管理、内部控制和治理程序的效果，以帮助实现企业目标。《中国内部审计准则》也将内部审计定义为一种独立、客观的确认和咨询活动，通过运用系统、规范的方法，

审查和评价企业的业务活动、内部控制和风险管理的适当性和有效性，以促进企业完善治理、增加价值和实现目标。

国内外权威机构对内部审计定义的变化突出地表明了当前内部审计的价值增值定位，将内部审计的目标与企业目标统一起来，通过内部审计提升企业治理水平，进而促进企业价值增值和企业目标实现。2018 年，新修订的《审计署关于加强内部审计工作的规定》要求内部审计机构“对本单位及所属单位发展规划、战略决策、重大措施，以及年度业务执行情况进行审计”，开展重大经营决策部署落实情况审计成为内部审计的重要内容，目的也是通过内部审计促进企业战略目标的落实。

（二）内部审计职能的变化

内部审计定位转变为促进企业价值提升，内部审计需要对影响这一目标实现的各类事项加以审计，主要通过鉴证和咨询两类活动为企业提供全方位的服务。内部审计形成的初期，工作重点是对企业财务资料的真实性和财务收支的合规性进行审查，开展监督评价。随着内部审计工作的深入，监督评价职能发展为鉴证服务，包括财务审计、绩效审计和合规审计等，对企业的财务状况、经营活动及经营成果的真实性、合法性和效益性进行鉴定证明，促进企业依法合规经营、有效防范经营风险。咨询服务是随着内部审计定位的转变而发展形成的职能。内部审计以风险为导向，对企业战略、规划、投资、建设、生产、运营等环节进行检视，并根据需要延伸至产业链上下游的企业，深入分析影响企业运营效率和价值实现的各类因素，提出强化内部控制、提高销售收入、增加经营利润等的方法和建议，促进企业做出正确、有效的决策，提升企业的价值。

（三）内部审计方法的变化

数字经济和相关技术的发展使内部审计的工具、方法也发生了根本性的改变，数字化审计成为内部审计的重要手段。内部审计人员借助数字化审计工具，对企业数字平台和各业务系统中以电子数据反映的经济业务活动信息进行审查，通过对数据的深入分析，全面盘查企业的经营情况，把握审计重点，延伸实质性程序，收集审计证据，进行审计判断，能够有效提高审计全面覆盖性和审计效率效果，最终实现审计目的。内部审计人员通过计算机、人工智能、大数据等工具和技术来完成审计取证、分析等过程，受人工限制较小，能够开展百分百测试，而非抽样审计，能够系统、全面地审查企业存在的经营风险，审计证据更加充分，审计结论更加准确。内嵌式的数字化审计工作模式可以将关键控制点设置在业务发生的各个环节，实现审计关口前移，并且延伸至供应商管理系统和客户关系管理系统，实现全产业链的过程管理和风险防控。

第五章　内部审计灵魂“三问”

第一节　一问：在时代洪流中奔腾，内部审计如何赋能企业数字化转型

在企业数字化转型带来效率、服务能力、产品创新能力、盈利能力提升的同时，相关的风险和挑战也逐渐显现。这些问题和风险不同于信息化阶段，不仅包括操作层面的合规和安全问题，还延伸到战略和治理层面，企业整体的规划是否与国家政策、业务发展目标一致，数字化投入是否合理和有效，以及数据治理能力是否完善，是否解决实质性数据质量等问题，引起了企业高管层和治理层的关注。

企业内部审计具有高视角、宽视野、客观性、独立性和权威性的特点，是最适合帮助企业高管层和治理层应对这些问题与风险的内部团队，可以在数字化转型的过程中发挥其监督、评价和咨询的作用，在原有守护企业健康发展的“忠臣卫士”的角色定位上，进行了延伸和升级，成为促进企业数字化转型不可或缺的推动者。审计之于企业，目的不只是促进其“肌理健康”，更可以推动其成长或顺利转型。数字经济背景下的审计不仅是以风险为导向的审计，还应是以价值为导向的新一代审计。

审计可以从以下 4 个方面发挥内部监督和咨询作用，赋能企业数字化转型。

- 战略审计，为董事会提供战略性意见，以支持其对透明度的需求和对企业战略的指导，确保企业的前进方向正确、路径正确及数字化转型价值实现。
- 风险审计，聚焦数字化转型新风险，形成数据治理、新技术采用、核心数字化产品及开放服务等的审计专项，兼顾发展与安全问题，促进企业数字化转型行稳致远。
- 合规审计，围绕数据安全、网络安全和个人信息保护的审计应成为企业常态化工作之一，帮助企业守住底线。
- 促进内部审计各方面能力在第一道和第二道治理条线的共享，打造与数字化转型同频共振的数字化治理体系。

第二节　二问：打铁还需自身硬，为了更好地实现赋能，内部审计如何适应企业数字化转型

要想切实担负起“赋能企业数字化转型”这一重要使命，内部审计必须加快自身的数字化建设，持续提升审计履职能力，只有做到自强才能有所作为，才能为企业创造更大的价值。电信、金融、能源、互联网等各行业的内部审计都已经积极开启数字化转型之路。与企业内其他条线相比，内部审计的数字化能力建设更加注重治理、质量与发展的平衡，需要从文化、组织、制度、流程、团队、系统、工具、模型、数据九大方面开展系统、深入的探索与实践，全力推动内部审计数字化转型，快速提升自身的数字化审计能力：

- 文化是内部审计数字化转型的顶层基调；
- 组织是内部审计数字化转型的支撑架构；
- 制度是内部审计数字化转型的机制保障；
- 流程是内部审计数字化转型的实现路径；
- 团队是内部审计数字化转型的关键要素；
- 系统是内部审计数字化转型的技术保障；
- 工具是内部审计数字化转型的提效利器；
- 模型是内部审计数字化转型的核心抓手；
- 数据是内部审计数字化转型的重要基石。

第三节　三问：数字化审计与审计数字化的区别与关系分别是什么

数字化审计是在数字经济的背景下，审计在内容和价值方面的转型升级。内容上是对数字化战略、数字化架构、数字化产品、数字化服务的审计；价值上不仅要确保数据和系统的安全、稳定和可用，更应重视数字化转型的成功、重视发展与安全的平衡，成为企业治理数字化转型的重要抓手、赋能企业数字化转型。数字化审计具体包括数字化战略审计、数字化风险审计、数字化合规审计 3 个方面。

审计数字化是在数字经济的背景下，利用数字技术和企业内外部数据赋能审计人员、审计作业、审计管理、审计决策，是包括审计文化、审计组织、审计制度、审计流程、审计团队、审计系统、审计模型、审计数据、审计工具在内的九大数字化能力建设和完善的过程。

数字化审计需要在审计数字化的基础上发挥审计职能，提升审计价值。

审计数字化的建设过程，使审计人员更全面地理解数字化建设成功的关键要素和基础保障，进而更有效地发挥对企业数字化转型的诊断和咨询作用。

第四节 结论：寻求通往价值之审的道路

企业数字化转型是一项战略性、系统性工程，转型过程中将面临诸多风险和挑战，转型成功与否事关企业的生存与发展。企业数字化转型战略制定失误、规划落地不力、技术架构欠佳、系统和模型重复开发、数据质量低下、技术资源浪费和新技术漏洞等问题，都可能在效益、质量、安全、合规等方面给企业带来巨大的风险并导致重大的损失。内部审计作为企业治理的重要基础和保障，应该在企业数字化转型过程中主动作为，充分发挥监督、评价和咨询的职能作用，从战略落地、风险防控、合规经营和治理能力建设 4 个领域积极为企业赋能，成为企业数字化转型不可或缺的推动者。

（一）做企业数字化战略落地的有力推手

企业数字化转型过程中面临的首要挑战来自转型战略规划错误及战略落地执行不到位。内部审计可以从企业发展使命和企业董事会、高管层的需求出发，对企业数字化转型战略与国家政策的一致性、战略选择的适当性和战略实施的有效性进行评价，准确定位战略规划及执行过程中存在的问题和偏差，并提出相应的改进建议，为企业数字化转型战略目标的顺利实现保驾护航。

（二）做企业数字化风险防控的有力推手

企业数字化转型的核心是数字技术应用的创新和商业模式的变革，其过程中往往伴随着大量新型风险的诞生，企业原有风险治理和内部控制效果也会受到极大的影响。内部审计可以充分发挥审计监督和评价职能，立足于“治已病、防未病”，发现风险隐患、揭示问题症结、提出改进建议，推动企业风险治理能力提升，促进企业高质量、可持续发展。

（三）做企业数字化合规经营的有力推手

近年来，我国对企业数字化转型相关的各类管控要求相继出台，相应的法律法规体系也越发完善。在企业数字化转型推进的过程中，内部审计作为企业监督体系中的重要组成部分，应该基于国家法律法规以及行业规范要求，认真履行监督职责，推动各部门、各层级牢固树立底线思维，消除合规隐患、堵塞管理漏洞、促进合法经营。

（四）做企业数字化治理能力建设的有力推手

在数字经济时代，内部审计除了发挥好监督、评价作用，还可以基于自身独特的全局视角和专业思维，通过与企业内部职能部门分享有价值的审计思路和发现、审计模型和数据、评估工具和技术等，促进企业内控文化意识的持续增强和风险管理能力的不断提升。此外，针对当前生态化、平台化的商业模式，内部审计也应积极融入由各类型机构、企业构成的审计生态，在数据、技术、能力等多个方面开展交流合作、实现共建共享，进一步提升审计履行能力，更好地服务于企业的长远发展。

数字经济时代，审计新定位、新价值的延展解读

讨论内部审计在数字时代的新定位，需要我们不忘初心，回归到内部审计的本源，“内部审计，是一种独立、客观的确认和咨询活动，它通过系统、规范的方法，审查和评价组织的业务活动、内部控制和风险管理的适当性和有效性，以促进组织完善治理、增加价值和实现目标”。在数字时代，可以从以下4个层面来诠释这段话：第一个层面，是促进组织实现目标，也就是建立数字化战略；第二个层面，是审查和评价业务活动、完善治理、增加价值，也就是战略的落地，具体说就是数字化战略的落地；第三个层面，是数字化过程中的内部控制和风险管理；第四个层面，是独立、客观地评估数字化的价值。

第一个层面：战略。目前，数字化已经成为全球各主要经济体和各行业头部企业的共识。2021年12月12日，国务院印发了《“十四五”数字经济发展规划》，将数字化上升为国家战略，中国银行保险监督管理委员会发布了《关于银行业保险业数字化转型的指导意见》，推动银行保险行业的数字化转型，很多大型企业也都发布了各自的数字化转型战略。所以内部审计既要关注本组织数字化战略与国家战略的一致性和遵从性，也要关注本组织数字化战略的全面性、完整性和有效性。

第二个层面：实施。数字化战略的落地实施几乎涉及组织前、中、后台的各个业务条线和各个管理层级，涉及大量的管理重构和流程再造，不可避免地会存在一些覆盖上的盲点、流程上的断点、协同上的难点、未达预期效果的堵点，内部审计作为组织的第三道防线和组织治理的重要组成部分，通过系统、规范的方法查找、分析问题，提出独立、客观的建议，就是对战略实施的一种保障。

第三个层面：风控。一个组织在数字化转型的过程中，会遇到很多新的风险，例如新技术风险、模型风险、数据安全风险等，也会有很多新的控制手段和措施，需要内部审计进行独立客观的测试和评估。

第四个层面：价值。一个组织的数字化转型涉及大量的显性和隐性成本，也会带来一些短期和长期的收益，成本和收益是否匹配，数字化转型是否给组织创造了价值，这是内部审计在数字化转型方面的靠后且是最难的一项任务。

数字化审计、审计数字化的延展解读

数字化审计可以理解为对数字化的审计，就是说对数字化开展审计，这里的数字化，应该是一个任务、是一个内容。

但是审计数字化，它是对审计工作本身数字化的一个过程，以及它的一个结果。审计数字化是一个路径，是一个成果，是一个工具，如果简单描述：就是以数字化为手段，包括一些数字化转型中的方案、实施、成果，甚至包括转型用到的技术、资源等去做审计。

审计数字化就是一种新的审计工作组织开展的审计。这个“组织”是名词不是动词，是一个审计组织的新模式，它可能会改变一些功能，它会带来一些革命性变化，它会让审计长了翅膀、给审计人员戴上 AI 眼镜。

数字化审计和审计数字化的区别如下所述。

（1）目标不同

数字化审计是让审计的覆盖更加完善，是目标，不是作用，例如，我们做 IT 审计也好，做对数字化的审计也好，数字化对象是审计，就是针对不同阶段的新事物、新对象，审计团队去研究它、评价它，甚至将来监督它，这些方面就是让内部审计的内容更加丰富。而审计数字化是让审计更高效，质量更高，让审计工作前移，及早发现问题。

（2）对象不同

对数字化的审计，聚焦企业数字化转型这个主体，覆盖数字化战略和绩效，数字化转型的新技术、新业态、新模式，以及新的数据生产要素。审计数字化的对象是内部审计的全部内容，通过技术赋能审计工作，支撑好各类审计项目的开展。

（3）方法不同

信息技术审计，包括对数字化的审计，很多时候会用到一些传统方法，也会用到一些IT技术。但是审计数字化需要IT能力，特别是大数据、云计算、区块链、人工智能等这些新兴技术。审计数字化的核心工作是以数据为生产要素，以技术及对应的模型为生产力，对审计对应的生产关系、生产模式和生产方法的创新。

二者的联系关系如下所述。

（1）二者事情上是互相促进的

二者在事情上是相辅相成、缺一不可的，既要对数字化做审计，也要对审计做数字化。我们通过对数字化的审计，来了解组织治理架构及内容，我们助力审计数字化过程中获取的数据更安全、更精准、更高效。

（2）人的方面是可以共用的

关于人员方面，一个是支持互通，再有一个是能力共享。对一家企业来说，毕竟人力资源是有限的，对复合型人才的培养、数字化融合团队的建设已形成行业共识。

第三篇

价值之审

第六章　用内审促战略，精准发力“定方向”

内部审计是公司治理的重要组成部分，作为企业内部全面了解组织、流程、业务、风险、IT 的独立部门，可以充分发挥站位高、视野宽、综合实力强的优势，通过实施数字化战略审计，帮助企业高层把握好数字化转型的大方向，不断校准战略目标、补齐工作短板，确保企业数字化转型战略切实得到落地执行。

数字化转型战略审计，主要关注转型战略的落地执行情况，从国家数字化转型重大战略的贯彻落实、企业数字化转型战略规划的制定与落地、企业数字化转型的价值实现 3 个方面出发，以全面、独立的视角开展审计，通过审计监督、分析评价和咨询建议来促进以下工作：

- 企业数字化转型融入国家发展大势，借势扬帆；
- 企业数字化转型路径正确、执行有效；
- 数字化治理体系完整，与数字化转型形成同频共振。

第一节　国家数字化转型重大战略落实跟踪审计

政策落实跟踪审计，注重对宏观政策的督促落实，是为国家重大决策部署保驾护航的重要工具。2021年6月，中央审计委员会办公室、审计署印发的《“十四五”国家审计工作发展规划》指出，审计职责第一项即为“政策落实跟踪审计”。政策落实跟踪审计强调提升政治站位，开阔履职尽责的思路视野，重点突出系统性、整体性、协同性思维，坚持以资金保障、项目落地和任务推进为抓手，有力推动国家重大政策措施的有效落实。

数字化转型已经成为我国重大战略决策，内部审计通过实施“政策落实跟踪审计”，对企业贯彻落实国家数字化转型战略的总体情况、具体部署、执行进度、实际效果等进行监督检查。在《中华人民共和国国民经济和社会发展第十四个五年规划和2035年远景目标纲要》《“十四五”数字经济发展规划》等国家政策的指引下，各行业主管部门纷纷出台推动企业数字化转型政策文件，例如，《关于加快推进国有企业数字化转型工作的通知》《中国银保监会办公厅关于银行业保险业数字化转型的指导意见》《中小企业数字化赋能专项行动方案》等。在数字化转型的大趋势下，内部审计应充分发挥审计促进国家重大决策部署落实的保障作用，把推动数字化转型的重大政策措施贯彻落实作为重要任务，开展数字化转型落实跟踪审计，跟踪、评价企业数字化转型的方向与国家数字化转型战略部署的一致性，防止出现决策不落实、项目不落地、资金不到位、转型不见效等问题，并提出行之有效的政策性、方向性、实用性建议，确保企业数字化转型始终围绕国家战略谋划发展。数字化转型政策落实跟踪审计可以从企业数字化转型目标定位、数字化转型统筹部署、数字化转型关键任务等方面入手。

在数字化转型目标定位方面，主要关注企业数字化转型目标与国家数字化转型政策的一致性，关注企业是否研究落实国家数字化转型有关政策，不断深化对数字化转型艰巨性、长期性和系统性的认识。以服务实体经济、服务人民美好生活为方针，加强数据驱动、集成创新、合作共赢等数字化转型理念，系统组织数字化转型理论、方法和实践的集中学习，保证企业数字化转型战略目标定位与国家数字化转型政策相一致。

在数字化转型统筹部署方面，主要关注企业是否制定方向清晰、目标明确、重点突出的数字化转型规划和路线图，建设平台化、敏捷化的新型数字化组织，建立数字化转型专项资金投入和人才培养机制，数字化转型诊断对标工作机制等措施，统筹部署数字化转型战略落地。

在数字化转型关键任务方面，主要关注企业数字化转型关键任务对国家战略决策和行业监管部门数字化转型政策的落实情况。从加快新型基础设施建设、加快关键核心技术攻关、建立数据治理和安全防护体系、推进产品创新数字化、推进生产运营智能化、推进用户服务敏捷化、推进产业体系生态化等诸多关键任务入手，确保企业数字化转型战略的有效落实。

第二节　企业数字化转型战略规划及落地审计

企业数字化转型的成功离不开战略规划的有效落地，战略规划落地审计是推动数字化转型成功的关键抓手。数字化转型战略规划是企业实现转型目标“导航图”。数字化转型战略规划制定完成后，企业各层级、各业务单元有效落实规划，这是数字化转型成功的决定性因素。战略审计源于受托责任的一种正式机制，对企业战略管理履行监督职责、控制战略风险。内部审计可以对企业数字化转型开展全生命周期跟踪审计或根据企业数字化转型所处的特定阶段开展有针对性的专项审计，其中，战略规划落地审计是关键抓手。

数字化转型战略规划落地审计对数字化转型过程中重要决策的科学性及合理性进行客观评价，帮助企业管理层克服“有限理性”。对企业数字化转型战略决策进行全过程监督，既可以使企业的资源得到合理配置，在实现目标的同时，不断获得更多的资源；又可以使企业不断适应外部环境的变化，抓住发展机遇，避免或减少威胁。审计活动可以不断校准战略目标，补齐工作短板，堵住企业治理机制漏洞，监督问题整改，确保企业数字化转型战略规划落地。此外，战略规划落地审计还可以克服企业管理层的“有限理性”，以增强战略管理的有效性，帮助管理层减少战略决策的不确定性，缩小战略执行中的偏差，从而提高企业战略管理的效率。战略规划落地是企业管理层实现战略科学合理制定而使用的一种分析风险、计划准备及评价整体态势的综合性管理工具和手段。

内部审计从数字化转型战略规划、落地实施、持续完善等阶段入手，对企业数字化转型进行战略规划落地审计。

转型战略规划阶段，主要对制定战略的基础、程序进行审查，确保审计战略规划设计的科学性、正确性。重点关注决策程序的完整性、决策内容的科学性、项目规划的合理性等。

转型落地实施阶段，审计在不断变化的环境中，对战略落地情况进行实时评价，有效识别落地执行偏差和衍生的新型风险，并立足于发现的风险和问题，定位发展症结，提出有效、可落地的管理建议，为企业数字化转型战略规划落地保驾护航。此阶段应重点关注决策落实是否存在偏离、资金及人才是否得到保障、重点任务是否落实、重复建设是否存在、风险隐患是否完整揭示等。

转型持续完善阶段，主要关注企业数字化转型关键任务的实施效果，是否实现既定战略的目标，从目标达成的情况出发，追根溯源，寻找影响战略目标实现的因素，并结合企业实际情况进行同业最佳实践对标，对企业数字化转型战略规划落地中存在的问题提出建议，助力企业更好地利用数字化转型价值，实现高质量的发展。

第三节　企业数字化转型绩效审计

企业数字化转型投入效果评价引发关注，绩效审计助力企业数字化转型价值实现。在企业治理层面持续进行 IT 投入，企业真正关心的是 IT 投入是否发挥了作用，以及发挥了怎样的作用。

《第 2202 号内部审计具体准则——绩效审计》中针对绩效审计给出的定义是，绩效审计是指内部审计部门和内部审计人员对本企业经营管理活动的经济性、效率性和效果性进行的审查和评价。数字化转型绩效审计可以围绕数字化转型的经济性、效率性和效果性，重点关注转型实践给企业带来的效益提升，从社会效益、经济效益、创新能力、安全能力等方面开展审计。

在社会效益方面，绩效审计用来衡量企业在绿色“双碳”、服务中小企业等方面的社会责任，是数字化转型效益评价的重要组成部分。企业通过数字技术的创新与应用，加快推进数字化转型，进而能够更好地践行其社会责任。以银行业金融机构为例，企业通过网上银行、手机银行等形式增加金融服务的触达率、减轻信息的不对称，通过绿色数据中心建设降低企业能耗、减少碳排放等形式，大力发展“普惠金融”“绿色金融”。

在经济效益方面，数字化转型往往伴随着企业商业模式的转变，依托数字技术，重塑业务形态，可以更大限度地激发业务潜能。经济效益体现的是企业为利益相关方创造价值的能力，经济效益评价主要包括数字化转型后企业收入能力是否得到大幅提升、所有者权益是否得到有效保障、成本结构是否优化、资本是否良性周转等。

在创新能力方面，在技术快速迭代的环境下，拥有强大的创新力和竞争力是企业的立身之本。企业数字化转型创新能力评价包括创新机制的健全性、人才培养体系的完善程度及创新成果的转化率等。

在安全能力方面，在数字化转型过程中，企业需要建立常态化的风险防控机制体系以抵御各种风险，保证自身业务运营的安全与稳定。安全能力评价主要包括安全预警能力、安全事件响应能力及处置能力等。

此外，我们还可以参考客观、可量化的评价体系和方法工具，进一步提升数字化转型绩效审计的效果。例如，中国银行业协会、中国信息通信研究院联合发布的“RIVER”指数模型，对数字化转型评价指标进行了尝试和探索，规划并设计定量化的评价体系和工具，为数字化转型效益评价提供定量判断。

第七章　用内审控风险，夯实转型“稳定器”

企业数字化转型的实质是以人工智能、区块链、隐私计算、5G 等为代表的新一代信息技术对企业业务形态、管理运营模式的重构。在此过程中，由新模式和新技术应用带来的新问题也逐渐显现，例如，不良价值引导、滥用用户信息、算法偏见和大数据“杀熟”等，又如，钉钉、企业微信宕机、Facebook 服务器配置不当更改而导致技术故障、应用开发漏洞导致的“薅羊毛”事件等。这些事件、问题不仅导致企业经营管理受损，还造成重大系统性服务中断、客户权益受损等社会隐患。

面对企业数字化转型过程中出现的新情况、新问题，内部审计需要以研究型审计的理念、方法，及时跟进、关注和分析数字化转型主要领域风险状况，开展数据治理审计、新技术采用风险审计、模型全生命周期管理审计、研发运营一体化审计、核心数字化产品审计和开放服务审计，通过加强对数字化转型的数据底座、新技术采用、新研发模式、数字化产品开发、新生态建设等关键风险领域的审计，协助企业做好以下工作：

- 提高数据治理管理效能，建设企业高可信数据资产；
- 在风险可控的基础上采用新技术，有效降低新技术黑盒带来的安全隐患；

- 建立和完善IT研发运营的数字化转型，有效支持产品和业务的数字化需求；
- 改善企业数字化产品经营管理水平，提升用户体验感，推动客户服务能力提升；
- 防范和处理开放服务带来的数据泄露、业务中断、服务水平下降、战略声誉受损等各类风险，建设健康持续、合作共赢的生态环境。

第一节 数据治理审计

（一）数据治理的审计驱动

数字化转型是围绕数据展开的，包括但不限于数据的获取、沉淀、运用和洞察：有效的数据治理体系是保障，健全统一的数据标准是基础，不断完善的数据质量控制是方法，持续优化的数据应用是目标。数字化转型是治理先行。很多企业都将数据治理作为“数字化”战略的一项基础举措。在众多企业的发展过程中，无论是金融行业、通信行业、地产行业、传统制造业和农业，其信息化的发展基本遵循了“诺兰模型”，即企业信息化大致经历了初期的“烟囱式”系统建设、中期的集成式系统建设和后期的数据管理式系统建设这3个阶段。从企业的发展阶段分析，数据治理是一个先建设后治理，或者边建设边治理的过程。有效的数据治理计划会通过改进决策、缩减成本、降低风险和提高安全合规等方式，将价值回馈于业务，并最终体现为高质量发展。

数据治理是指根据企业自身的管理策略，利用人员、流程和技术的相互协作，为提升数据作为企业核心资产的效用而采取的一系列数据管理行为。现代内部审计从完善企业治理的角度出发，需要开展数据治理审计，确保数据治理管理效能，提升数据质量，助力企业价值提升。此外，部分行业的监管机构，已明确要求被监管单位开展数据治理审计。在数据密集程度较高的行业，数据治理审计的价值已获得共识，成为企业例行工作的组成部分，并逐渐向其他行业延伸。

面对企业发展和转型，内部审计也正面临着机遇与挑战。一方面，内部审计部门要前瞻性地洞察数据治理对企业数字化转型的关键性和重要性；另一方面，内部审计部门要认识到数据治理从来不是孤立存在的，它来源于企业的业务和管理需求，是为了实现业务目标并能够产生实际的业务价值。将数据应用嵌入业务经营、风险管理和内部控制的全流程中，能够有效捕捉风险，优化业务流程，提升内部控制的有效性，实现数据驱动下的企业发展。

内部审计人员也可借助数据治理的“东风”，加快自身的数字化转型。通过数据治理工作，形成跨条线、跨板块及跨部门的数据基础。通过模型工具、方法等发现隐蔽风险的逻辑，建立模型体系、指标体系，加快传统现场型审计向持续审计＋敏捷审计的新型数字化审计转型。数据分析与挖掘建立了风险评估方法论和可量化的内控评价指标体系，合理应用审计资源、提升审计效率及控制审计风险，提高非现场审计与持续监督评价工作的数据支撑能力，实现“风险导向、数据驱动”的智慧型审计。

综上所述，内部审计部门应对数据治理审计工作进行战略性规划，提早布局，进一步强化内部审计作用，丰富团队在数据治理体系、管理工具与方法、系统技术支持等方面的知识与技术储备。同时，通过审计人员专业的技术能力，牢牢抓住支持数据治理目标中的关键节点，为企业成功转型提供有效的支撑。审计部门也可借助此次机遇，更好地促进自身数据资产的积累与数据能力的提升。

（二）数据治理审计的实施路径

1. 审计类型

数据治理审计业务类型包括数据治理内部控制专项审计和数据特定领域专项审计。数据治理内部控制专项审计是为了综合评价企业数据治理控制目标实现过程而进行的审计；数据特定领域专项审计是企业根据外部要求及内部特殊需要而进行的审计。数据治理审计业务可以作为独立的审计项目实施，或作为综合性审计项目的组成部分组织实施。

2. 审计范围

在数据治理成熟度方面，因为各行各业的经济情况不同、行业特点不同、信息化程度不同，所以数据治理的情况也不尽相同。

第一类企业：经济实力雄厚，信息化起步较早，信息化程度较高，例如，银行、国家电网等已经形成系统性的数据治理体系。

第二类企业：有一定的经济实力、信息化程度相对较好，虽然早期购买了套装软件、建立了系统，但是系统使用频率不高，效果欠佳，治理层、经营管理层对企业到底有哪些数据，这些数据分布在哪里，数据治理该如何入手等问题都存在困惑。

第三类企业：经济实力相对薄弱，且信息化刚刚起步的企业，这些企业大多数的业务还是依靠纸质或线下模式工作，部分企业使用了财务软件或 ERP 系统，企业数据存放在个人计算机或生产系统中，企业基本没有进行数据治理工作。当前，我国的一些中小民营制造企业多为该类型。

在开展审计的过程中，对于不同类型的企业，审计内容也应有不同的侧重点。

第一类企业，已经具备相对完善的数据治理体系，审计工作更需要在数据安全、数据应用、数据创新，稳固提升数据管理、数据应用和数据变现的能力上进行关注。

第二类企业，单体架构的系统多，“信息孤岛”严重，审计工作推动解决其数据多源、重复、不一致等问题。

第三类企业，在数字化的浪潮下，信息化比较薄弱，审计工作更应关注其数据发展策略，了解体制和机制的建设情况，从而打好数据基础，为企业改革创新，实现“弯道超车”奠定基础。

3. 审计方案

数据治理审计项目可以遵循风险导向型审计的基本流程。风险导向型审计计划的具体流程如图 7-1 所示。

审前调研预评估阶段。首先，开展企业数据治理现状评估。了解企业在此之前主动开展的数据治理工作及成效，通过对数据治理每个模块工作的开展程度，综合评估数据治理的整体情况，判断企业数据治理所处的阶段。其次，确定企业数据应用目标。数据治理的目标源于企业战略目标实现过程中对企业数据管理、数据价值的要求和需要，同时，也与企业所处的行业、阶段、发展规划等密切相关。最后，通过两者之间的对比识别出企业数据治理的现状与目标的差距，作为后续审计内容和重点的输入。

审计实施双主线阶段：可以从流程审计和数据特定领域专项审计两条主线实施审计。数据的审计工作主要集中在数据管理层和数据应用管理层，主要关注系统产生数据的质量和相关数据的应用领域，确保数据有效可用。数据审计工作既能反映数据管理的效果，也能发现信息系统应用控制存在的缺陷。数据治理审计工作从分析数据治理的具体流程和控制节点，分析出数据治理的风险点，并通过穿行测试、实质性检验等方式确认目前控制设计、运行等方面的有效性，其工具、方法与传统内控审计基本相同。针对流程的检查，流程审计能够更加全面地反馈数据治理架构是否完善有效。

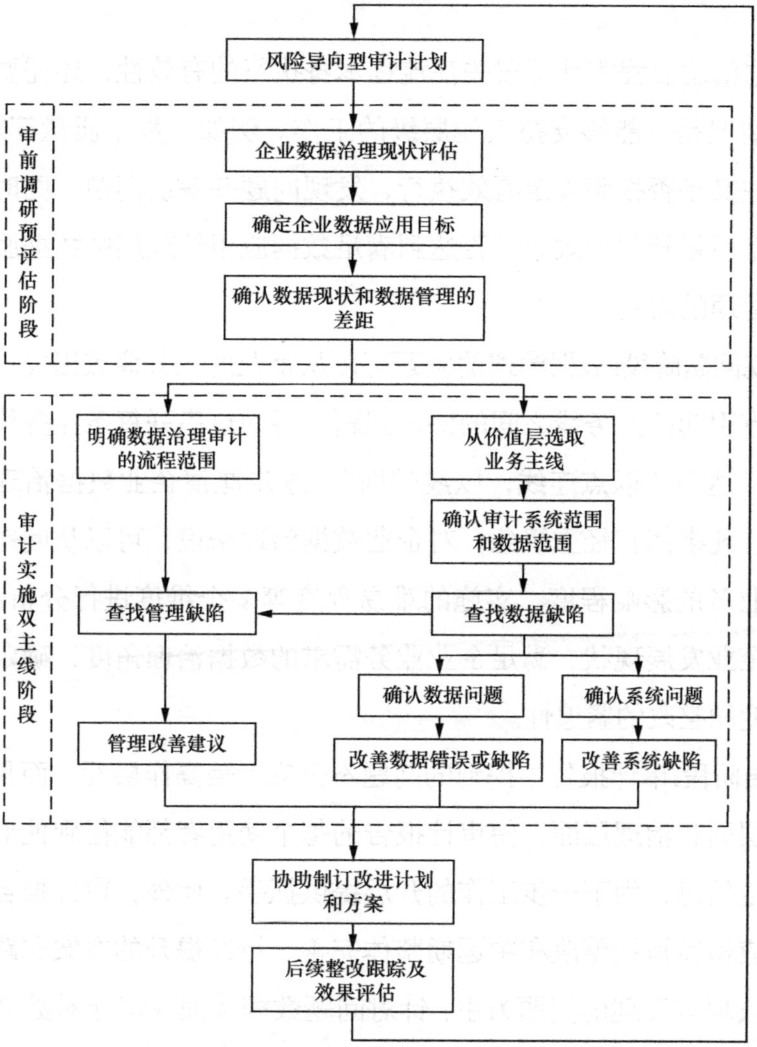

图 7-1　风险导向型审计计划的具体流程

同时，我们也要注意，一般流程审计的依据主要来源于流程设计，即制度章程及规范要求中对流程执行的说明。数据治理流程除了需要按照目前已有的数据治理制度的要求进行检查，还需要根据预评估时对企业数据治理目标的考量，制定相应的检查程序。在基于对比目标的前提下，内部审计才能够为企业提供数据治理提升工作和数据价值提升的建议。

数据治理流程审计不仅关注流程本身执行的有效性，还需要关注流程执行情况是否能够支持其他层级的工作。例如，数据质量管理流程，除了关注其是否按照规定有效执行，发现问题并解决问题，同时，还要关注数据质量管理的效果是否达到满足数据应用管理层中数据服务和数据需求管理的需要。

发现问题阶段：数据治理的问题可以从企业的业务痛点出发，发掘由这些痛点引起的业务线之间的协同问题，再通过串联每条业务线上的数据问题，达到“以点连线，以线带面”，逐步厘清企业数据治理中问题的目标。凡事都有轻重缓急，对企业数据治理来说，可以从问题的紧急程度、业务的影响程度、实施的难易程度等多个维度进行分析和权衡，从符合企业发展现状、满足企业业务需求的数据治理角度，确定问题的严重程度和整改的紧迫性。

报告阶段：审计报告中提到的问题不仅应覆盖操作层面，而且也应涉及管理层面和治理层面，使审计报告的每个使用者都能得到他们想要得到的特定信息，为下一步工作的开展提供抓手。此外，审计报告中的整改意见应覆盖短期整改和中远期整体完善、持续提升的方案和路径。短期以整改现有发现的问题为主：针对问题数据清理或消除对数据分析的影响；针对系统整改控制缺陷优化功能进行设计；针对流程管控，修改管理规范或优化执行路径，并限期责任部门整改到位。对于中远期，企业需要逐步规划，将数据治理工作深化到各个业务流程，实现数据治理全覆盖。例如主数据管理，除了落实部门职责，还可以通过逐步将主数据管理功能线上化、平台化的方式，减轻业务部门主数据管理的压力。从长期来看，数据治理还需要不断地根据企业战略规划、外部监管要求及数据发展规模不断调整，从“灭火式”发现问题、整改问题，到“预防式”进行前瞻预警。此外，在数据治理不断发展的过程中，数据应用、数据分析也需要同步规划开展，将数据治理的成果转化为价值产出。

4. 主要审计发现和整改建议

企业级数据治理涉及范围广、流程路径长，是一项持续且反复的工作，已成为企业内部的管理难题。内部审计从企业视角发现数据治理存在的问题，积极探索相关的解决途径，切实推进数据治理工作。

（1）组织架构与职责

数据的业务主管部门难以确定部分平台类系统数据和共用的数据是否存在有人使用无人管理、数据认责不清、流程不明等问题。

整改方案:在数据标准业务规范建设中推进具体数据的业务认责，明确数据主管部门、数据使用部门和数据采集部门的管理职责。

（2）数据管理制度与流程

部分信息系统的拓展性有待提升，存在对数据统计应用支持的优化空间，例如，系统信息自动化获取不足、系统无法实现相关功能等，导致实际工作中的部分业务应用仍需要人工处理。

整改方案:加强数据需求分析与统筹管理，根据业务开展的实际诉求及工作重点，定期收集和梳理需要系统实现的数据需求，并分析数据需求的实现路径，适时开展系统化建设。

（3）数据标准

缺少统一、完整的数据标准，例如，对客户、渠道、产品等关键信息标识缺乏标准化定义和管理，字段命名不规范；统计指标及口径依靠业务人员的经验而定，缺少统一口径；引入外部数据后，缺少相关数据标准执行力度。

整改方案：分别在数据标准业务规范和技术标准建设中推进具体数据的业务认责和系统认责，其中，业务认责是明确数据主管部门，由该部门拥有数据定义、口径、业务规则的最终解释权，并对所辖领域的数据标准的制定与执行负有管理责任；系统认责是结合系统数据质量情况在企业范围内确认数据的权威来源系统。

（4）数据质量

历史原因造成部分数据缺失或错误数据，例如，早期对客户信息录入把控不严，造成客户信息缺失或错误；建设业务系统时考虑不周全造成后期数据质量问题频发等。上述问题整改带来的数据补录和系统改造工作量大且涉及面广，造成数据治理面临巨大困难。

整改方案：通过数据质量管理事前、事中与事后各个环节，建立完整闭环的管理流程，以业务需求和应用为抓手，以重大系统改造/重建为契机，迭代开展数据质量管理流程的优化与提升工作，从而落实数据质量的常态化闭环管理机制。

（三）数据治理审计的难点和痛点

审计检查问题的整改往往呈现检查易、整改难，治标易、治本难，标准易、落地难等问题。因此，为了推进审计整改的效率和有效性，针对以上数据治理中的痛点和难点，我们也从事前、事中和事后的角度出发，提出一些流程上的优化建议。

1. 事前预防

- 制定质量管理机制：基于数据管理的复杂性和诱因的多重性特点，解决数据质量问题仅仅依靠一个技术工具是不够的，应建立长效的工作机制，即根据组织特点，制定符合自身环境的工作制度，制定每个环节的工作流程，规定各个参与方的责任，确定各项数据的归口部门，制定数据质量指标和数据质量修复流程等。
- 制定数据质量标准：数据标准成功定义与否，直接决定了大数据建设的成果和数据质量的好坏，需要在结合国家标准、行业标准和地方标准的基础上，融合企业自身的业务特色需求。
- 制定数据质量监测模型：数据质量监测模型代表的是业务需求，它是从质量需求的角度描述业务需求。
- 制定数据质量监测规则：数据质量监测规则代表的是具体的质量检测手段，它是从技术的角度描述数据质量要求是如何被满足的，包括规范性、完整性、准确性、一致性、时效性、可访问性等。

2. 事中监控

- 监控原始数据质量：数据采集工作从数据源头获取原始数据，在数据采集的过程中将数据分为有效数据和无效数据，有效数据入库，无效数据则反馈给来源部门修复，使数据来源部门在源头上彻底修复数据问题。
- 监控大数据平台质量：经过各种采集、清洗、加工过程，数据被存入数据仓库或数据湖中，这些数据也将被业务部门使用，所以，对于成果数据的质量监控和修复工作显得尤为重要。对于这类数据问题，我们可以使用简单的空值检查、规范性检查、值域检查、逻辑检查、一致性检查等规则检查，也可能需要多源比较、数据佐证、数据探索、波动检查、离群检查等方法才可以检查出来。

- 反馈数据质量问题：在数据质量监控过程中，会发现两类问题，一类是源头的数据质量问题，另一类是数据中心的数据质量问题，数据质量团队需要将这些问题及时反馈给数据来源部门和数据仓库建设团队。
- 数据质量考核：数据质量考核是为了能够引起各个参与部门和参与团队对数据质量的重视，需要及时统计分析各种数据质量问题，并制定应对措施。

3. 事后改善

- 修复数据质量问题：发现质量问题不是最终的目标，我们仍要建立相关的流程和工具，通过人工、工单、自动化等手段将质量问题修复完成，从而为业务创新提供可靠的数据支撑。
- 收集数据质量需求：建设数据管理平台，修复质量问题，必然能够促进数据的广泛应用，即便如此我们仍要建立通畅的数据质量反馈通道，促进各个部门参与数据质量的再次完善，从而形成建设、应用和反馈的良性循环。
- 完善质量管理制度：管理制度和流程的建设并不是一蹴而就的，我们要在数据建设和质量完善的过程中，结合自身组织结构和业务特色，不断完善工作制度和流程。

- 完善数据质量标准：各行各业不断涌现新的业务形态，原有的业务也在不断变化，我们要紧跟业务的发展趋势，不断完善符合业务需求的数据标准。
- 完善数据质量监测模型：企业业务需求、业务形态的变化、数据标准的变化和质量新需求的出现，同样要求数据质量监测模型能够做出相应的变化。
- 完善数据质量监测规则：当今信息技术发展日新月异，我们应不断引入各种新技术来更加智能地发现和修复数据质量问题。

第二节　新技术采用风险审计

（一）新技术采用风险审计的概念

现阶段，尚无相关组织机构对新技术风险审计进行定义。参考各类机构对于信息系统审计的定义，新技术风险审计大概可以理解为：根据相关的法律法规和标准，运用恰当的审计方法进行审计证据搜集和评价，对新技术的安全性、有效性及其应用效益做出判断，从而发现问题、提出建议，并得出审计结论的一系列活动。

一般流程包括确定审计目标、审计范围、审计依据，制定审计方案，执行审计并得出审计结论，出具审计报告。

参考的信息系统审计有以下两个定义。

定义一：信息系统审计是一个获取并评价审计证据，以判断一个信息系统是否有效做到保护资产、维护数据完整和有效利用企业资源并有效地实现企业目标的过程。（最高审计机关国际组织）

定义二：信息系统审计是指内部审计机构和内部审计人员对企业的信息系统及其相关的信息技术内部控制和流程进行的审查与评价活动。（参见审计署印发的计算机审计实务公告第34号《信息系统审计指南》）

（二）新技术采用风险审计的演变

新技术采用风险审计是因企业应用新技术而产生的一种审计方向。

1. 技术发展推动阶段

近年来，各类新技术，例如，区块链、物联网、人脸识别等技术发展迅速，而各行业通过采用新技术，推进各类业务快速、高效开展，这使各企业将对新技术的相关审计提上日程。

2. 政策推动阶段

各类政策的颁布，进一步推动了新技术采用的合规发展。

以物联网技术为例，自2018年起，国家各部门针对技术本身或其在各行业的应用，发布了一系列通知要求、发展意见或规划指南。例如，2020年5月，工业和信息化部发布《关于深入推进移动物联网全面发展的通知》；2021年9月，工业和信息化部发布《物联网新型基础设施建设三年行动计划（2021—2023年）》；2021年10月，工业和信息化部发布《工业和信息化部办公厅关于印发物联网基础安全标准体系建设指南（2021版）的通知》。2018年6月，工业和信息化部发布《国家车联网产业标准体系建设指南》；2020年1月，农业农村部发布《数字农业农村发展规划（2019—2025年）》；2020年3月，工业和信息化部发布《关于推动5G加快发展的通知》；2021年5月，国家发展和改革委员会发布《关于推动城市停车设施发展的实施意见》；2021年10月，住房和城乡建设部、应急管理部发布《关于加强超高层建筑规划建设管理的通知》等，均涉及物联网相关要求。

通过政策的推动，新技术采用风险审计需要将相关合规要求纳入计划考量。

3. 企业内部发展推动阶段

在信息化成熟发展阶段，企业对信息系统的使用已较为普遍，对内部各类数据尤其是结构化数据的处理已相对成熟。而随着数字化转型工作的开展，企业进一步面对数字化、网络化、智能化的挑战，需要加速探索将各类成熟或发展中的技术与业务开展相结合的方式。

（三）新技术采用风险审计的目的

企业在数字化转型中必不可少地会在各业务链条、内部管理中采用日益成熟和商业化的新技术，例如，人工智能、大数据、云计算、物联网、区块链、RPA，由此改变运营方式，实现既深刻又显著的业务价值，以满足客户日益增长的需求和企业对于数字化精细运营的需求。但新技术在引入和应用的过程中，也会给企业带来安全性、合规性、成本效益等各类风险。

内部审计部门对一、二道防线技术风险管理流程的完备性、有效性进行审查，对技术配置、技术风险指标进行监控和检查，实现技术研发运营成本可控，保证技术环境安全、技术合规运营，保障企业业务连续、稳定运行等。新技术的采用为高效、智能化地开展业务提供了极大便利，但不可避免地带来了政策法规、技术安全等方面的风险。企业通过执行新技术采用风险审计，可以对以下要求是否满足条件进行确认：

- 新技术的采用是否符合适用的法律法规、监管要求和相关合同条款；

- 新技术的采用和相关流程是否符合企业治理标准和相关制度要求；
- 在新技术的采用中，相关数据、信息是否具备适当的安全性、完整性和可用性；
- 新技术是否达到有效性目标、效益价值目标等。

（四）新技术采用风险审计的实施路径

1. 审计流程

一般而言，典型的审计流程包含规划、现场工作、报告跟进 3 个主要阶段。其中，规划阶段对于新技术采用风险审计尤为重要。在规划阶段，审计人员需要进行业务流程梳理、业务控制识别、基于风险的审计规划等。在根据业务流程做审计计划时，审计人员应了解新技术采用的目标、目的，了解企业相关工作架构和业务环境变化，进行风险分析以帮助制订审计计划，设定审计范围和审计目标，并确定各类审计资源。

（1）业务流程梳理

新技术的采用通常与业务流程数字化变革相关。审计人员需要通过调研、访谈等方式了解并评估企业的新技术采用实施流程和新技术参与相关业务的流程，包括评估在相关流程中设计和实施的控制措施，初步获取审计样本并进行分析测试，以了解新技术采用相关业务流程实际运行方式。此外，审计人员需要在此时收集和了解新技术及相关业务对应的法律法规、行业规范、企业制度、管理目标等，为后续流程做好充分准备。

（2）业务流程控制识别

业务流程的控制识别涉及新技术采用实施流程和业务活动层面的

控制评估。审计人员应识别各流程节点，包括新技术采用的规划决策、采购开发、运行监控、后评估等流程及新技术所应用的业务流程，企业对应的政策、人员分工、程序，并确认实际操作是否满足相关设计。

审计人员通过对业务流程控制的识别，可了解企业对新技术采用及相关业务流程的运营目标、控制目标，并判断业务流程的内部控制是否有效运行。

（3）基于风险的审计规划

在识别流程控制的基础上，审计人员应对采用的新技术进行风险评估，并基于风险评估结果制定审计规划。因为新技术及其应用场景存在差异，所以在审计项目开展前的风险评估工作尤为重要。

在风险评估前，审计人员应了解企业及业务部门对使用该新技术所能接受的风险程度。根据新技术的前期投入、新技术带来的影响、所应用流程的重要性等条件不同，企业能承受的风险各异。审计人员通过分析风险接受度，可确定风险的优先级，对审计工作开展的优先顺序起到指导作用。

风险评估阶段工作主要包括确认威胁来源、确定漏洞和诱发条件、确定发生的可能性、确定影响程度、确定风险。其中，最主要的工作为风险分析，即确定风险和漏洞，以便审计人员确定缓解风险所需的控制措施。在采用新技术过程中，可能出现的风险包含新技术采用的战略风险、规划风险、新技术成熟度风险、新技术与业务贴合度风险、新技术开发或外包风险、运行实施风险、成本效益风险等。

通过结合业务流程对上述风险进行分析，审计人员可对审计项目有基本的理解，并据此制定审计规划。

审前规划阶段完成后，审计项目进入现场实施、报告跟进阶段。这两阶段的工作相对一般审计项目开展无特殊要求。

2. 审计范围和重点

新技术采用风险审计可参考国际信息系统审计协会关于 COBIT[1] 中的通用流程划分标准，并结合新技术引入和应用过程中的风险特性，关注以下审计范围和重点，新技术采用风险审计参考框架如图 7-2 所示。

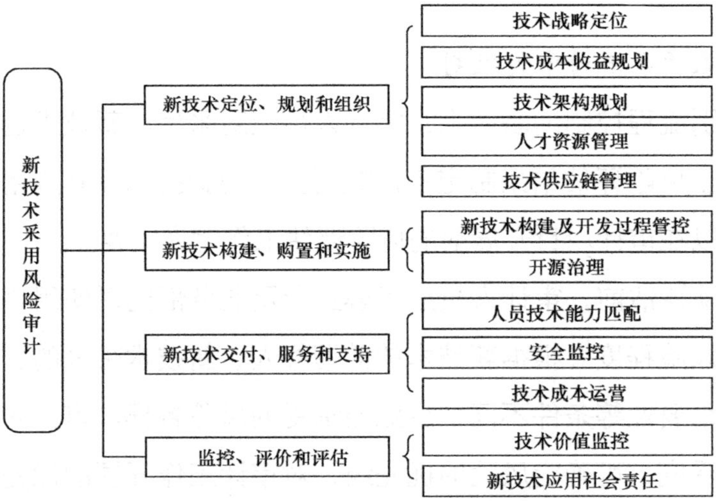

图 7-2　新技术采用风险审计参考框架

（1）新技术定位、规划和组织

企业在采用新技术前应明确技术定位，即应充分考虑引入新技术与企业业务战略、数字化转型战略的一致性，应规划好新技术成本收益、新技术与企业原有 IT 架构的匹配性。组织管理好与新技术相关的人才资源、技术供应链也是在数字化转型过程中成功应用新技术至关重要的因素之一。内部审计部门在对新技术定位、规划和组织的审计中应重点关注技术战略定位、技术成本收益规划、技术架构规划、人才资源管理、

1　COBIT（Control Objectives for Information and Related Technology，信息及相关技术的控制目标）。

技术供应链管理等方面。

- 在技术战略定位方面，审计部门应关注企业是否建立相关利益方（高管层、业务部门、IT 部门、合规部门等）的参与机制保证和决策流程，在引入新技术前是否充分论证所采用的新技术与企业数字化转型战略和业务战略的一致性。
- 在技术成本收益规划方面，审计部门应审查企业是否制定新技术引入相关的预算和成本规划，是否明确成本分配计划及预算与实际成本偏差评价机制。例如，云计算将 IT 资产的成本由传统的 CAPEX 资产折旧模型转变为 OPEX 的按量付费模型，企业应充分考虑此种情况下的预算制定和成本核算方式的变化，更加经济、科学地规划技术成本，提高投入产出比，使技术投入创造更多价值。
- 在技术架构规划方面，审计部门应审查企业在引入一项新技术前是否建立企业架构、是否制定技术架构变更评审机制、是否进行技术架构影响分析、是否评估技术兼容性。例如，企业在引入物联网、边缘计算、云原生等技术前是否评估对企业原有系统、网络、数据架构的影响，并建立完善的流程，防范因架构不一致、技术兼容性等带来的风险。
- 在人才资源管理方面，审计部门应审查企业配备的执行新技术研发、运营和管理的人员团队技能是否足以胜任其角色要求的职能，审查是否建立培训机制及关键人员备份机制以保障技术人才可持续。例如，企业在大范围应用人工智能相关技术的情况下，应确保充分配备相关开发测试、人工智能工程化、人工智能安全、风险管理及合规等类型人员安全可靠的技术保障，为企业提供持续的价值。

- 在技术供应链管理方面，审计部门应审查企业是否建立技术供应链管理机制以保障软硬件可持续供给、是否充分评估新技术相关的技术生态的丰富性和供应链安全，保障业务的连续性。例如在当前国内外科技竞争和我国信创大背景下，企业引入新技术时需要充分评估相关芯片、服务器、网络设备、数据库、关键软件等供应链的安全性、可持续性、兼容性等，保障新技术稳定运行和业务的连续性。

（2）新技术构建、购置和实施

新技术在构建、购置和实施过程中，除了关注通用的技术开发项目管理、项目变更验收，还应重点审计新技术构建、开发过程中技术风险管控及开源技术使用过程中潜在的技术问题和合规风险。

- 在新技术构建及开发过程管控方面，内部审计部门主要关注新技术建设中的设计规划不足、测试不足、新旧技术环境切换风险。内部审计部门应重点审查企业是否建立包括新技术调研评估、技术方案设计、实施、测试验证流程 4 个阶段在内的技术开发构建流程管理体系。调研评估阶段，内部审计部门应审查是否建立新技术调研评估机制，充分调研技术架构、技术组件、性能基线等信息，为后续技术方案设计做好充分的准备。

  以企业采用云计算为例，调研评估阶段内部审计部门应审查是否建立上云前调研流程，并充分调研云上架构与企业当前应用架构的依赖关系，以及数据库、中间件、存储等技术组件的版本、性能、安全性等信息。技术方案设计阶段，内部审计部门应审查是否进行多技术方案优缺点对比遴选机制，帮助企业选择最优技术方案。

以企业采用云计算为例，企业需建立机制，设计不同的上云场景方案，例如，单体应用迁移、微服务应用迁移、应用容器化上云等，并结合调研评估阶段信息，选取适合企业当前技术环境的最优上云方案。实施阶段，内部审计部门应审查是否建立实施计划、是否配备充足的技术人员及保障机制。

以云计算为例，上云过程中内部审计部门应审查是否建立方案规划上云迁移及应用割接的全部任务、时间段、各方人员等，保障上云实施成功。测试验证阶段，内部审计部门应审查是否对技术实施进行了充分的功能、性能、安全测试。

- 在开源治理方面，开源生态发展势头迅猛，开源技术在大数据、人工智能、云计算、物联网等新技术领域应用广泛，在推动技术创新、技术应用，加快各行业企业数字化转型进程方面发挥着重要作用。但开源技术广泛使用的同时，也带来了知识产权及合规风险、安全风险、运维和技术风险，其中，知识产权及合规风险主要与开源许可证的规定相关。随着开源应用的加深，我国企业开始关注开源治理。

  开源合规风险审计应主要关注企业是否建立开源管理制度和组织架构、是否构建有效的开源合规审核流程、是否构建完善的开源许可证合规风险管理流程（许可证兼容性、变更）和开源软件清单管理。

（3）新技术交付、服务和支持

在新技术交付、服务和支持过程中，除了关注变更管理、配置管理、服务请求和事件管理、问题管理、服务水平管理、连续性管理，审计部门应重点管理和关注新技术交付运营过程中的人员技术能力匹配、安全监控、技术成本运营等。

- 在人员技术能力匹配方面，内部审计部门应审查企业是否配备足够的技术运营相关人才，在技术交付生产后进行技术运营维护，保障技术运营安全。例如，人工智能模型上线后，企业应配备充足的人工智能安全专家、模型验证测试专家，并建立模型回测机制，不断验证人工智能模型的安全性及稳定性。
- 在安全监控方面，新技术在应用过程中会为企业带来诸多超越信息系统时代的安全问题，例如，区块链技术的智能合约安全、点对点网络安全；云计算技术的虚拟机隔离、数据隔离安全；人工智能数据投毒、对抗样本攻击等安全风险。内部审计部门应审查企业是否建立针对新技术带来的风险的安全监控和应对机制，对新技术运行情况进行持续监控验证，并根据每种类型的新技术制定特殊安全风险有效设计技术方案，利用技术监控及应对安全风险。
- 在技术成本运营方面，数字化转型使企业 IT 资源投入成本不断增加，同时也带来技术资源浪费，大大增加了企业的运营成本。内部审计部门对技术资源成本的审计，可从技术资源使用量监控、资源分配和回收这两个方面入手，帮助企业有效利用技术资源，节约企业运行成本。技术资源使用量监控方面，内部审计部门应审查企业是否建立标准化的资源运营指标体系、是否跟踪资源交付使用情况，并规范资源容量管理。以云资源使用为例，内部审计部门应审查是否建立云资源容量监控指标，并制定合理阈值以实时监控资源使用情况、制定扩容、停售等容量阈值以严格进行规范化管理，完善的云资源供应链管理流程可保证精细、安全的资源供给。资源分配与回收方面，内部审计部门应审查企业是否构建资源使用率评价指标，设计统一资源回收策略，节约成本，指导资源科学使用。以云资源使用为例，检查是否设计用户维度的云上资源使用情况评价指标，是否设计统一资源回收策略，利用云计算弹性、敏捷的技术特点，合理利用资源，节约成本。

（4）监控、评价和评估

在新技术成功研发和稳定运营之后，还应建立对技术价值及技术合规、伦理、环境等企业社会责任的持续监控评价和评估机制，保证技术对内提升企业业务发展价值、对外助力企业履行社会责任。

- 在技术价值监控方面，主要监控评价新技术投入应用后的成本效益及业务价值。内部审计部门应重点关注是否建立新技术运行成本与业务价值评价机制、是否建立由技术所贡献的业务价值衡量指标并定期监控评价。以 AI 为例，在数字化转型过程中，企业积累大量由各类算法框架训练生成的 AI 模型。AI 模型和企业数据一样，也是企业资产的重要部分。建立模型资产管理体系统一管理模型资产、构建模型平台实时监控模型服务的运行状态并识别模型运行成本、建立模型业务价值衡量指标并定期下线低活性模型，有助于企业更好地实现模型承载的业务价值。以企业上云为例，企业在上云后，需要持续监控评价云成本，评价云成本对企业总收入、销售成本的影响，评估云成本对企业利润率的影响并及时采取云优化措施。例如，Dropbox 在财报中披露，通过将大部分数据和 IT 负载从公有云转移到直接由其租赁和运营的低成本基础设施，公司在两年内节省了近7500万美元的支出，毛利率增长34%。

- 在新技术应用社会责任方面，内部审计部门应审查企业是否针对新技术建立定期评价流程，依据法律法规、行业标准和良好实践，对新技术引入出现的合规、伦理、环境等风险进行评价。例如，在全球数据合规和算法合规不断加强管理的趋势下，企业在运用大数据和人工智能技术时，应建立评价机制对大数据应用中的数据安全、个人信息保护，以及人工智能算法应用中的可解释性、用户公平性、节能环保等问题进行评价，并根据评价结果指导企业新技术研发，帮助企业更好地履行社会责任。

（五）新技术采用风险审计的难点和痛点

需要审计人员持续学习。新技术更新迭代迅速，对审计人员的持续学习能力和知识更新速度提出了较高的要求。需要审计人员保持持续学习状态，对各类新技术的基本原理、应用范围、潜在风险等有一定的了解，并能结合业务实际开展审计工作。

风险得到有效控制的难度较大。新技术投入使用时间较短，风险难以得到充分暴露，应对风险的有效工具较少。在对风险了解不足或评估不充分的情况下，内部审计人员对风险防范措施是否充分有效等情况可能无法做出正确的判断。

技术投入产出效益较难把控。新技术在投入实际业务的应用中，可能在调研评估阶段会遇到难以全面预知的困难，从而导致需要支付超出预算的投入；或者在技术投入应用后，企业发现其产生的效果难以满足预期要求。而审计工作作为事后控制，难以对此类问题提出较有效的改善建议。但内部审计部门仍可通过总结反思，为后续技术应用归纳更多成功的经验。

（六）新技术采用风险审计的价值

内部审计部门通过对新技术应用过程全生命周期的审计，帮助企业防范技术风险、提升技术应用价值。

- 在防范技术风险方面，内部审计部门以审促建，帮助企业构建一套新技术应用风险管理体系。面对数字化转型过程中新技术引入的风险，企业内部，例如，技术、安全、法律合规、财务等职能部门构建起风险管理的第一、第二道防线。内部审计部门以独立的视角对第一、第二道防线技术风险管理流程完备性、有效性进行审查，有效监督第一、第二道防线履职，助力构建完备的技术风险管理体系，护航企业数字化转型行稳致远。
- 在提升价值方面，内部审计部门通过对新技术相关的技术架构、资源成本、合规等数字化转型时代新重点的审计，促进企业更加稳健精细地运用新技术，提升新技术的应用价值。

第三节 模型助力企业数字化管理和智能化决策

随着业务全面线上化、智能化，模型（本书所指模型，包括机器学习模型及传统的业务交易、风险管理等策略模型）在企业业务中的应用越来越广泛和深入，覆盖了经营管理的重要领域。数字化企业将充分利用机器学习、深度学习、知识图谱等技术构建业务交易、内部管理、风险控制等模型，在业务经营和内部管理中实现自动分析、自动决策、智能推荐，推动产品能力的创新和管理能力的持续提升。

（一）模型与模型风险

1. 模型的定义

美国联邦储备系统《模型风险管理监督指南（SR11-7）》中将“模型”定义为“应用统计、经济、金融或数学理论，以不同的技术手段和假设将输入数据处理为量化结果的定量方法、系统或途径”。

《商业银行互联网贷款管理暂行办法》中对“风险模型”进行了解释，指应用于互联网贷款业务全流程的各类模型，包括但不限于身份认证模型、反欺诈模型、反洗钱模型、合规模型、风险评价模型、风险定价模型、授信审批模型、风险预警模型、贷款清收模型等，但并未明确模型的定义。

目前，业内关于如何区分模型和策略存在广泛的争论。通常，模型是指“运用统计、经济、金融或数学中理论、算法、推导，将输入信息处理转化，用于量化估算及商业决策的计量分析工具”，策略是“利用信息分析制定的，可重复用于决策的规则集合”。在实际操作中，模型与策略在数据、特征、构建方法等方面较为相似，刻意区分模型和策略并无意义。本着审慎的风险管理原则，企业可以将内部应用的“模型”和“策略”均按照模型风险的管理框架进行管理。

2. 模型风险概述

模型开发应用过程的不当使用或结果误用，会给企业造成严重的经济损失、错误的战略决策或声誉损害等重大风险。模型已经与企业的经营管理密不可分，由模型带来的潜在风险愈发严重。模型风险主要来自于模型管理和模型自身技术两个方面，例如，模型数据来源的不准确和不及时会产生数据风险、模型缺陷造成的决策失衡和结果偏差、模型安全和监控缺失造成的风险及模型使用不当造成的合规风险等。

（二）模型风险管理框架

模型风险管理框架可分为 7 个部分，具体包括：

- 核心原则，包括模型定义、模型风险的定义及风险偏好；
- 风险文化，包括风险意识、信念、风险管理理念、培训体系等。
- 组织架构与治理，包括制度体系、组织架构、职能分工、治理活动等；
- 模型清单和分级，包括模型分级维度和标准、模型清单；
- 生命周期管理，包括需求提出、开发、验证 / 复核、部署、应用、持续监控、退出 7 个环节；
- 报告，包括模型风险指标汇总和模型风险汇报体系；
- 基础架构，包括开发与验证测试工具、流程与权限管理系统等。

（三）模型审计的实施路径

1. 审计内容和主要关注点

依据模型风险管理框架、外部监管规定和企业内部管理办法，模型审计主要包括以下 5 个维度的内容。

- 模型组织治理与管理架构的有效性。主要关注职能分工不明确、不合理，职能未有效落实的风险，包括岗位职责是否清晰，资源配置是否满足岗位要求，根据职责规定部门和岗位职能是否有效落实等。

- 管理制度与操作规范的完整性。主要关注模型管理内部制度内容不健全或不合理的风险，包括各级制度是否全面涵盖模型治理各方面并符合上一级制度要求，是否及时修订制度，以保证风险控制的有效性等。
- 模型管理流程的执行规范性与合规性。主要关注未落实操作流程规范或流程完整性不足的风险，包括相应岗位是否按照规定开展工作，模型相关文档、程序、数据、审批记录等信息是否保存完整，数据源与使用情况的描述与实际执行情况是否一致，模型开发、验证的过程是否与记录描述一致等。
- 模型质量的有效性。主要关注模型结果是否有效满足业务或风险管控目标，剩余风险是否充分揭示的风险。审计内容包括模型使用的内外部数据是否经过适用性和质量分析，对模型开发、验证过程中的关键步骤进行测试，评价模型总体质量与使用效果。
- 模型应用适当性。主要关注模型使用不当的风险，包括模型是否在规定和被批准的范围内使用，是否持续对模型进行监控。

2. 模型审计开展方法论

审计部门可以采取以下两种方式开展审计。

（1）模型专项审计

根据年度审计计划或审计工作安排，以专题项目的方式开展，主要针对制度完整性、组织架构有效性、流程规范性、过程真实性、质量有效性、应用适当性等方面进行检查评估。审计的广度和深度可以根据审计范围和内容要求的不同进行灵活调整。在评估过程真实性和质量有效性时，可以采取以下 5 种方法。

- 定性评估。审计人员基于模型文档或代码，对模型开发、验证等过程进行合理性评估，包括对建模的方法论、前提假设、数据来源、数据处理、特征构建、建模过程等的合理性进行评估。
- 整体性能评估。审计人员基于模型文档、代码和抽取的独立样本，计算模型在独立样本上的区分能力、稳定性等技术表现，并与开发或验证时的指标进行对比，确认和评估模型的整体性能，定量评估结果的真实性。
- 过程复现。审计人员基于模型文档、代码，复现模型开发、验证等过程，通过对比审计复现结果与开发或验证的中间结果和最终结果，定量评估过程的真实性。
- 局部测试。审计人员基于模型文档、代码、数据，选取部分关键环节进行定量测试，评估是否得到合理的结果。
- 整体测试。审计人员基于模型需求和数据，构建基准模型，测试其性能并与模型开发结果进行比对，确认模型整体性能得到合理优化。

（2）常态化审计监控

常态化审计监控主要通过定期监控，关注模型生命周期的流程控制和质量控制。在流程控制方面，审计人员可以依据模型清单和审批数据，检查、验证上线流程控制的合规性。在质量管理方面，审计人员可以依据模型主属部门线下提供的监控报告或系统同步的监控数据，运用结构化查询语言（Structured Query Language，SQL）等工具和可视化平台，检测模型监控指标是否超出阈值，以及在超出阈值的情况下是否触发应急措施。在数据基础良好的情况下，审计可以自行设置多维度监控指标，例如，针对贷前审批的模型，分为客群监控模型评分、变量维度的稳定性，开展常态化的跑批获取模型运行稳定性指标，开展常态化监控。

（四）模型审计的难点与展望

1. 模型审计的难点

随着模型在市场营销、客户服务、风险管理等越来越多的领域广泛应用和频繁迭代，为应对不同的场景，模型的精度和复杂性有着不同的要求，模型数量迅速增长，给审计工作带来诸多挑战。

- 审计资源与专业性要求高。每年新增的大量模型导致审计范围与日俱增，带来了更大的监控和测试负担，传统的审计方式难以应对这种快速变化，导致模型审计的覆盖面不足。同时，机器学习等技术在建模中的应用，对审计人员的专业知识提出了更高的要求。
- 审计工具和技术手段亟待升级。传统的访谈、审阅资料、现场查看等手段难以满足模型审计的需求，模型在设计、开发、部署、应用过程中的操作准确性和决策合理性的检查评估，亟须利用数据分析、建模等技术。然而审计项目往往时间紧、任务重，使用 SQL、Python 等常规工具需要审计人员编写大量代码，耗费时间长，亟待升级工具以提升工作效率。

2. 模型审计的建议和展望

展望未来，在数字化转型的浪潮下，模型的应用日趋多样，企业治理层也将越来越多地关注模型风险。为满足未来对模型审计的需求，企业内部审计部门可从以下两个方面着手准备。

- 审计工具升级。企业内部审计部门可以探索将部分模型审计工作自动化，以提升效率。例如，建设自动监控模块，持续跟踪数据、变量、模型的使用情况和表现，并在发生异常时自动生成报告，以便审计人员及时跟踪问题带来的影响和处理结果。
- 人才提升与外部专家引入。工具的升级无法替代内部审计部门对人才的需求。该领域的审计人员不仅需要数据科学和机器学习方面的专业知识，还需要具备风险管理、内部控制及业务方面的知识。审计部门可以通过针对性地补充、赋能模型审计人员，在团队中纳入业务、风险、数据、科技等多元化人才，以及有效引入外部专业的审计和咨询专家等方式，确保有效的资源补给和实质性的审计工作开展。

第四节 研发运营一体化审计（DevOps审计）

（一）DevOps 审计内涵

DevOps，是 Development 和 Operations 的组合词，即开发运营一体化，是最新的软件开发实践之一。虽然在 IT 领域 DevOps 早已得到业界的普遍认可和广泛应用，但目前尚未有统一明确的定义。我国通信行业标准 YD/T 1794T—2018 将 DevOps 定义为：在 IT 软件及相关服务的研发及交付过程中，将应用的需求、开发、测试、部署和运营统一起来，基于整个组织的协作和应用架构的优化，实现敏捷开发、持续交付和应用运营的无缝集成。DevOps 帮助企业提升 IT 效能，在保证稳定的同时，快速交付高质量的软件及服务，灵活应对快速变化的业务需求和市场环境。

越来越多的企业将 DevOps 落地应用，DevOps 在企业数字化转型过程中发挥着越来越重要的支撑作用。因此，越来越多的内部审计将 DevOps 纳入审计范围。在具体阐述 DevOps 审计之前，我们先对软件开发和运维的发展脉络进行简单的梳理，以便帮助内部审计人员在传统的瀑布模型软件研发审计、运行管理审计等经验的基础上，对开展 DevOps 审计形成一套新的审计方法体系。

从 20 世纪 60 年代至今，软件开发和运维发生了一系列变化。最初，程序员没有系统的开发活动方法，这意味着他们是唯一能够调试或维护自己编写的程序的人员。20 世纪七八十年代，软件开发公司创建了软件工程方法，例如结构化编程、系统开发方法和结构化系统分析与设计，以开发可重复的过程，使程序员更容易协作，更有效地开展工作，这些软件开发方法统称为瀑布模型。20 世纪 90 年代至 21 世纪，软件工程师为软件开发创建了更灵活的模型，例如 Agile 和 DevOps。这些模型旨在根据用户不断变化的需求快速开发和维护软件。如果模型采用得当，Agile 和 DevOps 实践可以改善客观的软件开发指标，包括部署频率、变更准备时间、变更失败率和平均恢复时间。

DevOps 代表了 IT 文化的一种变化，在面向系统的设计方法的背景下采用和发展敏捷实践，可以实现快速 IT 服务交付。DevOps 涉及改变、建立和培育一种文化和环境，在这种文化和环境中，规划、编码、构建、测试、发布、部署、运维和监控可以实现快速、频繁和更可靠的执行。DevOps 生命周期如图 7-3 所示。

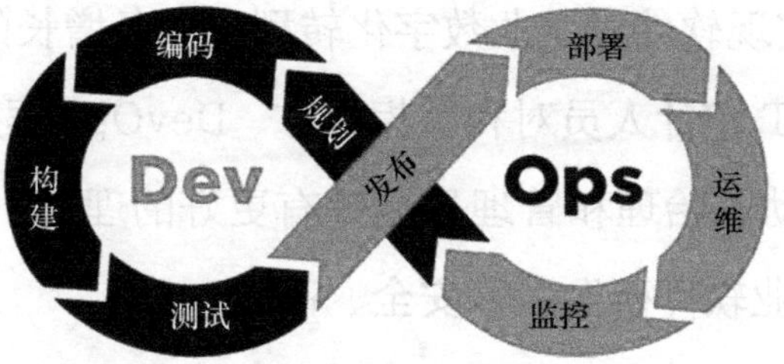

来源：Devopedia,"DevOps," Version 8。

图 7-3　DevOps 生命周期

根据中国信息通信研究院发布的《中国 DevOps 现状调查报告（2022）》，当前 DevOps 已经成为软件研发运营领域的主流趋势，它可以促进开发、运维、测试等不同部门之间的沟通、协作与整合，提升软件研发效能，助力企业实现交付更多业务价值的重要发展目标。调查结果显示，我国 40.86% 的企业的 DevOps 落地成熟度处于全面级，7.55% 的企业的 DevOps 实践成熟度处于优秀级，仅有 0.91% 的企业处于卓越级。部分企业缺少具备 DevOps 经验的专家、企业不清楚 DevOps 的路线图成为限制企业 DevOps 转型的障碍。

DevOps 审计是针对研发运营一体化这一软件开发和运维新模式进行的审计，围绕 DevOps 的趋势和变化、DevOps 实施过程中的各类风险（开发过程的风险、交付过程的风险、技术运营过程的风险、通用风险等），针对研发测试协作机制、测试数据场景缺失、产品的质量和安全等 DevOps 落地中遇到的常见问题，开展有针对性的风险控制评估评价，以应对新的研发运维模式带来的新风险。

（二）DevOps 审计目的

实施 DevOps 审计的目的，一是确保企业以风险可控的方式采用

DevOps，充分实现软件对企业数字化转型和业务增长的价值；二是通过DevOps审计，IT审计人员对利益相关方、DevOps框架及其关键方面、DevOps持续活动、治理和管理目标等有更好的理解，进而通过实施审计活动，助力企业软件研发运营安全、高效。

审计DevOps利益相关方及其利益。内部审计应当了解谁是企业的潜在利益相关方，DevOps如何使这些利益相关方受益，以及应该考虑哪些因素。我们认为，DevOps利益相关方并不仅是程序员和系统管理员，还包括架构委员会、安全员、项目经理和服务经理等。内部审计人员应当了解每个利益相关方可能从DevOps中获得的利益，进而开展契合其关注的审计活动。

目前，CALMS[1]框架可以评估企业是否准备采用DevOps流程，以及企业在DevOps转型中的进展情况。这5个方面也是企业DevOps实施过程中非常重要的、审计应当重点关注的关键方面。

审计DevOps持续活动。企业的IT审计人员熟悉传统的软件开发生命周期审计，也有必要了解在DevOps模型中持续执行的其他活动，并制订相应的审计计划对这些活动开展审计。

（三）DevOps审计的实施路径

DevOps开发运维一体化面临来自开发过程、交付过程和运营过程的风险，需要设计和部署相应的管理措施对风险加以控制，同时这3个过程中还有一些共性的安全要求，例如组织、人员、数据等方面的要求。因此，DevOps整体框架包括控制通用风险、控制开发过程风险、控制

1. CALMS分别代表文化（Culture）、自动化（Automation）、精益（Lean）、指标（Metrics）和分享（Sharing）。

交付过程风险、控制运营过程风险。相应地，我们开展 DevOps 审计时，也要以风险为导向，覆盖控制通用风险、控制开发过程风险、控制交付过程风险、控制运营过程风险 4 个方面的审计。

1. 控制通用风险审计

在 DevOps 模式下，安全控制内建于开发过程、交付过程和运营过程中。其中，通用风险主要是指这 3 个过程都可能面临的风险。因此，DevOps 设计了一些共性的安全要求，包括组织建设和人员管理、安全工具链、基础设施管理、第三方管理、数据管理、度量与改进反馈等。控制通用风险审计参考框架如图 7-4 所示。

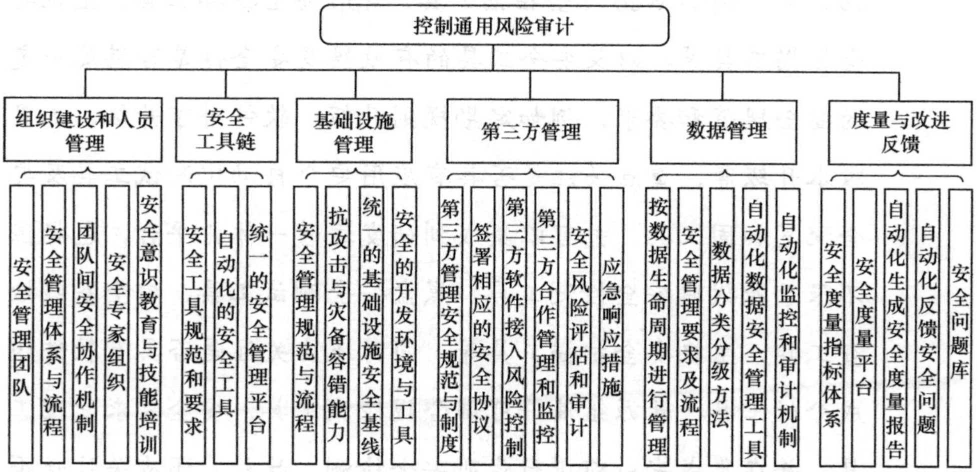

图 7-4 控制通用风险审计参考框架

- 在组织建设和人员管理方面，主要关注是否有专门的安全管理团队与安全主管，例如安全部门等，以及各岗位的安全职责、权利和义务是否明确。研发人员、测试人员和技术运营人员应做到安全职责分离，并明确团队间的安全协作流程和规范。重点关注安全管理体系与流程的完善性，可以参考行业的最佳实践和监管要求。同时还应关注是否建立了高效的团队间安全协作机制，包括但不限于虚拟安全小组、定期或不定期召开团队间会议、共同协作处理关键安全问题等，以及是否具有安全专家组织，负责评审关键架构设计并建设安全、研发与运营团队的一体化规范。此外，还需要关注是否针对研发人员、测试人员和技术运营人员开展专项的安全技能培训，是否在IT组织内进行安全意识教育与技能培训，从而提升团队成员的安全能力，建立安全文化。

- 在安全工具链方面，一是安全工具，重点关注是否具有漏洞扫描工具，例如Web安全扫描工具、App安全扫描工具、主机安全扫描工具等，以及安全工具的有效性及安全性是否满足一定的安全规范和要求，例如定期规则升级、软件补丁升级、工具版本升级等。重点关注是否具有应用安全自动化测试工具及安全配置加固工具，并可以集成到研发运营一体化平台，包括但不限于源代码安全检测工具、黑盒安全测试工具、安全基线检查工具、主机安全扫描工具等，同时还应关注是否具有软件组成分析工具、开源组件许可证合规检测工具、安全需求管理工具，并在集成完成前进行代码安全检测。此外，还应关注是否具备自主集成外部安全工具的能力，例如安全自动化测试平台集成多种黑盒安全扫描工具等。二是安全管理平台，重点关注是否具有威胁建模及安全需求管理自动化平台，自动化漏洞扫描平台是否能够实现多维度扫描工具组合扫描，并具备周期性巡检机制。重点关注是否具有统一的漏洞管理平台，对漏洞进行汇聚及集中管理，是否能够实现自动化漏洞扫描、漏洞修复通知推送、提供漏洞验证等功能，是否支持漏洞按照种类与风险级别等维度进行统计、分析、展示。重点关注是否具有统一的资产风险管理平台，对应用相关的资产进行风险监控及管理，关注自动化的安全测试平台的建设情况。

- 在基础设施管理方面，重点关注生产环境的管理是否具有安全管理规范与流程、生产环境是否具有安全基线、基础设施的管理是否有安全的工具系统，例如云平台安全管理、中间件安全漏洞管理等。DevOps 基础设施应具备良好的抗攻击与灾备容错能力，并支持低风险的应用发布方式，从而有效地实现多方联防联控，基础设施的管理应采用基础设施即代码与自动化方式管理，实现管理低风险、可追溯、可审计。同时，审计应该关注是否定期执行基础设施安全基线扫描，及时发现和处理安全风险，以及是否具有统一的基础设施安全基线，包括但不限于开发、测试、生产环境等。此外，还需要关注是否具有安全的开发环境与工具，包括但不限于安全的开发工具、安全的开发配置、安全的持续集成 / 持续交付、持续部署（CI/CD）工具等。
- 在第三方管理方面，主要关注是否具有完善的第三方管理安全规范与制度，人员管理、数据安全、服务器运维等安全要求是否明确，例如第三方人员引入和办公场所出入规则、第三方服务的访问控制等。重点关注第三方合作是否签署相应的安全协议，需要对第三方软件接入风险进行有效的控制，包括但不限于第三方开源软件、第三方商业软件等，以及通过技术平台对第三方合作进行管理和监控，例如办公场所与机房人员出入、应用的访问和操作等，并对第三方进行定期和按需的安全风险评估和审计，例如通过相关权威机构进行安全评测等。同时，还应关注对于因第三方合作造成的安全事件、问题，是否有应急响应措施。

- 在数据管理方面，重点关注数据管理是否按数据生命周期进行管理，覆盖运营过程，具有完善的安全管理要求及流程，包括但不限于制度、规范、流程、指南等。应具有明确的数据分类分级方法，实现数据分类分级的自动化标识、审核等，对于不同环境、类别及级别的数据具有自动化管控手段。此外，审计应关注 DevOps 是否具备自动化数据安全管理工具，例如数据资产管理、数据脱敏、数据防泄露等，以及是否具备数据使用过程的自动化监控和审计机制。
- 在度量与改进反馈方面，主要关注是否建立了跨领域、跨机构、端到端的安全度量指标体系并持续更新，该指标体系具有部分预测性指标，例如漏洞修复率、安全问题平均恢复时间、安全覆盖率等。重点关注是否具有安全度量平台，安全度量报告应以自动化方式生成和展示，包括报告内容、分类分级展示、趋势展示、阈值设置与预警、按需定制、多种图表类型、订阅等，并且安全度量数据应确保完整真实，数据时效性不低于 T+1 天，度量数据至少半年。同时，审计应关注基于度量识别的安全问题是否能够自动化反馈给团队的工作管理平台，并纳入研发迭代的待办事项列表，是否建立基于度量分析的安全问题库，反馈有针对性的安全建议，例如历史共性安全缺陷等，团队定期根据建议实施改进。

2. 控制开发过程风险审计

应用的开发过程实施安全风险管理工作，保障进入交付流程的代码是安全的，降低后续交付、运营流程的安全风险，保障研发运营一体化的整体安全包括需求管理、设计管理和开发过程管理。因此，DevOps审计中对控制开发过程风险的审计，也主要从这3个方面展开。控制开发过程风险审计参考框架如图7-5所示。

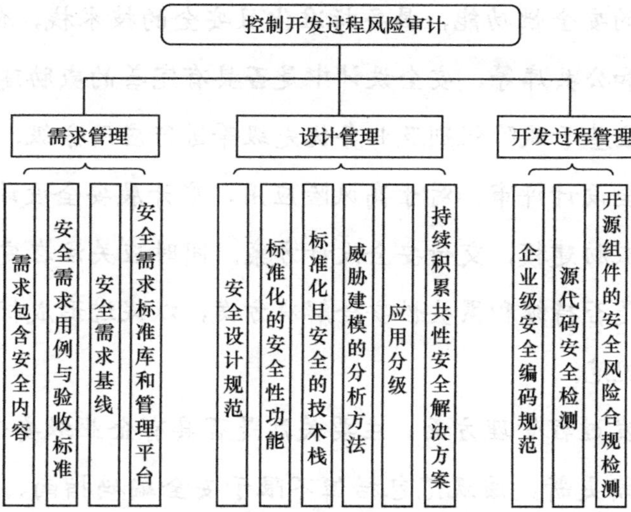

图7-5 控制开发过程风险审计参考框架

- 在需求管理方面，主要关注需求是否包含安全内容，并纳入团队整体的需求清单。重点关注是否针对不同技术栈和应用场景特点，制定了相应的安全需求用例与验收标准。应当注意，DevOps安全需求既要包括功能性需求，例如认证、授权、安全日志与审计等，又要包括非功能性需求，例如健壮性、可用性、可靠性等。同时，应分析项目涉及的法律法规和行业规范要求，并制定安全需求基线，且具有持续更新的安全需求标准库和管理平台（包括但不限于法律法规、行业监管要求、公司的安全策略及业界实践等）。此外，还应关注安全需求是否与其他功能性需求同步开展测试，并由测试团队和安全团队联合负责。

- 在设计管理方面，重点关注是否具备完善的安全设计规范，例如标准化应用程序接口（Application Programming Interface，API）安全规范、标准化互联网应用安全架构等，是否制定和发布了标准化的安全性功能，具备标准化且安全的技术栈，例如中间件、框架和公共库等，安全设计中是否具有完善的威胁建模的分析方法。应基于风险级别及业务优先级等进行应用分级，针对应用开展安全设计评审。对于高风险应用，应开展安全设计、攻击面分析与威胁建模，交付安全设计方案。同时应关注在安全设计过程中，是否持续积累共性安全解决方案，以促进形成标准化的安全设计规范。
- 在开发过程管理方面，主要关注是否具有企业级安全编码规范，并持续更新，该规范包括但不限于安全编码指南、安全示例代码、不推荐的函数列表、安全门限等。代码提交前，应关注是否进行了源代码安全检测，例如采用 IDE 安全检测插件等检测，以及是否进行了开源组件的安全风险合规检测。

3. 控制交付过程风险审计

交付过程是指从代码提交到应用发布给用户使用，安全交付是将安全内建到交付过程中，包括配置管理、构建管理、测试管理、部署与发布管理。DevOps 审计中对交付过程风险的审计，也主要围绕这 4 个方面展开。控制交付过程风险审计参考框架如图 7-6 所示。

- 在配置管理方面，主要关注是否具有企业级全面的安全管理规范，例如配置数据访问策略、工具平台备份恢复方案、开源管理规范等，以及对源代码、依赖组件、发布制品、数据库变更脚本、环境配置脚本等是否进行安全管理和统一变更管理，并有源代码提交安全门限和自动化安全管理机制，例如开源组件的引入规范和自动化安全扫描、源代码安全规范、源代码与制品可追溯等。此外，还应关注是否对高风险代码进行人工安全评审及自动化辅助评审，是否使用代码保护机制保护知识产权和关键信息及算法，提升逆向攻击和漏洞发现难度，以及制品及相关配置是否有安全检查及相应的防篡改机制。

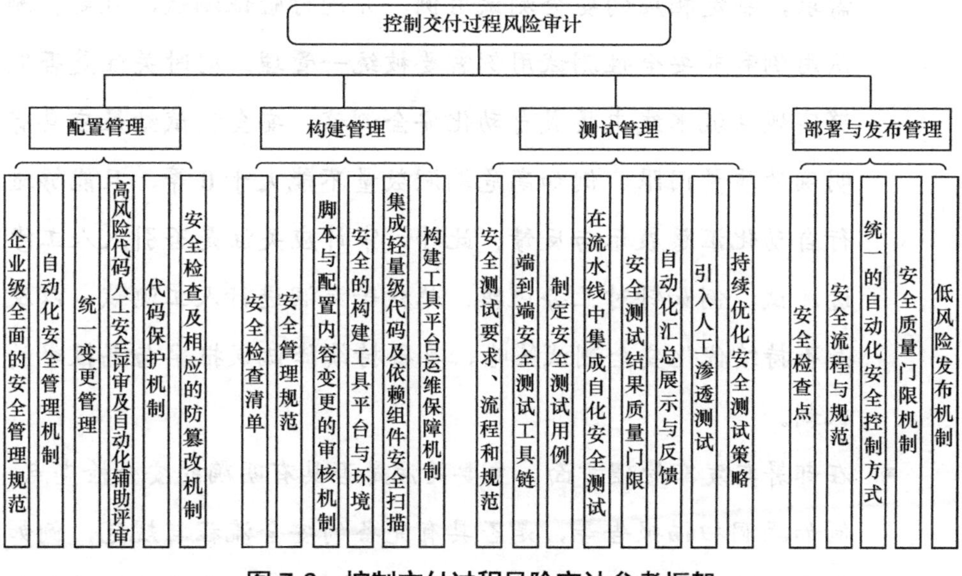

图 7-6　控制交付过程风险审计参考框架

- 在构建管理方面，重点关注是否具有安全检查清单和安全管理规范，是否具有脚本与配置内容变更的审核机制，是否具有安全的构建工具平台与环境，包括但不限于环境一致性、环境隔离、数据隔离等。同时，审计应关注是否实现提交构建中集成轻量级代码及依赖组件安全扫描，以及是否具有安全可靠的构建工具平台与运维保障机制。

- 在测试管理方面，主要关注是否具有完善的安全测试要求、流程和规范，安全测试结果作为发布的前置条件，是否具备完善的端到端安全测试工具链进行安全测试和合规扫描，覆盖主要的安全测试类型，包括但不限于黑盒安全测试工具、静态代码安全扫描工具、开源组件安全扫描工具、容器安全扫描工具等。应当注意，开发测试环境不直接使用生产数据，应采用公开数据、构造出的测试数据或经过脱敏后的生产数据，应基于安全需求，制定相应的安全测试用例，并进行验证测试，且安全测试用例和非安全性测试用例需要被统一管理。同时关注是否能够实现在流水线中集成自动化安全测试，安全测试结果应具有明确的质量门限，例如高危漏洞数量不能大于 0 等，且能够进行自动化汇总展示与反馈。此外，审计应关注是否引入人工渗透测试，例如针对业务逻辑、越权等漏洞进行人工测试，以及是否持续优化安全测试策略，具备持续降低误报率与漏报率的机制。
- 在部署与发布管理方面，主要关注是否具有明确的安全检查点，例如漏洞扫描报告等，是否具有完备的安全流程与规范，例如安全回退、备份机制、应用发布安全指南等。应用的部署与发布过程应采用统一的自动化安全控制方式，并嵌入 DevOps 流水线，例如自动检查漏洞扫描报告、自动化 SQL 执行等，且应用在各个环境中的部署与发布过程应采用统一且安全的自动化工具。同时，还应关注应用的部署与发布是否具备强制的安全质量门限机制，阻止不安全应用发布上线，以及是否具有低风险发布机制，例如蓝绿部署、金丝雀发布等。

4. 控制运营过程风险审计

技术运营过程是指应用发布给用户后的过程，将安全内建于运营过程中，通过监控、运营、响应、反馈等实现技术运营的安全风险闭环管理，包括安全监控、运营安全、应急响应、运营反馈。DevOps 审计中对技术运营过程的安全风险审计，也主要围绕这 4 个方面展开。技术运营过程安全风险审计参考框架如图 7-7 所示。

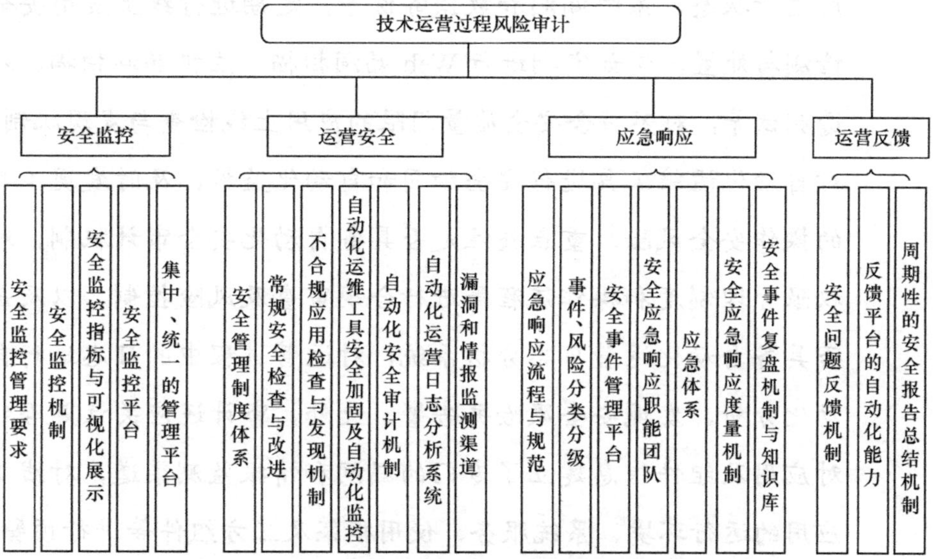

图 7-7 技术运营过程安全风险审计参考框架

- 在安全监控方面，主要关注是否具有安全监控管理要求，包括流程、制度、策略、组织、措施，重点关注是否具有专有的安全监控机制能够覆盖部分业务场景，包括但不限于病毒攻击、分布式拒绝服务（Distributed Denial of Service，DDoS）攻击、暴力破解、注入攻击、接口滥用等，以及是否具有完善的安全监控指标与可视化展示，指标包括但不限于分类型和级别的安全事件数、安全攻击类型、攻击来源、攻击次数等。同时应关注是否具有安全监控平台，能够可视化展示应用运行状态，包括收集、分析运行数据，发现潜在安全缺陷，并进行分级告警，以及是否具有集中、统一的管理平台来实现监控关联分析。

- 在运营安全方面，主要关注运营过程是否具备全面的安全管理制度体系，包括但不限于安全策略、安全管理制度、安全操作规程等。应定期进行 DevOps 常规安全检查与改进，例如检查应用运行状态、系统漏洞和数据备份等，定期进行线上应用安全检测与处置，例如定期进行 Web 漏洞扫描、主机漏洞扫描、渗透测试等，对不符合安全质量门限的应用上线检查与发现机制，对自动化运维工具进行安全加固和自动化监控，及时发现工具的操作安全风险。重点关注是否具备自动化安全审计机制，对权限管理制度和操作流程等进行合规审查及风险控制，以及是否具备自动化运营日志分析系统，对运营过程中的日志进行自动化分析，发现安全风险并告警。此外，审计还应关注是否针对应用及组件信息建立了专门的漏洞和情报监测渠道，对线上应用的运行环境、系统服务、使用框架及三方组件等进行预警、处置与闭环，并且具备从外部接收相关漏洞通告和情报的渠道，有完整的运营机制。
- 在应急响应方面，重点关注是否制定和发布了应急响应流程与规范，并基于事件、风险的影响情况和严重程度进行分级、分类，针对不同级别的事件有对应的响应要求与处理流程。同时，还应关注是否具有专门的安全事件管理平台，能够对安全事件进行跟踪、统计、分析、可视化展示等，是否具备安全应急响应职能团队，跟进安全应急响应与处置，设立不同的应急角色，是否具备完善的应急体系，包括但不限于定期开展应急演练计划、安全应急预案、启动条件、应急组织、应急策略、应急资源、恢复机制等。此外，审计应关注是否建立了安全应急响应度量机制，对响应团队的响应效能等做出要求，驱动团队改进优化，以及是否建立了安全事件复盘机制与知识库。

- 在运营反馈方面，主要关注是否具备安全问题反馈机制，是否具有完善的持续反馈的流程、规范、组织与平台，包括但不限于安全问题收集、分类分级、反馈、跟踪、处理、汇总分析等机制。重点关注持续反馈平台是否具有一定的自动化能力，例如情报收集、发现处置、事件升级、持续监测、预警通知等，能够自动化反馈信息到问题跟踪管理系统，并且实现闭环管理。同时，还应关注是否具有周期性的安全报告总结机制，持续反馈安全问题汇总分析结果，例如安全漏洞的处理报告、自动化系统的汇总分析结果等。

第五节　核心数字化产品审计

（一）核心数字化产品审计的内涵

在讨论如何开展核心数字化产品审计之前，我们先对 3 个相关的概念做一些解释。

1. 产品

被誉为“现代营销学之父”的美国经济学教授菲利普·科特勒认为，产品是“能够提供给市场，引起人们注意，供人们取得、使用或消费，并能够满足某种欲望和需要的任何东西”。这个被广泛使用的概念体现了产品的一个重要特征：面向市场和客户。而关于什么是客户，有两种不同的观点。一种观点认为，客户特指的是外部客户，即外部的消费者和使用者；另一种观点认为，客户包括内部客户和外部客户，所谓内部客户就是企业内部人员，那么面向内部人员、为其工作提供支持的系统和工具也属于产品的范畴。我们认为，产品的定义强调“面向市场”，这表明了面向外部客户应该是产品的重要特征。因此，本章中所指的产品，是指面向外部市场、外部客户的产品。

2. 数字化产品

数字化产品（业务）、产品（业务）数字化是现在企业数字化转型的重要内容，但实际上，关于数字产品、数字化产品的讨论由来已久，目前尚无权威、统一的概念。我国“数字产品”概念第一次被使用是在《国外气象卫星资料分析使用情况》中，指的是气象卫星拍摄的图片等资料，经过计算机加工处理后以数码形式呈现的气象信息。我国“数字化产品”概念第一次使用是在《近年来国际摄影测量自动化的发展概况》中，指的是摄影测绘自动化过程中，利用计算机测绘资料进行编辑处理形成的以计算机数据表达的测绘信息。两篇文章虽然使用了不同的词语，但具有基本类似的内涵，即利用计算机加工处理的以数字编码的信息产品。

之后，有很多其他关于数字产品和数字化产品的定义，中文名称虽然略有差异，但在英文中对应同一个词组（Digital Products）。2001 年，联合国贸易和发展会议发布的研究报告认为，数字化产品是既可以通过载体以物理方式运送，也可以通过互联网以电子方式运送的产品。王刊良和曹庆华两位专家在此基础上略做扩展，认为数字化产品是指可以经过数字化并能够通过互联网等数字网络传输的产品。杜江萍、薛智韵认为数字产品是电子商务中的核心产品概念，把数字产品分为有形数字产品（例如数码相机、数码摄像机）、无形数字产品，后者又称作数字化产品，可以数字化并能通过数字网络传输。袁红、陈伟哲则认为，数字产品又称数字化产品，也分为有形和无形两种，其中对无形数字产品的定义与前面几位学者类似，是指能够被数字化的一切事物，并能够通过互联网这样的数字化网络传输的产品。

综合业界已有的对数字化产品的定义，本章所指的数字化产品，主要是指能够被数字化并通过数字化网络传输的产品，这些产品面向市场和客户，供人们取得、使用、消费并能够满足人们的某种需要。数字化产品本身具有虚拟化、线上化、智能化等特点，同时其研发、制造、营销、运营等过程也往往具有数字化特点。

3. 核心数字化产品审计

各行各业都处在数字化转型的热潮之中，依托的行业不同，核心产品和业务也会存在较大的差异。同时，企业可能会向外推出很多的数字化产品，我们建议内部审计部门应基于风险评估情况，综合考虑风险导向和重要性原则，选择企业主要的数字化产品（即核心数字化产品）开展审计。

（二）核心数字化产品审计的背景

数字化转型给企业带来生产方式和业务模式的变革，也推动企业组织架构和运行机制的优化升级。随着企业数字化转型的推进，越来越多的传统业务将向线上迁移，业务的数字化、智能化、自动化特征也将越来越明显，业务协同效率、资源利用效能倍增，持续改变企业为客户提供服务的方式，创造了更多的商业模式与商业价值。

企业数字化转型推动数字化产品创新。企业通过数字化转型，不断整合数据体系及平台，在业务流程中植入数据采集点，围绕业务对象关联业务数据，实现业务全流程数据化、线上化，并通过 API、软件开发工具包（Software Development Kit，SDK）等技术连接行业生态平台，最终实现业务数字化。随着企业数字化转型的推进，企业将创新开发越来越多的数字化产品，并将业务逐步承载到核心数字化产品上。

与此同时，核心数字化产品可能衍生出新的风险特征和表现形式，带来潜在的系统性风险。数字化产品往往在线上运营，跨机构、跨地域、虚拟化的特征明显，交易更为隐蔽，业务真实性控制、外部欺诈风险防范等方面的难度更大，且风险的传染性更强，影响范围更广。产品全流程有更多的合作方、客户参与，形成开放的数字化产品生态，可能面临外部输入性风险；同时，数字化产品基于数据、模型、算法自动化运行的特点，给数据质量、算法逻辑、产品设计的完备性和信息安全管控带来挑战，一旦产品设计不完善或控制失效，可能会发生系统性、突发性的风险，甚至带来巨大的资金损失。

（三）核心数字化产品审计的目的

在企业数字化转型大背景下，数字化产品与流程将成为企业对外服务和对内管理的主要形式。内部审计部门开展核心数字化产品审计的目的是，通过持续关注和研究数字化产品的风险特征及对应的审计技术方法，及时揭示内部控制的薄弱环节和风险隐患，提出改进建议，推动数字化产品内部控制和风险管理水平的提升，为实现业务发展目标提供有效保障。同时，通过开展核心数字化产品审计，内部审计可以充分发挥全视角、高站位的优势，从以下两个方面为企业带来价值。

- 履行审计确认职能，防范业务发展过程中的新风险。内部审计从关键环节风险管控、重要参数与自动化功能、准入退出管理等方面，对数字化产品运营过程中的潜在风险进行排查，从制度流程、系统安全、操作执行等各个层面，推动第一道或第二道防线加强风险管理，改进内部控制，防范数字化浪潮中业务数字化、系统复杂化带来的风险，提升风险控制能力。
- 提供咨询服务，应对业务发展过程中遇到的新问题、新困难。内部审计围绕数字化经营模式及数字化产品运营，从产品规划与管理、客户友好性、客户体验等方面入手，围绕数字化经营中不顺畅、不适应的问题给出审计建议，改善企业数字化产品经营管理水平，改善客户体验，推动客户服务能力提升，为企业数字化经营夯实发展基础，助力企业战略目标的实现。

（四）核心数字化产品审计的内容及重点

不同行业数字化产品的功能、客户、流程、风控必然存在较大差异，数字化产品审计需要结合不同业务和产品的特点、流程、面临的主要风险等进行具体设计。总体来看，核心数字化产品审计可从总体管理、关键环节风险管控、重要参数与自动化功能、准入退出管理、客户体验与友好性等领域入手。核心数字化产品审计参考框架如图 7-8 所示。

1. 总体管理

数字化产品的总体管理主要包括产品规划、制度建设、产品运营发展等内容。

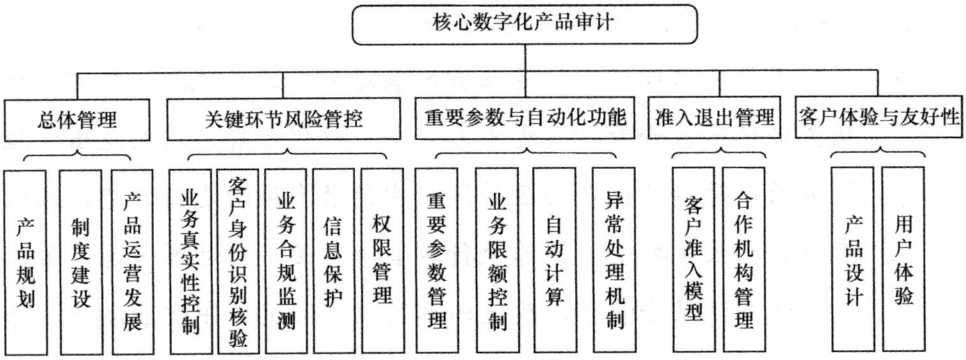

图 7-8　核心数字化产品审计参考框架

- 在产品规划方面，关注产品规划的制定情况，规划和市场定位是否清晰明确，是否与整个企业的业务发展方向契合。
- 在制度建设方面，关注是否建立了配套的产品管理制度，是否充分考虑了数字化、线上化的风险特征，并提出了相应的管理规范与要求。
- 在产品运营发展方面，关注产品实际的运营发展情况，包括营销、落地推广、市场口碑等，是否实现了预期的发展目标和成效。

2. 关键环节风险管控

数字化产品的业务发生依托于网络，风险隐蔽复杂，审计应关注数字化产品关键环节的风险控制情况，例如业务真实性控制、客户身份识别核验、业务合规监测、信息保护、权限管理等方面。

- 在业务真实性控制方面，关注是否建立了业务真实性的核验机制、对业务证明材料的要求，关注系统如何获取业务背景信息、自动核验控制如何设计，是否存在虚假业务、实际业务信息与证明材料不一致等情况。
- 在客户身份识别核验方面，关注对客户身份的识别、验证方式及其有效性。

- 在业务合规监测方面，关注产品运营监测开展情况、是否针对产品特征设计了相应的统计分析和风险监控模型，关注模型异常触发条件，风险识别、预警的机制设计，以及异常情况的处理流程等。
- 在信息保护方面，关注业务开展各环节中的信息安全考虑及采取的控制措施，关注客户信息的采集留存是否合法合规、是否得到了客户授权，对客户信息是否实施了必要的保护措施，是否存在客户及企业敏感信息泄露风险等。
- 在权限管理方面，关注数字化产品运营和管理系统的客户权限管理情况，关注客户维护流程是否规范并得到适当审批，客户权限是否分配适当、做到不相容职责的有效分离，关注冗余权限的及时清理等。

3. 重要参数与自动化功能

数字化产品审计应关注产品重要参数及自动化功能的完备性，包括重要参数管理、业务限额控制、自动计算、异常处理机制等方面。

- 在重要参数管理方面，关注是否建立了关键业务参数的维护流程，参数维护是否规范、准确、及时。
- 在业务限额控制方面，关注数字化产品是否存在控制客户额度，是否存在突破限额情况，以及额度的具体设置、额度控制实现方式有哪些。
- 在自动计算方面，关注哪些系统存在自动计算功能，关注自动计算逻辑及计算结果的准确性。
- 在异常处理机制方面，关注是否建立了对系统自动计算、自动控制的核对验证机制，以及自动功能出现异常错误时的处理流程与处理机制。

4. 准入退出管理

数字化产品具有线上化运营、智能化自动化处理的特点，为了控制风险，对产品的目标客户和合作机构往往有一定的准入要求。

- 在客户准入模型方面，关注数字化产品对客户资质的要求，客户准入模型的设计是否合理、严格，关注客户白名单、黑名单的设计和应用情况等方面的控制情况。
- 在合作机构管理方面，关注企业是否建立了相应的合作机构管理机制，是否明确了合作机构的准入条件，包括应具备的资质、技术条件等，关注合作协议签署的规范性、协议的完备性，关注合作过程中对信息安全和保密要求的落实情况，关注对合作机构的退出要求，是否存在该退未退的情况等。

5. 客户体验与友好性

快速响应市场、客户体验至上是数字化产品的优势。因此，数字化产品审计也应关注产品的用户体验与友好性。具体关注产品设计是否体现了客户视角、界面是否友好美观、操作是否简单便捷、流程是否顺畅，是否开展了客户体验评价、客户使用问题是否能够得到及时解决等。

（五）核心数字化产品审计的难点与痛点

产品和服务数字化是企业数字化转型的必然结果，依靠数字化手段提供更为精准、智能的产品和服务将成为企业数字化发展的主要趋势。可以预见，对数字化产品的审计将成为内部审计履职范围中的重要部分，开展核心数字化产品审计可能会面临以下难点。

- 数字化产品增加了内部审计的复杂度和难度。随着数字化产品的爆发式发展，各种创新产品层出不穷，在一定程度上将促使企业超越传统业务的边界，无形中扩大了内部审计业务的范围和内容。特别是对每个数字化产品的首次审计，内部审计人员需要认真学习新产品、新业务，向产品部门了解该产品的目标规划、流程设计、风险控制措施等基本情况，从而把握数字化产品的审计重点。数字化产品具有虚拟化、线上化、智能化的特点，易出现新的风险特征和风险环节。相较于传统的业务和产品审计，内部审计人员对数字化产品的审计评价将更加复杂，相关的审计方法也需要探索实践。特别是数字化产品带有明显的行业甚至企业特征，对其开展审计必须根据企业的情况“量体裁衣”，制订有针对性的审计方案，并根据产品发展适时调整。
- 数字化产品审计给审计人员的能力及审计项目的组织方式带来挑战。数字化是产品的一种展现形式（虽然可能是未来产品的主要形式），因此要做好数字化产品审计，审计人员需要掌握两个方面的知识技能，既要懂业务，能抓住实质性风险，又要懂数字技术，能够透过“自动化”“智能化”的黑盒子，看到内部的逻辑、控制和技术，目前这样的复合型审计人才比较缺乏，审计人员的知识结构、审计能力还要更多元。在项目组织上，更需要以柔性团队方式，灵活配置业务、技术两方面的审计师，形成复合型审计团队，并有相对应的一套管理机制。
- 数字化产品审计需要内部审计技术升级转型。对以虚拟化、线上化、智能化为特征的数字化产品开展审计，传统审计方法已不能完全满足审计需要。例如对产品中内嵌模型、自动化功能等方面的审计，需要审计师通过构建模型、运用大数据分析等手段来对模型运行结果、系统控制有效性进行审计，对相关业务开展全量分析。传统的手工抽样显然远远不能满足数字化产品的审计需要，覆盖各类风险环节的非现场（远程）审计技术将成为内部审计的必备手段。

第六节 开放服务审计

（一）开放服务审计的必要性

开放是企业数字化转型的重要途径。通过API等技术手段实现开放服务，一方面可以提升企业服务能力，扩大服务范围，提升市场份额，产生新的收入来源；另一方面有助于促进形成新的业务模式，甚至与各合作方共同形成平台化商业模式。

一般认为，企业实现开放服务常用的模式有3种：一是“H5”，即超文本传送协议（Hypertext Transfer Protocol，HTTP）5.0，使客户在前端可执行更多的操作，便于各类数据的传输和使用；二是SDK，使合作伙伴可以调用企业的标准接口，快速接入产品和服务，也能够提供部分定制化能力；三是API，是一组预先定义的函数，用于实现某种功能或传输特定数据，合作伙伴可以灵活使用各类API，将企业的产品和服务嵌入自身的产品中。从合作伙伴和客户视角来看，3种模式的灵活性、可定制性逐渐递增。从业界实践来看，API是最常用的开放模式。

然而，尽管许多企业仍在探索开放服务应用，似乎“开放服务”只是其 IT 架构体系的补充，但随着服务云化、客户端移动化趋势，API 遭受的攻击实际上已经成为企业面临的主要威胁。2021 年，Gartner 咨询公司预测，到 2024 年，API 滥用及其导致的数据泄露几乎翻倍。

从实务来看，安全机构 Salt 发布的《2021 年 API 安全状况报告》统计，有 91% 的受访者表示在 2020 年其 API 出现过安全问题。OWASP 定期发布 Web 安全“Top10”，列出组织面临的最重要的 Web 安全风险，其中多项风险及其控制涉及 API，例如，访问控制缺陷、注入、错误的安全配置、认证授权缺陷等。考虑到 API 安全的重要性，该组织还专门成立了“API 安全计划”，定期发布 API 安全的“Top10”，以供业界参考。

确保 API 安全是一项整体、持续的工作，必须形成有效的 API 安全策略，并持续改进完善。因此，内部审计部门能够发挥站位高、视角全、能够推动体制机制完善的优势，发现体制、机制、流程方面的问题，推动各利益相关方共同重视和提升 API 安全。

（二）开放服务审计的目的

所有的收益和进步都伴随着风险，开放服务也是如此。企业使用 API 等方式开放服务，至少会面临以下 4 项风险。对企业进行审计，主要目的是评估、发现这些风险并推动企业改进。

- **对企业 IT 架构产生冲击。企业确定开放战略后，要想提供外部 API 等开放服务，就必须改造 IT 系统，使其支持和提供相关功能。在提供外部 API 的同时，内部系统往往也要进行解耦合、API 化、服务化的变更，大型、老旧、高耦合的系统风险较高。而随着**

现代 Web 体系的发展，移动设备、微服务、本地 / 云混合架构等因素对 API 安全提出了更多的挑战。

- 开放接口需要持续运营和全生命周期管理。API 的开发和集成是持续的，因此其流程必须集成到应用系统本身的开发和变更流程中，才能避免失效、脱管甚至成为漏洞。很多企业没有妥善地规划开放战略和实施计划，一股脑儿“大干快上”，造成大量 API 无人问津，后继无人管理。
- 安全风险暴露增加。安全是企业 IT 服务的底线。开放服务不仅增加了企业 IT 系统面向外界的暴露程度，还使企业面临合作方带来的第三方风险和输入性风险。这些风险不仅包括技术风险和安全事件导致的继发风险，也包括业务、声誉、财务等风险。必须系统、全面、认真地对这些风险进行识别、评估和控制，对于受到严格监管的或涉及大量客户敏感信息的行业（例如金融、电信业），这一点尤为重要。
- 可用性与易用性问题。同样是“开放”，不同的 API 实现，其结果可能相差悬殊。例如，部分银行机构的“开放接口”实质上仅是其系统报文的“API 化”，并未采用通用协议，功能单一，对开发者不友好；部分企业开放的 API 设计逻辑差，不能实现原子化的事务处理。

总而言之，开放服务绝不仅仅是向外部开放一些接口，还是一项需要兼顾发展和风险的、综合考量内部与外部需求的、结合企业自身情况和需要开展的系统性、持续性工程。因此，有必要通过开展开放服务审计，更好地保证开放服务的规范、安全、可控，并逐步提升投入产出效能。

（三）开放服务审计的内容及重点

开放服务不仅是一个技术决定，也是一项战略决策。因此，开放服务审计要涵盖体制机制、制度流程、开发测试、接口安全、网络安全、合作方准入和管理、数据保护、开放效能等内容。开放服务审计参考框架如图 7-9 所示。

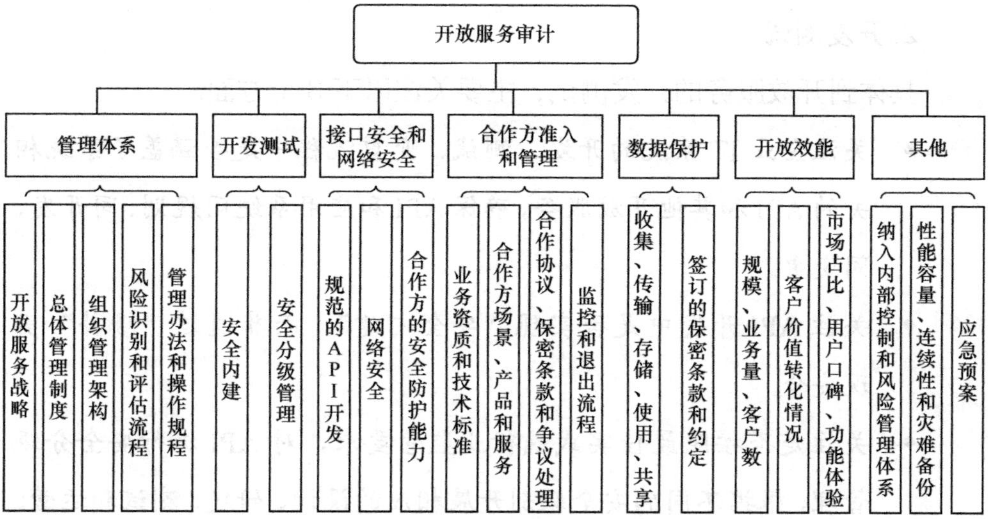

图 7-9　开放服务审计参考框架

1. 管理体系

科学规划和有效管理是企业成功开放服务的基石和保障。在体制机制方面，首先要关注是否形成了开放服务战略、策略或发展规划，是否建立了完善的确保战略落地和推进开放的组织管理架构；还要关注企业战略部门、业务部门、研发部门和资源保障部门的职责分工是否明确。对于开放服务中的信息安全、外部欺诈、数据保护等重点风险领域和环节，也要关注是否形成了能够进行有效管控的体制机制。

- 在制度流程方面，关注是否制定了有效的开放服务总体管理制度，关注各相关部门是否建立了对合作组织和业务的风险识别和评估流程，是否形成了相关的管理办法和操作规程。

- 在研发环节方面，关注是否建立了与开放服务相关的制度和规范。
- 在运营环节方面，关注是否建立了有效的合作组织准入、管理、监控和退出流程，关注是否建立了对各项开放服务的监测和评价流程。

2. 开发测试

具体到开放服务的开发测试，主要关注以下 3 个方面。

- 关注企业 IT 系统的开发、测试、变更流程中是否涵盖了系统相关的 API 和其他开放服务，确保 API 和应用系统同规划、同开发、同变更。
- 关注 API 开发中是否实现“安全内建”，而非通过“修补”实现安全。
- 关注是否按照最佳实践或行业监管要求，对 API 进行安全分级管理，根据不同的安全级别开展相应的设计、研发、测试和运营。

3. 接口安全和网络安全

开放服务的安全要通过纵深防御来实现，通过多层次的技术和管理控制来实现安全。

- 关注 API 开发的规范性，研发部门是否形成了规范、统一的开发实践，是否能够指导业务和研发部门在设计阶段对开放服务的功能性、安全性、规范性进行把控。
- 关注网络安全，企业是否在互联网边界部署防火墙、入侵检测系统 / 入侵防御系统（Intrusion Detection System/Intrusion Prevention System，IDS/IPS）、DDoS 防护等具备访问控制、入侵防范相关安全防护能力的网络安全防护措施，是否通过网络分区隔离、设置非军事区（Demilitarized Zone，DMZ）等方式来保证安全。

- 关注企业是否对合作方的安全防护能力提出了必要要求并实施相关控制。
- 关注接口权限控制是否有效，身份认证、权限和授权、密钥和加密、监控和处置等是否有效。

4. 合作方准入和管理

管控开放服务的输入性风险，核心是管好合作方准入、管理、监控、退出这一全生命周期。

- 关注合作方准入要求和实践，是否对合作组织的业务资质、技术标准，以及其他相关资质提出相关要求且进行有效验证。
- 关注合作方场景、产品和服务的合法性和适当性管理，是否存在违反法律法规或违反行业监管精神的情况，是否会给企业带来输入性风险。
- 关注与合作组织签订合作协议、保密条款和争议处理约定的情况，是否能够有效维护企业利益。
- 关注是否建立了合作方监控和退出流程。对于银行业等行业企业，还要关注对合作方反洗钱管理、账户管理、信息安全管理等情况。

5. 数据保护

开放服务必然伴随数据的收集、使用，以及在企业和合作方间的共享和流通。

- 关注开放服务中信息的收集、传输、存储、使用、共享情况，是否满足《中华人民共和国个人信息保护法》（以下简称《个人信息保护法》）及具体行业监督管理机构的相关要求。

- 关注是否与合作方签订关于数据保护的保密条款和相关约定。
- 关注开放服务中企业自身和合作方在信息传输、使用、存储中的技术性、管理性数据保护措施是否完善。
- 关注开放服务带来的服务范围扩大导致法律适用和管辖权可能出现变化所带来的法律、技术或声誉风险。

6. 开放效能

企业开放服务应创造价值。

- 关注开放服务场景的规模、业务量、客户数量等指标，以及客户价值转化情况等，客观评价开放服务效能。
- 通过与可比同业相比较，评价企业开放服务在市场占比、用户口碑、功能体验方面的优势和劣势。

7. 其他方面

除了以上各重点领域，审计部门还应关注以下方面。

- 关注企业是否将开放服务风险管理纳入内部控制和风险管理体系。
- 关注开放服务的性能容量、连续性和灾难备份情况。
- 关注开放服务发生中断、服务能力降级、遭受攻击等场景的应急预案。

第八章　用内审查合规，筑牢监管“生命线”

当前，全球进入“数据驱动”时代，信息流带动物流、人流、资金流、技术流，创造了巨大价值。但数据的爆发增长和海量聚集也带来了日益严峻的安全风险，随意收集、违法获取、过度使用、非法买卖个人信息等乱象频发，引发了广泛关注。自 2013 年起，我国先后颁布了《中华人民共和国网络安全法》(以下简称《网络安全法》)、《中华人民共和国数据安全法》(以下简称《数据安全法》)、《中华人民共和国个人信息保护法》(以下简称《个人信息保护法》)，构建起企业数字风险管理的“法治堤坝”。网络安全、数据安全、个人信息保护方面的法律法规汇总如图 8-1 所示。

在此背景下，内部审计部门在企业内部应该被赋予更加刚性的监管职能。实施合规审计，不仅能够帮助企业治理层守住发展的合规底线，更重要的是确保企业维护好、保护好、发展好广大人民群众的网络空间合法权益，使广大人民群众在数字经济发展中体会到更多的获得感、幸福感、安全感，促进企业有效践行社会责任。

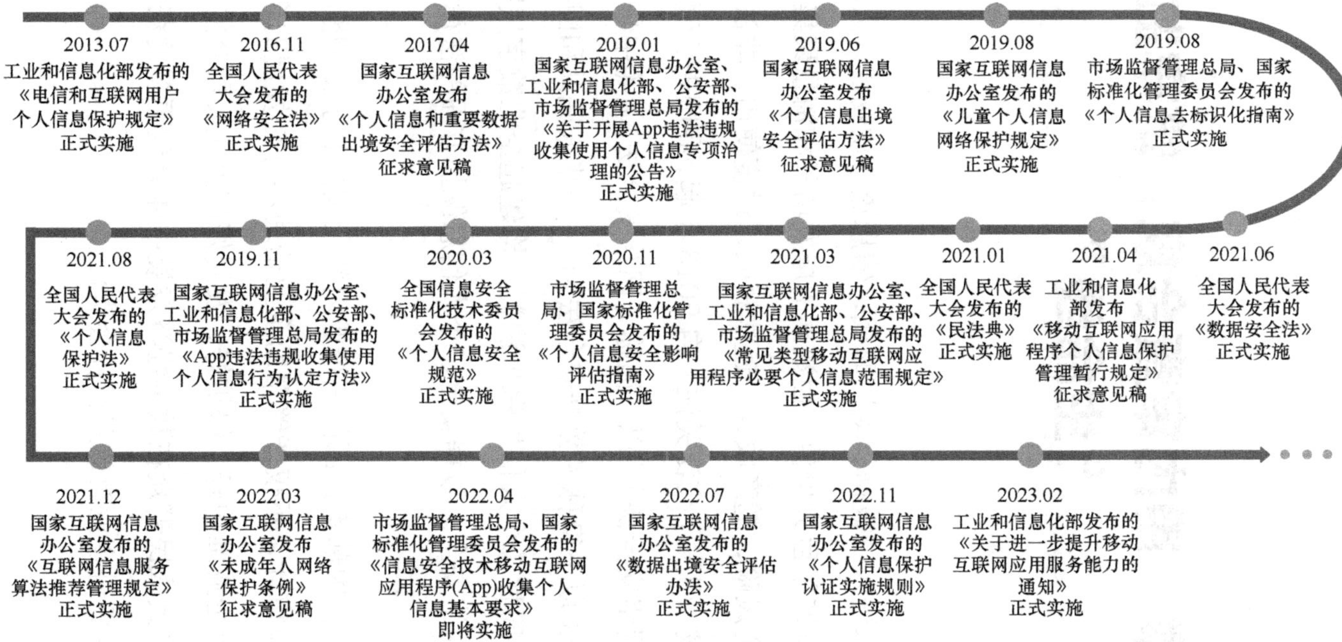

图 8-1　网络安全、数据安全、个人信息保护方面的法律法规汇总

第一节 网络安全合规审计

近年来，随着我国《网络安全法》《国家网络安全事件应急预案》《网络产品安全漏洞管理规定》《关键信息基础设施安全保护条例》《信息安全等级保护管理办法》等法律法规的出台，健全网络安全综合防控体系，有效防范网络安全威胁，有力处置网络安全事件，打击危害网络安全的违法犯罪活动，切实保障网络安全，成为数字经济时代企业的责任和义务。

网络安全合规审计可促进企业提升网络安全的有效性和健壮性。通过网络安全合规审计，企业可以充分掌握网络安全建设情况和运行现状，发现网络安全管理体系、架构设计、访问控制、运维管理、应急管理、纵深防御、日志管理方面存在的问题。网络安全合规审计参考框架如图 8-2 所示。

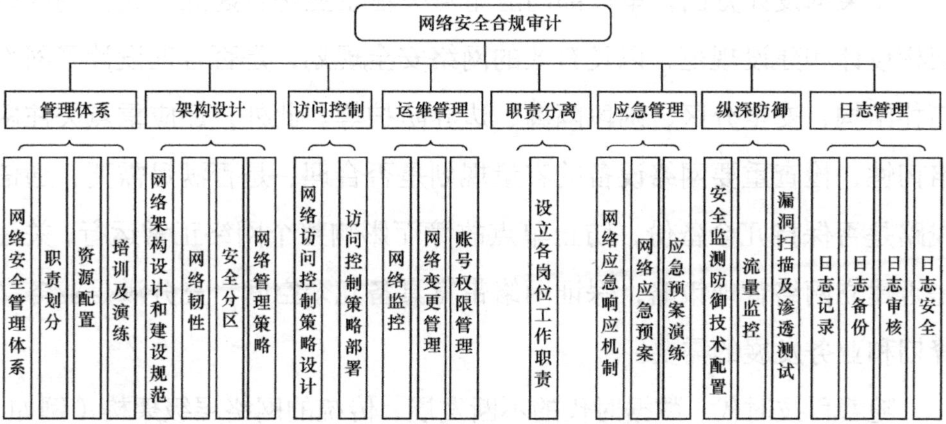

图 8-2 网络安全合规审计参考框架

（1）管理体系

在管理体系方面，应关注各相关部门在网络安全管理中的职责划分和有效履职情况。此外，还应重点关注网络安全配置所需的各种资源配置情况，以及网络安全相关的培训、演练和警示教育落实情况。

在进行网络安全管理体系方面的审计工作时，审计部门应关注企业网络安全管理体系的完善性和有效性，评估企业是否已制定健全的网络安全管理体系，是否能够通过自上而下的安全工作管理体系降低安全管理措施的执行风险，是否建立完善的管理制度及操作手册以增强企业人员在设备维护管理、人员管理、应急响应、业务连续性等工作方面的安全意识，是否配备完善的安全职能团队，是否明确各岗位人员的工作安全责任并制定有效的奖惩措施，使员工能够妥善处理在工作中遇到的安全问题，降低职责不清而导致的风险。同时，还应关注网络安全配置所需的各种资源配置情况，关注企业是否定期进行安全意识培训、安全技能专项培训，并对培训及考核结果进行记录与评估。

（2）架构设计

在架构设计方面，审计部门应重点关注企业是否建立了完善的网络架构设计和建设规范，以及有效的网络安全规划，是否合理设计了网络拓扑结构、安全分区、网段隔离、边界防护等。此外，还应重点关注网络韧性，检查重要网络设备的容量规划是否合理、是否满足需要，通信线路是否保持冗余备份，防止单点故障而影响整个网络正常运行；关注是否建立网络管理策略，保证网络带宽具备冗余空间，充分满足业务高峰期和业务发展的需要。

随着科技时代、数据时代的不断发展，传统的网络层级架构（例如，Web 区、应用区、数据区）已经很难满足日趋灵活的工作环境，远程办公等分散式办公场景不断增多，企业数字化转型后的网络拓扑架构正面临着前所未有的挑战，企业网络架构设计需要逐渐碎片化、分散化。在此背景下，当企业进行网络架构设计方面的审计工作时，应重点关注针对产品服务网络，是否至少具备生产环境、预上线环境、测试环境这 3

种面向不同群体的网络环境并进行环境隔离；针对移动设备和个人计算机终端，是否具备移动网络高速环境、怠速环境等不同的网络环境用于开发测试；是否以不同地区规划网络流量入口并制订有效的数据同步方案，以满足不同场景用户使用产品的便利性；是否建立多个 VPN 节点，满足不同类型人群的上网办公要求，例如远程办公、异地办公等全国性企业、跨国性企业的办公诉求。

（3）访问控制

在访问控制方面，审计部门应关注网络访问控制策略设计的合规性和访问控制复核机制的有效性。同时，还应重点审核访问控制策略是否有效部署，例如按需限制访问端口、源地址和目的地址、"最小授权"原则控制网络访问权限，重要网段采取技术手段防止地址欺骗，限制 HTTP、文件传输协议（File Transfer Protocol，FTP）、远程登录协议（Telnet Protocol）等风险较高的协议的使用，以及访问控制策略时效等问题。

为降低访问控制机制不完善导致的非授权、误操作等风险，企业应根据自身的网络资产情况，基于"最小化原则"进行权限管控。审计人员应重点关注当前是否对互联网开放的网络资产做到最小化配置，是否仅开放业务所需要的端口；针对面向企业和商业用户的服务接口，是否已明确限制访问的源地址和目的地址；对于不需要用户数据协议（User Datagram Protocol，UDP）等 TCP/IP 的服务，是否优先对 UDP 进行抑制，从网络层面屏蔽攻击的可能性。

对于存在远程办公、分/子公司组网等 VPN 接入场景的企业，是否妥善选择 VPN 接入协议，包括不限于 SSLVPN、IPSecVPN、GREVPN 等，并启用双因素验证机制；是否对接入内部网络用户进行有效鉴权，根据用户角色分配子网地址，限制用户可访问的内网资源，以降低非授权访问带来的风险。

对于公司内部办公网络，是否已对有线/无线网络启用安全的身份鉴别机制，例如启用 IEEE802.1x 的安全网络认证模式，并额外增加有效的双因素身份鉴别机制等，以切实保证接入网络的安全性；对企业员工和外部访客，是否分别设置了不同的服务集标识符（Service Set Identifier，SSID）网络，是否设置了不同的可访问网络域，对访客仅提供互联网访问权限，禁止访客网络访问内网资源；对企业内部员工，是否依照员工岗位职能的不同，设置不同的网络权限，例如按照研发部门和行政职能部门的工作职责不同，仅研发部门可访问企业对外产品服务的生产管理服务网络等。

（4）运维管理

在运维管理方面，审计部门应关注企业网络监控系统对重要网络和安全设备的覆盖范围，是否对设备和线路设置了合理的预警指标、网络监控告警，以及相关事件、故障、问题处理流程规范的完备性等问题。应审查网络运维管理中重要网络变更管理的“双人操作”机制的有效性及是否建立了统一的网络运维用户管理机制，并且实现“最小授权”和“岗位制衡”。除了网络运维用户管理，还应关注应用层、系统层用户账号权限管理，审核不相容权限分离的设计和执行有效性，以及账号权限复核机制完备性。

在评估企业的运维管理是否达到控制要求时，审计部门应重点关注企业是否具备实时监控自身网络资产设备的运行状况的能力，是否已针对设备 CPU、内存的运行状态，设备端口的接入情况及网络带宽负载情况制定合理的监控指标，是否对异常告警进行及时应急处理；是否根据“双人操作”机制，对重要操作岗位人员建立了 A/B 角色；对于重大网络变更，是否实行先审查后执行策略，即先对操作预案及回退方案进行有效性评审，评审通过后，再在低流量时段进行操作，操作时是否设立复核岗位，以降低人工操作失误引发故障的风险。

（5）职责分离

在职责分离方面，审计部门应重点关注企业是否基于权限不相容矩阵，设置了各岗位的工作职责，例如保证网络管理员、系统管理员、数据库管理员、应用管理员及审计人员相互独立、不兼任等。

（6）应急管理

在应急管理方面，审计部门应关注网络应急响应机制的完善程度，检查是否制定且定期更新网络应急预案；是否定期开展高可用性演练、应急演练、网络灾备恢复演练；是否搭建同城、异地灾备网络，并定期对灾备网络的可用性进行验证。

在执行应急管理方面的审计工作时，审计部门应重点关注企业是否建立了完善的网络应急预案，应急预案是否已覆盖 DDoS 攻击、服务接口攻击、0-Day/*N*-Day 漏洞响应、数据泄露等安全事件及设备损坏、业务带宽突增突降、机房断电、网络割接中断等运维容灾事件，以及办公网络环境及各类安全近源攻击事件，例如“Wi-Fi 钓鱼”“邮件钓鱼”等攻击。

审计人员应通过查阅应急演练记录及访谈等方式，核实企业是否定期进行应急预案演练，是否对应急演练过程中实际发生的问题进行及时纠错复盘，是否定期审阅当前应急预案的可用性并进行修订更新。同时，审计人员应考察企业是否设立了统一的网络应急响应流程，并针对应急事件的类型及影响，设置不同的应急指导流程，以指导应急预案未覆盖的突发事件的处理，全面降低处置不当导致的风险及损失。

（7）纵深防御

在纵深防御方面，审计人员应关注安全监测防御技术配置情况，检查重要业务网段是否部署入侵检测系统 / 入侵防御系统 IDS/IPS；检查是否对网络异常流量进行监控并记录端口扫描、强力攻击、木马后门攻击、拒绝服务攻击、缓冲区溢出攻击、IP 碎片攻击和网络蠕虫攻击等行为，并对 DDoS 等攻击采取防护措施。此外，还应关注定期漏洞扫描和渗透测试机制的建设和问题处理的及时性。

具体来看，审计人员应重点关注企业是否及时评估互联网边界的业务带宽情况，是否制订了有效的抗 DDoS 攻击防护方案，提前采购流量清洗设备或高防 IP 等抗 DDoS 攻击服务；针对特大流量攻击，是否明确与网络运营商、机房服务商的联动机制，从企业上游进行清洗，保证服务的可用性；是否在互联网边界部署 IDS/IPS，对常见的端口扫描、服务嗅探、网络蠕虫攻击、IP 碎片攻击等进行检测防护；是否通过 WAF 等安全设备，对互联网应用层攻击进行有效抑制。

同时，审计人员应考察企业当前是否组建了专业的网络安全团队，定期对自身网络资产进行安全扫描及渗透测试，以发现潜在的安全风险；是否建立了有效的威胁情报系统，并结合企业自身的软硬件情况，及时发现网络设备和应用的安全漏洞，并推进整改。

（8）日志管理

在日志管理方面，审计人员主要关注审查日志记录的完整性，例如是否包含操作时间、操作地点、操作人员、操作内容和操作方式等信息，以及系统日志记录是否定期备份。应重点关注安全审计员是否对所有日志（包括前台应用和后台指令集）按关键命令（高危参数、涉敏指令）、关键账号（系统管理员账号、涉敏账号）、关键参数（高危参数、涉敏参数）等进行审核。此外，在日志安全方面还应重点审查合作方人员掌握系统管理员权限或超出工作范围的高权限账号的情况。

日志作为审计的重要组成部分，在事件溯源及风险预警中起到关键作用。进行日志管理审计时，应重点关注日志记录是否遵循“3W1H”原则，是否能覆盖“谁什么时间，在什么地点（IP），做了什么操作，结果如何”的日志要素。对不同类型的日志，除了上述要素，是否依照场景和日志类型的不同，额外补充专属信息，例如网络设备管理日志是否额外补充网络变动的相指令，系统登录日志是否额外包含尝试登录的用户名、登录方式、验证方式等，API 请求日志是否额外补充请求统一资源定位器（Uniform Resource Locator，URL）、请求参数、User-Agent、响应结果等。

同时，日志系统作为溯源审计的关键信息系统，在权限控制上也需要做到严格管控。审计人员应重点关注日志系统是否仅开启追加写模式，是否严格按照权限不相容矩阵对日志系统的访问维护制定额外的访问及管理权限等。

第二节　数据安全合规审计

数据安全是数字经济时代生产力要素的必要属性，各个国家持续加大力度对数据进行保护。我国先后出台了《数据安全法》《信息安全技术　大数据服务安全能力要求》《信息安全技术数据安全能力成熟度模型》《信息安全技术　数据交易服务安全要求》《金融数据安全数据安全分级指南》《金融数据安全　数据生命周期安全规范》等法律法规和国家标准。数据安全的违规成本越来越高，通过数据安全合规审计，可以发现企业在数据安全方面存在的风险隐患，促进企业合法、合规开展业务经营，降低合规、舆情和案件风险。

实施数据安全合规审计，可从数据安全治理、数据安全管理、数据生命周期安全3个方面入手。数据安全合规审计参考框架如图8-3所示。

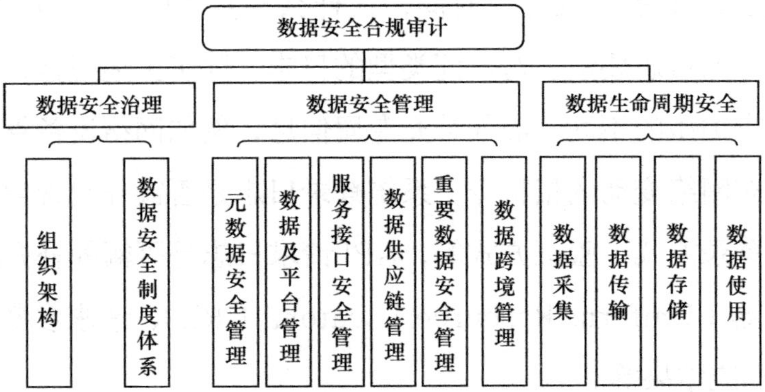

图8-3　数据安全合规审计参考框架

（1）数据安全治理

在数据安全治理方面，审计部门应主要关注数据安全治理的组织架构、角色和责任的合理性和有效性，审查是否建立健全了包括数据管理、风险管理和数据安全审计监督在内的架构体系，是否明确了体系中的各角色和职责。还应重点审查企业数据安全制度体系的建设和执行情况，审计企业是否建立了数据安全管理相关制度与规范，查看其内容是否涵盖数据生命周期的各个方面，是否与国家和社会生产的重要数据的安全管理要求相违背。另外，数据安全治理审计还需要关注企业是否在数据安全方面进行宣贯，保证企业内部了解数据安全方面的要求。

具体执行时，一方面，在进行数据安全治理能力方面的审计时，审计人员应对企业是否形成体系化的数据安全制度文档及完善的制度管理机制进行评估。通过查阅现行数据安全管理相关制度，评估其制度体系的制定是否符合业务需求和相关法律法规要求，制度体系的设计是否与企业总体战略一致，制度适用范围的制定是否可以有效控制数据安全风险等。同时，通过查阅修订记录、访谈等方式，了解企业是否定期对相关制度进行审阅、修订更新等，关于制度的首次发布、修订后重新发布是否及时进行公示并下发各相关部门遵照执行。

另一方面，审计人员应评估企业是否明确定义数据安全相关组织架构，是否明确划分岗位职责和报告路径，是否对各岗位的工作职责及考核指标有清晰的定义，以降低架构与职责不清导致数据安全治理工作的开展无法得到有效保障的风险。

（2）**数据安全管理**

在数据安全管理方面，审计部门应重点关注元数据安全管理、数据及平台管理、安全管理、服务接口数据供应链管理、重要数据安全管理等领域的安全管理制度与规范的建设及执行，以及技术保障措施的有效性。此外，对于存在数据跨境场景的企业，还应检查是否进行跨境传输与存储前安全风险评估与审批流程，满足国家合规监管要求。

审计人员应重点关注企业是否建立了数据分类分级管理机制，进行分类分级管理时是否已将各类型的数据纳入考量范围，是否覆盖服务接口数据、数据库数据、外包采购供应链数据、系统平台产生的临时数据及电子化办公的文档数据等。同时，应考察是否分别对不同类型、不同等级的数据，在数据生命周期各环节制定了不同的数据安全管理标准及策略。尤其应关注跨境数据相关的安全管理是否切实满足各方监管合规要求。

（3）**数据生命周期管理**

在数据生命周期安全方面，审计部门应重点关注企业针对数据管理生命周期的各个环节要采取的对应防护措施，在数据使用过程中做到及时扫描、完备防护、及时响应、可审计、可检测、可溯源。审计人员可从数据采集、数据传输、数据存储、数据使用等生命周期过程入手。数据采集阶段应重点关注数据分类分级标准的合理性、完整性和准确性；数据传输阶段应关注不同分类分级的数据传输安全策略和规程的合规性，以及敏感数据加密、传输介质安全技术的有效性；数据存储阶段应关注是否针对不同类型和等级的数据采用不同安全级别的存储介质和加密等安全措施，以及存储介质报废、备份等流程安全管理情况。

在数据采集阶段，审计人员应重点关注企业是否根据数据的分类分级原则，对不同类型、不同等级的数据采用不同的采集方式；是否对敏感数据采用加密、脱敏方式采集，例如用户登录密码等不需要明文核查的数据是否采用哈希算法进行脱敏，对手机号码、身份证号码等需核验的数据是否采用国际标准的加密方式加密后采集，对支付密码等最高保密规格的数据是否采用专用密码键盘进行输入采集保护，并在采集时检查终端安全性等，尽可能防止因终端脆弱性导致的数据泄露。同时，对于图像、视频流等多媒体数据，是否在满足业务需要的前提下，根据业务使用场景，严格按照最小化原则采集信息，例如用户设置头像功能的采集行为，是否去除图像 EXIF 信息等。

在数据传输阶段，企业应保证数据传输过程中的数据可用性、数据保密性和数据完整性。在数据可用性方面，审计人员应重点关注企业是否依据自身业务特点，对数据制定合理的数据鉴别方法，对非法数据进行安全过滤；在数据保密性方面，重点关注数据传输时是否采用加密方式传输，是否采用 HTTPS 等安全传输协议进行数据传输，并在此基础上自研安全协议进行二次加密保护等，防范中间人攻击；在数据完整性方面，是否采用椭圆曲线公纲密码算法（SM2）、椭圆曲线数字签名算法（ECDSA）等签名验签算法对数据进行签名验签，以降低数据在传输过程中被篡改的风险。同时，针对企业服务内部传输过程，审计人员应考察企业是否已启用有效的身份鉴别和授权机制，对发起方和接收方进行权限识别及控制，以保证数据传输过程的安全。

在数据存储阶段，审计人员应关注数据落盘存储的数据库安全状况，例如是否依照数据分类分级标准，对不同类型、不同等级的数据采用不同的存储方式，针对敏感数据，除了采用加密存储，是否制定严格的密钥保管方式，严格禁止密钥硬编码、同库保存等方式存储密钥；除了数据库中保存的数据，是否对内部数据流转过程进行监测审计；是否对各个业务节点的数据（例如开发调试日志、访问日志、缓存数据库中所保存的数据）符合安全规范要求的情况进行评估。同时，审计人员应重点考察企业是否对数据库本身进行完备的安全加固，例如是否进行“三权分离”，即系统管理员、数据库管理员、应用系统管理员互不兼容；是否部署了成熟的数据库审计系统，对可疑的增删改查操作实行实时审计，以及时发现并规避潜在的数据泄露或篡改风险。

在数据使用阶段，重点关注数据提取审批流程的完备性、数据使用过程的可审计性、数据访问权限的合规性，以及与外部机构或者第三方机构合作中是否进行数据安全评估，并对相关企业的资质进行严格审核。

在数据使用外发披露阶段，审计人员应通过查阅记录、访谈及重新执行等方式，核实企业是否明确不同场景的数据使用审批流程并严格执行；除了公众公开的数据，各内部系统是否贯彻数据安全相关管理制度，例如面向员工的财务系统、人力系统，面向产品服务的用户审核系统、客服系统等，均是涉及重要敏感数据较多的信息系统，需要额外关注对敏感数据的保护和呈现是否具备基本的数据安全管理要求，对身份证号码、银行卡号码、手机号码、个人地址等信息的查阅，是否设置了必要的权限控制及审计策略。

某互联网公司通过自研数据安全管理平台，作为数据安全合规审计的自动化审计辅助工具，对审计范围内业务系统的数据安全情况进行分析：通过技术手段进行数据资产盘点及敏感数据识别，定位敏感数据的分布情况，识别未加密存储等存储安全风险，自动化分析非授权访问及敏感操作风险行为，同时对敏感数据流转进行监控，识别传输过程中的安全风险。数据安全管理平台在合规审计工作中的应用，可帮助审计团队解决单一人工审计方式的诸多难点及局限性，例如，难以用人工梳理复杂的数据流转关系、数据资产盘点耗时且需要业务线高度配合、人工访谈所获信息难以验证等，并且节省了大量的人工审计成本，大幅提高了审计效率。

第三节　个人信息保护合规审计

随着数据使用“合规时代”的到来，公众对自身数字隐私、数字权利的重视和维护程度不断上升，个人信息保护的重要性正以前所未有的速度被公众感知。国内外恶性个人信息安全事件频发，严重侵害了用户权益，各国的个人信息保护立法执法工作快速推进。我国已陆续颁布了《电信和互联网用户个人信息保护规定》《网络安全法》《App违法违规收集使用个人信息行为认定方法》《工业和信息化部关于开展纵深推进App侵害用户权益专项整治行动的通知》《常见类型移动互联网应用程序必要个人信息范围规定》《数据安全法》《个人信息保护法》等法律法规。同时，相关主管部门已开展多项专项整治行动，严厉打击 App 违规收集、使用个人信息，侵害用户权益的行为。

《个人信息保护法》的颁布生效，进一步加强了个人信息保护的法制保障，将个人信息保护正式上升到法律高度。《个人信息保护法》第五十四条规定，“个人信息处理者应当定期对其处理个人信息遵守法律、行政法规的情况进行合规审计。”首次正式将主动、定期开展针对个人信息保护的合规审计确立为企业的一项法定义务。同时，我们可以看出，个人信息保护合规审计的核心定义与要点是审计机构和审计人员依据法律、行政法规，对个人信息处理者（例如企业）的个人信息处理活动是否合规所进行的具有独立性的监督活动。

在此背景下，企业正式进入个人信息保护合规审计的探索与实践阶段。个人信息保护合规审计参考框架如图 8-4 所示。

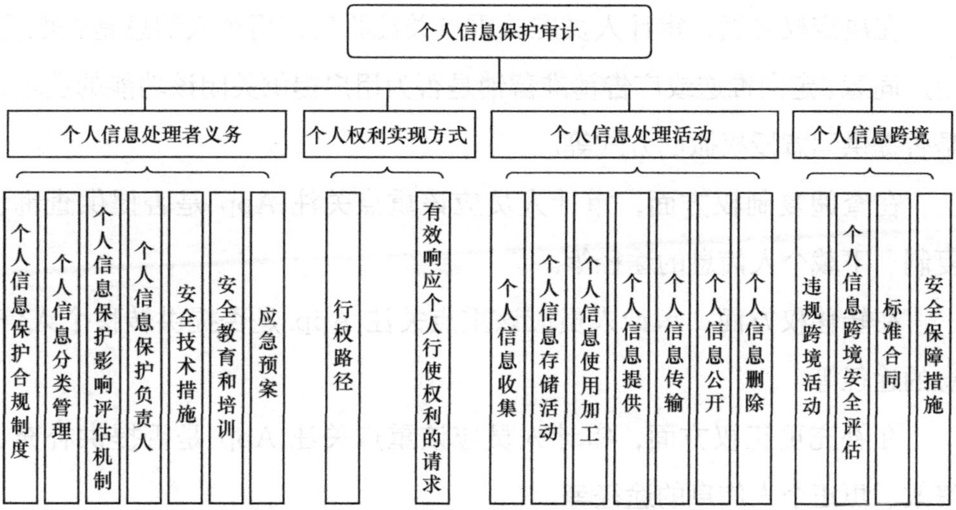

图 8-4　个人信息保护合规审计参考框架

（1）个人信息处理者义务

在个人信息处理者义务方面，重点关注个人信息保护合规制度体系的完整性和对个人信息分类管理的有效性。重点审查企业是否建立个人信息保护影响评估机制、是否设置个人信息保护负责人。此外，还关注个人信息安全技术措施、安全教育和培训、个人信息泄露应急预案、独立定期监督等方面的个人信息处理者义务履行情况。

（2）个人权利实现方式

在个人权利实现方式方面，主要关注企业是否设置个人信息知情权、决定权、查阅复制权、转移权、补充更正权、删除权（被遗忘权）、要求解释权、代行使权等权利的行权路径，以及是否有效响应个人行使权利的请求。

在知情权方面，审计人员应该重点关注是否按照法律法规要求，向用户告知收集、使用、处理个人信息的种类、目的、方式等必要信息，并取得用户同意等。

在决定权方面，审计人员应该重点关注收集使用个人信息是否取得用户同意、定向推送或广告精准营销是否为用户提供关闭该功能的选项，是否提供同意授权撤回方式等。

在查阅复制权方面，审计人员应该重点关注 App 是否提供查询、复制、下载个人信息的途径等。

在转移权方面，审计人员应该重点关注 App 是否提供转移个人信息的途径等。

在补充更正权方面，审计人员应该重点关注 App 是否提供补充、修改、更正个人信息的途径等。

在删除权方面，审计人员应该重点关注 App 是否提供个人信息删除的途径，以及是否为个人信息的删除设置不必要或不合理的条件；是否未主动删除按照法律法规要求应进行主动删除的个人信息等。

在要求解释权方面，审计人员应该重点关注是否在规定时间内响应个人的要求解释权等。

在代行使权方面，审计人员应该重点关注是否在规定时间内响应个人的代行使权等。

在有效响应个人行使权利的请求方面，审计人员应该重点关注是否公布用户行使个人权利的申请受理途径，是否在规定时间内响应个人行使权利的请求等。

（3）个人信息处理活动

在个人信息处理活动方面，从个人信息收集、个人信息存储活动、个人信息使用加工、个人信息提供、个人信息传输、个人信息公开、个人信息删除等生命周期各环节入手，审查各阶段个人信息处理活动的合法合规性。

在个人信息收集方面，审计人员应重点关注：个人信息收集活动的合法性、正当性；是否建立个人信息收集的明确告知机制（例如，是否通过隐私政策及授权弹窗向用户告知收集、使用、处理个人信息的种类、目的、方式等必要信息；收集未成年人个人信息前是否取得监护人的同意等）；是否仅收集用户同意范围内的个人信息；是否仅以实现服务所必需的最低频率收集个人信息；收集使用个人信息的种类、目的、方式等发生变更后，是否重新取得个人同意等。

某互联网公司在开展首轮个人信息保护合规审计时，采用人工与技术结合的审核方式，通过自研 App 合规检测平台，通过技术手段自动化快速、有效检测 App 在进行收集活动时，是否存在“同意隐私政策前即开始个人信息收集动作”“拒绝隐私政策后仍强制收集个人信息”“收集个人信息的频率超出业务活动所必需的频率”等违规行为。

在个人信息存储方面，审计人员应重点关注：是否实施有效的 备份和恢复策略，针对个人信息相关系统进行数据备份及检查、恢复性测试等；各密级个人信息是否按照实现处理目的所必要的最短时间定义保存期限；是否将收集的个人信息在境内存储；是否对敏感个人信息进行加密存储；是否将去标识化后的数据与可用于恢复识别个人的信息分开存储；是否对个人信息相关系统建立和检测安全基线；是否对个人信息相关数据库的日常运行状态进行监控和检查等。

某互联网公司在开展首轮个人信息保护合规审计时，采用人工与技术结合的方式，通过自研数据管理平台，对审计范围内业务系统的个人信息存储情况进行分析：通过技术手段进行个人敏感信息数据盘点，定位个人敏感信息数据的存储位置，识别未加密存储的个人敏感信息种类及所在数据库表名，自动化分析非授权访问及敏感操作风险行为，从而节省大量的人工审计成本，大幅提高审计效率。

在个人信息加工使用方面，审计人员应重点关注：是否对个人 敏感信息进行脱敏展示；是否存在相同个人信息脱敏规则不一 致，导致数据汇聚后还原完整个人信息的风险的情况；是否对权 限授予进行有效管控，严格对个人信息查询、编辑、批量导出 等操作进行权限控制；是否进行日志记录与复核，可追溯非授权 访问、非授权操作和误操作等异常情况的风险；是否有完备的变 更管理机制，变更实施的整体过程中是否保证开发测试、上线 实施环境分离；是否对自动化决策使用个人信息的行为进行披露 并取得用户同意，决策过程及结果是否透明、公平公正；是否对 个人信息委托处理行为进行规范，是否通过合同等方式明确受 托人的个人信息保护责任与义务。

在个人信息传输方面，审计人员应重点关注：是否按照个人信 息分类分级要求对个人信息传输过程进行分级管控；进行个人信息传输前，是否完成相应的申请审批流程；个人信息传输过程中，是否对个人信息进行校验；传输是否采取有效的安全措施等。

在个人信息提供方面，审计人员应重点关注：是否建立个人信息提供的明确告知机制（例如，是否通过隐私政策及第三方合作清单等，向用户告知提供个人信息的种类、目的、场景、方式、第三方名称及联系方式等必要信息）；是否仅提供用户同意范围内的个人信息；进行个人信息提供前，是否完成相应的申请审批流程；是否对个人信息接收方的责任与义务进行约束（例如，通过合同、承诺书等方式约束第三方的个人信息保护义务，并定 期对第三方个人信息保护能力进行评估）等。

某互联网公司在开展首轮个人信息保护合规审计时，针对个人信息提供活动是否存在第三方个人信息相关风险，开展了专项审计，通过梳理第三方清单、查阅第三方合作合同中与明确第三方个人信息保护义务相关的条款、审核第三方个人信息保护能力评估的开展情况及频率，对个人信息提供活动的接收方相关风险进行评估。

在个人信息删除方面，审计人员应重点关注在法律法规规定的情形下，是否主动对个人信息进行及时删除；是否提供个人信息删除的途径等。

（4）个人信息跨境

在个人信息跨境方面，重点关注个人信息跨境前是否存在违规跨境活动，如未经批准向国外司法或执法机构提供我国境内个人信息以及向被我国网信部门列入限制或禁止个人信息提供清单的组织和个人提供信息。还应重点关注个人信息跨境前是否经过个人信息跨境安全评估、是否按照国家网信部门制定的标准合同条款与境外接收方订立合同以及跨境传输的安全保障措施有效性。

第九章 用内审强能力，激发治理“新动能”

第一节 数字经济时代，你能胜任吗

传统的审计业务模式大多数是抽样审计和事后审计，被审计对象样本往往是非全体的、不连续的，这使审计工作难以应对当前复杂多变的企业业务风险。随着审计开始展开数字化转型，审计已从抽样审计转向审计全覆盖、从现场审计转向非现场审计、从事后审计转向事前预防，审计利用计算机在大量业务数据的基础上实施数据挖掘、风险分析和审计评价，对企业业务进行全流程的监督和评价，及时发现被审计对象在经营过程中潜在的风险和隐患。

审计业务模式的改变不仅是数据技术层面的创新，更是审计理念的变革，从被动的、向后看的模式转变为主动的、前瞻性的模式，审计的深度、广度和及时性远超传统审计。因此，如何转变观念和角色定位，以适应审计业务模式的改变，成为审计人员面临的首要挑战。

大数据、人工智能、云计算等新技术的不断发展与应用，为当下审计数字化转型提供了有力的技术支持，使审计实现全覆盖、非现场、远程化成为可能。例如，利用网络爬虫技术，可以从互联网上获得客户的舆情信息、工商司法等外部数据，实现审计对客户数据的全覆盖。利用机器学习技术，可以通过计算机对违规数据进行学习，形成风险模型后，再自动对潜在的风险进行持续识别，从而实现审计非现场、自动化的持续监测。然而，审计技术的转型在提高审计质效的同时，也对审计人员提出了更高的要求——掌握并灵活利用这些新技术，是审计人员迫切需要解决的问题。

审计数字化转型不仅是技术革命，更是一种认识理念的变革，“心有高标，方可致远”，审计人员要把思想和行动统一到中央文件精神上，提高政治站位，树立“科技强审”理念，把准角色定位，打破传统审计思维的限制，将审计工作由查问题、找问题的合规审计，向注重揭示前瞻性、整体性风险，向实现审计价值最大化的方向发展，为合规经营、业务发展、风险管理提供审计咨询建议，以更好地适应审计数字化转型发展的需求。

面对审计的新常态和新变化，审计人员对审计知识和技术的掌握就好比“逆水行舟，不进则退”，审计人员不仅要参加业务培训来提高自身素质，还要在审计项目中积极向身边的审计专家学习审计经验，向审计对象学习业务知识，向审计案例借鉴审计方法，向规章制度学习审计标准。“三人行，必有我师焉。择其善者而从之，其不善者而改之。”审计人员只有不断地学习和更新自己的知识储备，才能跟上时代步伐，才能满足审计数字化转型要求的专业胜任能力。积极锤炼审计技术“物有甘苦，尝之者识；道有夷险，履之者知”，内部审计人员面对审计项目中的大量业务数据、交易数据等结构化数据及业务音频、视频等非结构化数据，要克服对审计技术的畏难情绪，在审计项目中使用 Python、SQL 等技术，勇于尝试编写审计新模型，不怕失败，不怕犯错，通过不断尝试，逐步培养使用审计新技术、驾驭审计新技术的能力，从而顺应审计数字化转型的管理要求和自身发展的需求。

第二节　解读内审能力

“协同”是数字化转型的底色，作为企业数字化转型子集的内部审计也是如此。向内，内部审计部门可以向业务部门、风险管理部门等一、二线部门共享审计发现、审计逻辑、审计模型、审计研究成果等内容，帮助企业更好地防范风险。向外，内部审计部门通过积极融入外部审计合作生态，与行业机构、审计同行、其他监督主体共同构建“数字化审计联合体”，促进审计数字化产品、审计能力、审计经验及数据共享等。

内外部双向多维的能力共享机制具有以下优势。

- 有效补齐内部审计能力短板，缩小资源短缺导致的风险敞口。
- 降低内部监督管理产生的综合成本，提高在风险管理条线的数字化投入/产出。
- 发挥企业内部、审计同行数字化转型双示范作用，为其他部门和组织提供较大的参考价值。

能力共享如图 9-1 所示。

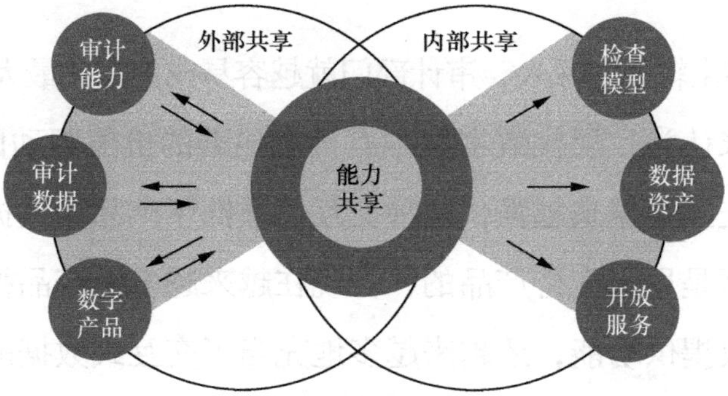

图 9-1　能力共享

第三节　能力内部共享

（一）检查模型输出共享

如果企业的风险管控是“T”形架构，则第一、第二道防线业务及管理部门是这个“T”形架构中的“｜”，第三道防线审计部门是“T”形架构中的“一”，经纬交织构成了企业内部控制网络。“｜”体现了专业性，可以拓展深度；“一”体现了综合性，可以扩大宽度。很多时候，问题表现在“｜”中，但产生问题的逻辑在“一”中。

内部审计的专业化分工和矩阵式管理架构触及一线检查队伍，这使内部审计既可以在“一”上不断拓展，也可以在“｜”上深入挖掘。而在数字时代，审计能力和经验更容易沉淀，隐性的检查规则、审计思路显现化并成熟后，可以作为关键控制点输出到第一、第二道防线，甚至被纳入技术管控的范畴。

检查能力的输出，不仅能使控制前移，提前管控，压实责任，也能避免审计部门将“所有的猴子都背在自己背上”。

（二）数字资产输出共享

审计数字化转型越深入，审计部门就越容易成为企业最大的用数部门。

相关专家认为，现代数字技术有一个显著的价值驱动因素：新的数字生态系统交互性越来越强，这种交互性颠倒了产品和数据的角色，传统意义的数据是用来支持产品的，但现在越来越多的产品被用来支持数据，产品不仅提供功能，还越来越多地充当了交互式数据的管道和新用户体验的源泉。

如果将内部审计当成一个产品，那么审计部门还没有意识到自己不仅是靠数据支撑的，还是数字资产的重要产出部门。

无论多么复杂的数字化建设，其核心都是 6 个数字化意识，即记录、分类、结构化、模块化、自动化、分析和洞察。从这个角度看，在数字时代，审计人员的检查行为数据、审计成果数据、规则模型沉淀等，都可以通过“6 个核心数字化意识”形成资产，对外输出。

因此，审计部门可以进一步成为数据资产的产出部门。例如，基于审计问题积累形成的内部控制问题定性定级标准化、基于审计问题梳理的风险客户清单等，都可以支撑内部控制或风险管控。

（三）开放服务输出共享

风控模型尤其是高阶的机器学习、深度学习模型，不仅靠“建”，更要靠“养”，需要不断输入新的样本进行训练，才能不断适应新的环节和场景；既要防止过拟合，又要克服泛化倾向。

在这些问题的解决上，内部审计部门具有天然的优势。例如，财务费用审计是内部审计的重点审计领域，经验和思路的积累比较成熟，基于检查经验和会计电算化、凭证电子化，内部审计部门将根据财务单据检查经验训练的人工智能集成强化模型，通过提供 API，嵌入管理部门的费用审批电子流程，自动抓取伪造签名的单据，并进行预警。同时根据识别的结果，综合提交单据时的在线特征等，不断收集特征和标签，自动强化模型，提高精确度。

审计成果输出可以反哺业务部门的经营管理，为其进行风险评估和管理资源配置提供参考依据。实现内部审计从检查到价值输出，推动内部审计部门从成本中心向利润中心转变。

第四节　能力外部共享

数字化转型带来了时代的变革，商务模式、企业运转模式等都迎来了重大改变。在传统业务模式下，企业自成单元，在数字时代，企业必将迎来更多跨域、跨界的协同合作，企业或企业的内部审计部门在数据、技术、能力等方面都不再是自给自足，必须参与行业共建共享，才能更好地履行审计职能，助力企业数字化转型。

（一）审计能力经验交流共享

在数字时代，不同行业、不同规模、不同数字化成熟度的企业开展数字化转型时千差万别。受限于企业数字化转型的客观条件，不同企业的内部审计部门在大数据审计、IT 审计、审计数字化建设等方面的能力和经验参差不齐。内部审计部门应积极参与由行业组织、权威机构组建的审计交流生态，与审计同行、审计服务商、审计数字技术提供商交流企业数字化转型所需的审计专业能力和审计经验，构建审计能力共享机制，促进审计履职，在数字化转型中发挥更大的价值。

（二）审计数据共建共享

在各行业数字化转型的过程中，更多的经济活动将通过跨域、跨界共享数据的方式来实现。相应地，数据的留存也将呈现多地、多形式、碎片式存储，内部审计工作面临赋权难、穿行难、取证难等多种挑战，审计数据采集，尤其是审计所需的外部数据采集成为影响大数据审计效果的“拦路虎”。内部审计部门通过与行业组织、权威机构共建共享，构建数据共享平台，例如征信、企业舆情、信用评分、供应链数据、法律法规库、行业研究数据等，扩展了审计的深度和广度，提高了审计质量，更好地履行职能，为企业数字化转型防控风险提供有效建议。

（三）审计数字化产品共享

内部审计部门在自身数字化转型和构建审计数字化能力的过程中，利用大数据、人工智能等新技术开发了诸多审计数字化产品，例如，供应商监测审计产品、制度自动审核产品、数字化底稿产品等。内部审计部门通过与其他企业共享审计数字化产品，使企业可以向外输出审计数字化产品，并获得收益。审计部门逐步承担利润中心的职责，减少了行业中重复“造轮子”的现象，降低了内部审计数字化转型的成本。

第四篇

识明智审

第十章　洞察审计数字化

第一节　审计数字化的内涵

审计数字化是以文化为本、以数据为基、以工具为器，通过行动、协作、评估来达成审计目标，实现审计价值的过程。数据是审计数字化的基础，不仅包括本企业的经营数据，还包括管理、业务、生产等方面的数据，形成企业全方位的数据“画像”。审计数字化往往会把信息技术运用到审计作业中，将审计时获取的信息转化为数据，通过对数据的分析和计算来进行审计判断，使审计作业所产生的信息可以被传递、控制，而且还可以通过信息技术来完成审计作业的数据分析、项目管理、报告审核等工作。

随着审计自身的转型、审计对象的数字化和信息科技的发展，内部审计也逐渐驶入数字化转型的快车道。内部审计人员能够通过各种技术方法挖掘数据并展开有效的分析，进而使各种各样的原生态数据转化为对内部审计人员有用的信息。内部审计工作开展的基础更加广泛，内部审计的边界不断延伸，对现有数据的利用也从精准走向高效。

以商业银行为例，审计数字化是基于系统论和银行内部数据治理工作，以银行的全面经营管理相关的内外部数据为基础，以数据库系统、数据分析软件、信息系统平台为支撑，融合非现场数据分析、现场检查和审计质量控制要求，对结构化和非结构化数据进行抽取、聚合、转化、提炼和存储，持续进行深层次的分析、挖掘、验证、展示与共享，有效提升审计质效，实现审计价值创造。

随着数字化应用日新月异，传统的审计架构及审计手段已不能适应不断发展变化的战略价值贡献、业务紧密程度、发现和识别风险的持续性及敏捷性新审计要求。审计数字化是对传统审计模式的一次“破旧立新”，通过数字化手段及技术，为内部审计工作进行全方位、多维度、各环节的赋能与重塑，推动内部审计向职能更强大的“新”内部审计迈进，使内部审计成为“洞察专业的生产者”“内部咨询顾问”，甚至是业务发展的“合作伙伴”。

第二节　为什么做审计数字化

（一）国家科技强审战略的要求

2018 年 3 月，我国成立了中央审计委员会，提出构建集中统一、全面覆盖、权威高效的审计监督体系，对审计工作提出了“目标更高、覆盖更广及水平更高”的审计转型要求。中央审计委员会在各种场合多次提出“科技强审”“加强审计信息化建设”的要求与期望。加强审计科技应用及培养数字化审计人才已经成为实现以上目标的必要手段及审计数字化转型的关键。内部审计作为风险管理的第三道防线，既需要不断加强业务管理领域的精深理解，又需要持续加强科技手段的应用，主动出击，积极部署数字化转型战略，推动内部审计数字化转型。

（二）审计主管部门、企业监管机构要求

为落实“科技强审”，我国审计主管部门、各行业主管机构纷纷出台政策对审计信息化、数字化提出了具体要求。

2020 年召开的中国人民银行工作会议指出，加强金融科技研发和应用，贯彻落实金融科技发展规划，做好金融科技创新监管试点工作；在《金融科技发展规划（2022—2025 年）》中指出，坚持创新驱动发展，加快金融科技战略部署与安全应用，已成为打好防范化解金融风险攻坚战的内在需要和重要选择。

2020 年国家审计工作会议指出，要提升审计监督效能，推进大数据审计，提高审计质量和效率。

2020 年，国务院国有资产监督管理委员会印发了《关于深化中央企业内部审计监督工作的实施意见》，为中央企业的内部审计工作机制、模式和方法提供了具体的指导意见。

各级企业应按照国有资产监管信息化建设的要求，落实经费和技术保障措施，构建与“三重一大”决策、投资、财务、资金、运营、内控等业务信息系统相融合的“业审一体”信息化平台；积极运用大数据、云计算、人工智能等技术，探索建立审计实时监督平台，对重要子企业实施联网审计，提高审计监督时效性和审计质量。

（三）企业内部审计数字化的需求

（1）“审计数字化”是企业新时代发展战略的内生需求

在企业数字化转型的浪潮下，审计的数字化转型越来越受到重视，

企业纷纷将“审计数字化”纳入企业战略规划目标。

例如，中国石化在《审计工作“十四五”发展规划》中正式提出在中央企业“站排头、争第一”的总目标。中国石化审计部加快求新求变步伐，致力于实现从专一审计向融入大监督格局、更好地发挥监督作用的转变。2022 年，中国石化湖南石油分公司成立了信息化领导小组和信息化支持中心，组建了专门的讲师团队，建立了信息工作协调机制，明确了信息部门的岗位职责及相关考核办法，同时强调将审计工作对接到日常经营管理的“第一线”，强化事前审计作用发挥，实时分析信息、揭示问题、强化监管，注重将信息化与审计等具体管理工作深度融合。中国石化湖南石油分公司注重用信息化手段助推审计转型，积极推进审计工作由“橄榄形”向“哑铃形”转变，切实发挥审计“防风险、促发展”的作用。

又如，《中信银行 2018—2020 年发展规划目标》中提出了“提高审计覆盖面、强化对辖区分行内部控制的审计监督评价及推动审计成果的深度转化”的审计工作要求。内部审计需要积极谋求转型发展，练就“利器”与“金睛”，做好行内的“卫士”与“谋士”，为企业保驾护航。

再如，《2021—2025 年浦东银行集团化发展战略规划》和《上海浦东发展银行（集团）2021—2025 年创新规划》中强调要持续提升审计数字化水平，打造数字审计，重构智能化数字审计环境，培养全员数字审计能力，打造“数字审计”品牌。

（2）不可抗力进一步促生审计数字化的需求

为适应时代发展而进行数字化转型已成为企业的战略选择。在不确定风险增加、短期经济增长压力显著、各行各业明显承压的时代背景下，企业的内部业务运转不可避免地呈现不确定性，内部审计工作也受到诸多限制。传统的现场审计难以实施，灵活的远程审计优势凸显。内部审计数字化以其可持续、高效率、低风险的优势，协助内部审计突破传统方式的诸多掣肘，展示出顽强的韧性，被越来越多的企业接受和认可。可以预见，内部审计数字化可以提升内部审计工作在计划制订、项目实施、结果交付过程中的风险承受能力，保证在不确定的外部环境中内部审计职能发挥的稳定性。

随着计算机、互联网和人工智能技术的快速发展，人类已进入信息化社会。近年来，产业数字化和数字产业化深度融合，各类生产生活都高度依赖数字技术，数据成为继土地、资本、劳动力和技术之后的重要生产要素。企业的营销、风控、运营和服务等经营管理活动也都在逐步数字化，这促使内部审计要通过数字化转型适应企业的发展，实现与审计对象的同步，降低审计成本，提高审计效率。

（3）审计数字化是新时代内部审计职能转型的内在需要

根据IIA2004年的最新定义，“内部审计是一种独立、客观的确认和咨询活动，旨在增加价值和改善组织的运营。它通过应用系统的、规范的方法，评价并改善风险管理、控制和治理过程的效果，帮助组织实现其目标。”企业数字化促使内部审计职能变化，主要体现在以下6个方面。

- 内审边界扩大化：由监督评价扩展至咨询建议。
- 内审内容广泛化：由财务收支扩展至管理效益。
- 整改落地根源化：由查错纠弊转变为整改根治。
- 成果运用整体化：由“信息孤岛”转变为信息共享。
- 技术手段多样化：由传统技术转变为智慧审计。

- **专业能力全面化：由财会人才转变为复合人才。**

随着内部审计职能的再定义，内部审计部门需要进行技能提升、职能和价值重塑，从而实现业审融合，持续提升内部审计价值。内部审计要承担对组织风险管理、控制和治理过程的评价和改善职责，充分应用最新信息科技手段，不断扩大覆盖范围，让审计的时间覆盖从事后向事中、事前延展，让审计空间覆盖从会计向业务、管理和治理延伸，通过对海量数据的全面深入分析，深入挖掘组织存在的风险和机会，为组织创造更大的价值，实现从遵循性审计到咨询性审计的转型。

（4）信息科技发展为内部审计数字化转型提供了技术手段

IT 技术的迅猛发展，驱动企业进行数字化转型，并将技术创新作为一项长期战略来执行。国内外先进企业纷纷拓展审计数据资源，积极将 RPA、NLP、OCR、知识图谱等新一代信息技术应用于审计领域，运用复杂数据分析技术挖掘审计线索。5G 时代的互联网、物联网和移动互联网使我们可以获得更多的实时数据，大数据、人工智能和云计算等技术使海量数据的处理能力大幅提升。这给转变传统的审计作业方式提供了技术基础，为远程审计、非现场审计、持续审计、敏捷审计等新审计方式的发展带来了前所未有的机遇，新型审计方式推动内部审计加速进入数字化转型的快车道。

第十一章 审计数字化建设路径

第一节 内部审计数字化能力建设

在企业数字化转型的过程中，内部审计只有立足企业治理需要，加强自身数字化能力建设，才有可能实现对企业数字化转型赋能的目标。借助数字化能力，内部审计工作可以实现由点到面、由浅到深、由时点到连续的转变，有效提升审计工作的广度和深度，不断提高精准审计的水平和持续审计的能力，为企业管理者提供真实、有效、准确的决策依据，以提升企业的综合效益和竞争力。

本书总结了诸多企业在内部审计数字化能力建设中的典型实践，提出了“三层九面”数字化能力体系。该体系包括“宏观、中观、微观”3个层级和“文化、组织、制度、流程、团队、系统、工具、模型、数据”9个方面。内部审计“三层九面”数字化能力体系如图 11-1 所示。

企业审计数字化转型是个长期的系统性工程，既包括微观层面的审计数字化建设，也需要中观和宏观层面的内部审计管理和治理能力重塑、再造和保障。前者是审计数字化转型的基础建设，后者是审计数字化转型成功的关键因素。

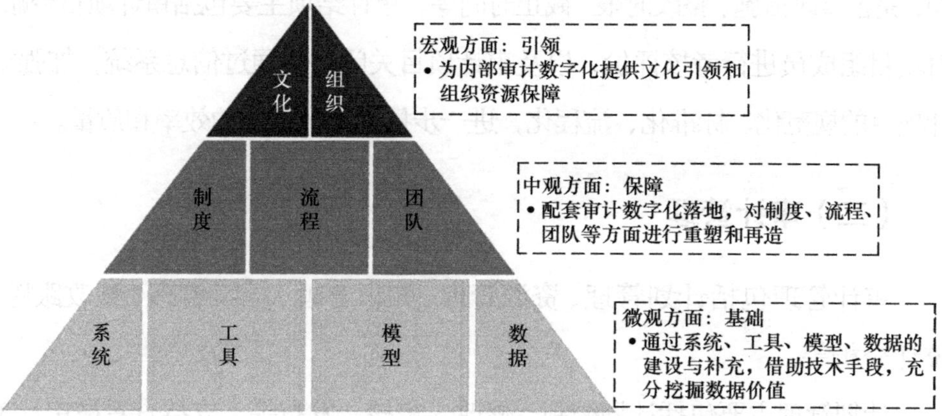

图 11-1　内部审计 “三层九面” 数字化能力体系

第二节　审计数字化建设四大领域

（一）审计作业

审计作业流程包含审计立项、审计准备、审计实施、审计报告、审计整改、审计结项等。

审计立项主要是指维护项目基本信息，例如审计时间、审计成员等。审计准备主要包括审前调查、审计资料收集、编制审计方案、下发审计通知书等，此外，审计组可以查看相关被审计对象的历史，发现问题及整改情况、高频次问题等。审计实施主要包括召开进点会、编制审计底稿、汇总问题清单等。审计报告主要包括编制审计报告征求意见稿、审计报告终稿等，系统可基于项目基本信息、审计发现问题及审计建议等信息，按审计报告模板自动生成审计报告初稿。审计整改主要包括整改计划的制订审核、整改报告编制审核、整改问题销号等，支持对整改问题进行要素化管理，例如，完善整改措施、整改时限、截止时间等。审计结项主要包括审计项目台账、对项目组成员进行考核评价，以及审计项目关闭等。通过信息系统，加强审计项目的规范化、标准化、流程化，进一步提升审计工作的效率和质量。

（二）审计管理

审计管理包括计划管理、资源管理、知识管理、档案管理、整改跟踪、统计分析等。

计划管理主要包括计划编制、修改、审核、发布等，支持查看被审计单位的审计频次、审计覆盖范围、审计模型发现的疑点线索和企业审计画像等信息，辅助年度计划决策。资源管理主要包括审计人员库、审计机构库、审计对象库、审计专家库、中介机构库等，对审计资源进行集中统一管理，辅助项目开展审计作业。知识管理主要包括法规制度库、问题分类库、文书模板库、审计指引库、审计方案库等，这些数据库不断积累审计知识，让审计人员在审计作业过程中可以引用。档案管理主要包括档案维护、档案借阅等。整改跟踪主要是对审计发现的问题、被审计单位的整改情况进行跟踪管理，支撑对整改证明材料的提交、审核、问题的销号，以及整改资料的补充归档等，实现对审计发现问题的闭环整改。统计分析主要是对审计业务进行全方面、多维度的统计分析，包括审计计划执行情况、项目进展情况、审计发现问题分析、审计问题整改情况分析、审计成果分析、审计人员情况分析等，并可以自定义配置驾驶舱。通过信息系统，优化审计资源配置和调度能力，提升审计队伍的综合能力，为审计作业提供有力的支撑。

此外，系统中的审计管理、审计作业模块，还应支持与其他系统灵活集成，例如，统一身份认证系统、办公自动化（Office Automation，OA）系统、门户系统、主数据系统等。

（三）审计数据

数据是内部审计数字化转型的基础，高质量的数据是数字化审计发挥效能的基本保障。

数据根据结构主要分为结构化数据和非结构化数据。结构化数据一般是指可以使用关系型数据库表示和存储，可以用二维逻辑表现的数据，例如，电子采购订单、项目基本信息、借款申请等。非结构化数据，主要是指数据结构不规则或不完整，不方便用数据库二维逻辑表现的数据，例如文本、图像、音频/视频等。

数据根据来源主要分为内部数据和外部数据。内部数据主要是指企业内部所有经营活动所生产的数据，例如，OA、ERP、HR等系统产生的数据。外部数据主要是指企业外部产生的各种信息数据，例如，行业网站的数据、监管单位发布的数据等。

高质量的审计数据构建通常要经过数据认知、数据采集、数据处理、数据管理等阶段。

数据采集前，内部审计首先需要通过数据调研、数据需求分析、数据共享等活动建立起对企业各系统架构、数据流和数据资源的认知。数据调研是在充分理解被审计单位业务流程的基础上，选择对实现审计目标和支撑业务流程有重要影响的信息系统作为调查重点，了解数据流图、数据结构和数据实体的关系；数据需求分析活动提出正式的审计数据需求，明确数据的内容、口径、范围及格式，约定数据交付方式、交付截止日期等信息；数据共享活动是内部审计与企业其他业务部门协商建立审计所需的数据共享机制，确保内部审计有权限获取企业内部数据。

获取数据采集权限后，内部审计要建立数据采集流程，在内部技术部门或外部技术团队的协助下采集数据。数据采集的范围不仅包括企业内部数据，还包括企业外部数据。数据采集的方式通常有数据接口、数据文件复制、流程机器人等。数据采集过程应支持采集任务监控，包括状态监控、日志监控，以及任务异常处理等。

数据处理是对审计所采集的数据进行去噪、去重、异常值处理等数据清洗及验证数据准确性、完整性、一致性、唯一性、实时性、有效性的过程。通常，应建立数据处理的规范和标准，同时将处理标准固化到技术工具中，构建以脚本或平台自动清洗为主、以人工监督确认功能为辅的混合清洗方式。数据清洗完成后，需要通过技术工具或人工抽样的方式验证数据处理的各类目标是否达成。

在数据管理方面，对内部审计所采集的数据，应维护好数据资源目录，同时按组织、按人员等对数据进行使用授权，并对敏感数据进行技术管控，做好数据安全管控。此外，在数据使用的过程中，还要记录数据质量问题，通过数据质量反馈处理机制推动组织数据治理工作。

（四）审计模型

审计模型是提升审计质效的重要抓手。审计模型的设计和应用在审计数字化转型实施过程中至关重要，是审计数字化建设成果最直观的展示。构建审计模型是指以审计思路为线索，将复杂的审计思路转化成 IT 语言，并固化在审计系统中形成模型。

审计模型设计和应用相关过程主要包括查询分析、指标分析、建模分析等，模型可以调用多种分析工具快速进行数据探索，满足不同业务场景分析工作的需求。查询分析支持基于主题进行数据查询和分析，例如，合同清单、销售订单等。指标分析主要包括指标配置、指标分析及预警等。建模分析主要是通过建模工具建立模型，并对审计数据进行分析，发现线索数据，包括审计模型构建、模型维护、共享、发布等操作。

数据展示也是模型中必不可少的一部分，用户可以用筛选、排序等操作进行分析，也可以用图表进行分析，例如，柱状图、饼状图、折线图、热力图、雷达图等。

第三节 审计数字化建设基础路径

基于新技术给内部审计环境带来的变化及大量企业审计数字化建设经验，内部审计信息平台建设应以企业数字化转型为抓手，落实“科技强审”战略，积极建立流程化、数字化、智能化的“业审一体”数字化平台。审计数字化建设工作不是一蹴而就的，而是需要一个建设周期，通过不断的迭代升级来完善。审计数字化三步走策略如图 11-2 所示。

（一）审计流程化

本阶段的建设策略可以概括为平台建设和管理先行。建设审计数字化基础管理平台，功能主要覆盖审计作业和审计管理两个部分，审计作业主要包括审计立项、准备阶段、实施阶段、报告阶段、整改跟踪、审计结项等，审计管理主要包括计划管理、资源管理、知识管理、档案管理、统计分析等。此外，还可以建设审计移动应用，通过移动设备便捷处理系统的待办待阅，以及移动取证等。

图 11-2 审计数字化三步走策略

审计数字化基础平台的建设成果主要体现在以下 4 个方面。

- 规范审计项目过程控制、规范审计方法、规范审批流程、规范审计成果、规范作业文书，强化审计作业质量控制。
- 为全集团审计条线垂直集中化管理提供技术支撑，实现集团公司对子公司审计计划、项目、档案、资源的集中统一管理，实现审计信息从分散管理转为集中管理等。
- 打造审计知识库，沉淀审计智慧，加强知识共享与积累，提供审计队伍业务能力。
- 实现全面、准确、及时的可视化审计成果，实时掌握审计动态、有效支撑领导决策。

（二）审计数据化

本阶段的建设策略可以概括为应用数据和变革创新。本阶段的建设内容主要如下。

- 采集/集成企业相关业务系统数据（例如销售/物流/采购等），借助分析工具构建指标/模型，实现关键业务领域审计分析预警。
- 在选取关键业务领域时，可以从企业核心业务领域、高风险业务领域或信息系统等较为完善的业务领域入手，从风险预警、合规检查等角度构建审计模型。
- 在获取海量审计数据的基础上，以深度学习算法模型为基础，从分类分析、关联分析、聚类分析等维度进行建模，实现对大量业务数据进行挖掘和处理，找出大数据背后隐藏的疑点数据。
- 借助外部数据，结合企业内外部数据，实现风险防范。
- 变革审计方式，提高审计质效。实现工作方式由“现场＋人工”向“远程审计”转变，由“时点审”向“持续审计”转变，有效提升审计工作的时效性和可靠性。远程审计的一种模式是审计人员在现场审计前，先有效地识别审计风险点，实现审计方式从“现场找审计线索”到“带着审计线索到现场”的转型。远程审计的另一种模式是审计人员完全或绝大部分时间进行远程工作，形成远程审计报告，以解决异地工作等问题。持续审计可以选择关键环节或指标，按频率定时采集数据、跑批模型/指标等，对被审计单位或重要业务进行全面、动态、持续的审计监测，有效提升审计工作的时效性和可靠性。
- 创新审计技术，提升审计发现能力。促进审计方式由“抽样审计”向“全量审计”转变，从而降低审计风险。同时，运用海量数据的挖掘技术，突破业务部门之间的“隔离墙”，全面筛查和关联分析，使审计更具延展性和纵深性。

（三）审计智能化

大数据和人工智能等新技术不断发展，不断带来各行业的颠覆性变革。以新一代信息技术发展为依托的第四次工业革命方兴未艾，未来数智化发展的速度更快、领域更广、技术更先进，这需要内部审计部门积极部署新型审计技术，例如人工智能、机器学习、过程挖掘、高级分析等，以在实现对业务流程的持续性、全覆盖审计的基础上，进一步提供有关风险和合规性的实时洞察和预警能力。

本阶段的建设策略可以概括为数据探索和智能应用。本阶段的建设内容主要如下。

- 在数字化审计的基础上，进一步探索智能化审计应用场景，扩展全系统数据审计应用场景、数据范围等，通过 OCR、NLP、RPA 等技术覆盖各种审计应用场景。
- 充分利用“大、智、区、物、云、移、量”等前沿技术，在数据高度互联的基础上，通过构建数据模型、智能算法、审计机器人和预警系统等，实现在无人工和低人工环境下的虚拟化、线上化、智能化预警监督和审计作业。
- 构建起审计资源、审计项目开展和审计成果的“管理云”，实现审计质量的系统化、自动化控制，审计管理信息的智能化检索，以及审计整改的智能化跟踪。将大数据思维融入到审计工作的全流程中，充分发挥数据对审计的全面支撑作用。

审计智能化的建设成果主要体现在以下 3 个方面。

- 增强技术创新融合能力，结合审计场景，不断探索前沿技术，推动不同类型技术与审计工作的有机融合。

- 探索信息技术，扩大审计数据范围，挖掘数据价值，降低审计风险，提升审计质效，逐步实现审计全覆盖。
- 通过审计数字化转型，审计工作的重点将逐步从发现风险向预测风险转移，为业务部门和企业提供信息咨询、风险预测、趋势研判等更多的增值服务。

第四节 审计数字化建设四大典型场景

企业进行审计数字化建设的规划设计、路径选择时，要充分考虑企业本身的业务信息化程度以及审计团队自身的数字化能力量。不同的程度和技能组合，对应形成了审计数字化建设的四大场景。不同场景下的企业及审计部门会有不同的特点，其数字化转型会面临不同的难点，应建立不同的建设思路和方案，保障审计数字化建设的有效性和落地性。

场景一：企业业务信息化程度高，审计团队数字化技能高

此类场景主要集中在国内大型企业，以及数字原生企业。大部分大型企业受到国务院国有资产监督管理委员会、财政部、审计署等的监督。随着新一轮科技革命和产业变革的深入发展，数字化转型已经成为大势所趋，受内外部多重因素的影响，大型企业也将数字化转型作为企业战略选择。因此，在政策指引和企业数字化转型的双重加持下，这类企业往往较早重视审计信息化。

这类企业的业务信息化程度较高，主要表现在以下方面。第一，企业数字化建设成效较好，企业核心业务基本已经实现信息化，企业建

有数据（仓）湖，拥有完善的数据治理体系，在数据质量管理、数据采集、数据清洗、数据存储等方面遵循数据的生命周期管理方法，并拥有配套工具技术。第二，审计团队人员配备完善，在人员体系建设方面具备数字化能力的审计人员和团队，拥有较多的信息技术、数据分析等专业背景的审计师；组织方面设立了非现场审计处/数据审计处来推动审计信息化建设，高度重视信息技术，积极运用信息技术的非现场审计模式等。

下面以某大型企业集团为例进行介绍与分析。

一、基本现状

从业务系统、数据现状和部署实施3个方面来看，企业信息化现状具有以下3个特征。

① 业务系统：企业的核心业务是建设信息系统，主要包括建设财务系统、核心业务系统（销售、承保、理赔、收付费等）、单证管理系统、人力资源系统、销售管理系统等。有些系统是集团统一建设的，而有些系统则是由各子公司分别建设的。

② 数据现状：集团已建设统一的数据平台，审计系统基于集团统一的数据平台实现，按照审计风险数据模型需要，建设审计数据集市。审计数据集市支持采集企业内部数据，例如财务、销售、理赔等数据，也支持外部数据接入。此外，根据审计业务需要，审计数据集市还接入非结构化数据，例如承保影像、理赔影像、费用报销影像、发票、客服录音（留言）等。

③ 部署实施：系统采用云部署，进行集中的部署管理。

审计信息化及审计团队整体情况如下。

① 企业积极推进审计一体化建设，构建集中化审计管理体制，构建形成了集中统一、全面覆盖、权威高效的审计监督体系，审计人员包括专兼职和借调人员。一些企业设立了非现场审计处，着力推动审计信息化建设等。

② 部分下属分支机构独立部署了审计系统，但由于使用人员少、频次低、可用性不高。因此，企业需要建设新一代审计系统，以满足企业各级审计机构审计管理、审计作业与数据分析需求。

二、审计建设痛点

随着审计体制改革和管理机制变革，审计工作集中管理与审计队伍分布广泛的矛盾、审计期望趋高与技术能力不足的矛盾、审计覆盖要求较高与审计力量不足的矛盾等进一步突出，亟须审计数字化转型，加大力度推进“科技强审”，健全审计信息化管理平台，强化对审计管理、审计作业、审计资源的管理，推动非现场审计模式、数字化审计技术的广泛运用。

三、审计数字化建设目标和关键举措

审计数字化转型目标可简称为“科技强审 1234”：“1”是指建设集团集中统一的数字化审计平台，“2”是指强化非现场审计与信息系统审计 2 项工作，“3”是指建立健全非现场审计模式、数字化审计方法、审计信息化标准 3 个体系，“4”是指大力促进审计管理、审计模式、审计技术、审计成果 4 个创新。企业通过数字化转型，提升审计能力和审计效率，为全面履行审计监督职责提供有力的技术保障和能力支撑。

审计数字化转型的关键举措主要如下。

① 标准建设。标准化是信息化的基础，应建立企业统一的审计作业标准、审计管理标准、质量控制标准，以及建立标准化的数据模型。

② 平台建设。在标准化的基础上，建设审计管理系统，解决审计项目、机构人员、信息资源的集中管理问题；建设数据分析系统，解决数据获取不顺畅、数据整合分析不深入、数据应用不广泛的问题；引入数据挖掘技术，解决数据价值挖掘能力不足的问题。

③ 模式转变。着力推广非现场审计模式，制定非现场审计制度，明确非现场审计的场景和模式，统一各个子公司不同的专业术语和工作流程。

④ 技术升级。加强研究与应用数字技术（例如人工智能、大数据、云计算等），学习用 SQL、SAS、Python 等工具对审计数据进行采集、分析与可视化方法。

四、企业数字化审计解决方案

基于对此类企业审计业务现状、数字化转型目标等进行分析，可以看到，数字化审计体系包括 4 个维度：一是技术维度，包括信息化审计、大数据审计、智能化审计，核心技术各有侧重；二是模式维度，包括非现场审计、远程审计、持续审计，组织方式各有不同；三是管理维度，包括管理数字化、决策数字化、资源数字化，作用范围各有不同；四是业务维度，包括信息系统审计、互联网审计、电子数据审计，审计对象各有不同。这些领域齐头并进，必将造就繁荣的数字化审计体系，带来审计工作的“脱胎换骨”。鉴于数字化审计体系总体规划，审计数字化转型可以分为以下两个阶段。

第一阶段：集中统一，数据赋能

审计系统建设项目坚持高起点、高要求，集中统一打造审计管理作业和数据分析两大类模块，为集团审计信息化体系奠定良好的基础。某企业系统架构示例如图 11-3 所示。

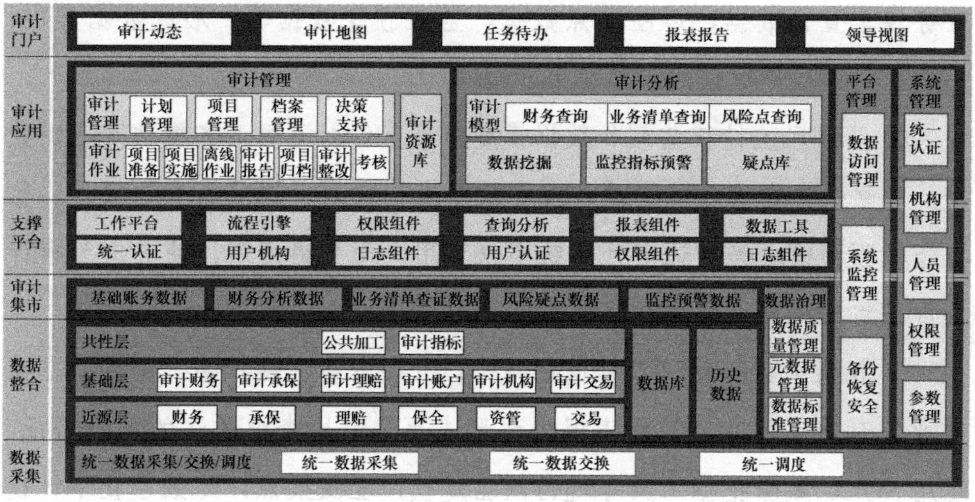

图 11-3　某企业系统架构示例

（1）审计管理作业数字化

① 审计管理：实现集团公司、分 / 子公司各级审计机构的审计计划、项目、档案、决策的集中统一管理，对审计一体化建设起到技术支撑与牵引作用。

② 审计作业：实现项目准备、项目实施、离线作业、审计报告、项目归档、考核的全过程管理。为确保审计系统内嵌的审计工作流程、标准一致，需要配套建立集团范围统一的审计管理、作业标准，印发《集团内部审计基础工作规范》《集团审计质量管控制度》，并制定《审计管理分类标准》《风险问题定性标准》等，为审计标准化体系奠定基础。

③ 审计资源库：集中建立了审计机构、审计人员、审计对象、法规制度、审计指引、审计问题库等完整的资源库，作为审计共享知识平台，加强信息资源的集中管理和信息资源共享。

（2）审计数据分析与挖掘

① 建立审计集市。组织分支机构整理基础财务数据、财务分析数据、业务清单查证数据、风险疑点数据、监控预警数据等，形成数据集市，并建立定期推送数据的工作机制。

② 开展风险持续监测和数据模型建设。针对不同业务模块及业财数据，建立财务查询功能模块、业务清单查询模块、风险点查询模块、监控指标预警模块等，让审计系统不仅可用，而且更好用，使其成为审计人员日常工作离不开的工具助手。

③ 探索大数据算法数据挖掘技术，开展业务风险挖掘。例如，在某类业务专项审计中，针对违规表现形式及日常检查中关注的风险特征，运用 SQL、数据挖掘工具等进行数据建模，查找疑点，为数字化审计技术创新提供有力的支持。

（3）减少现场审计，构建“非现场审计工作模式”

① 建设非现场审计模块。梳理并打通非现场资料收集流程，实现审计需求可追溯、资料提供安全有效。审计人员将非现场审计发现的审计疑点信息，通过流程推送给被审计单位进行远程核查，并将核查结果转为底稿证据，实现数据分析与非现场审计流程相结合。

② 完善制度。编制非现场审计办法和远程审计操作指引，对非现场审计进行规范指导。

第二阶段：扩展优化，持续创新

随着审计系统的持续深入应用，各级审计机构对审计系统的建设应用提出了更高的要求，为此，应在审计系统第一阶段建设的基础上，持续优化系统，扩展数据分析范围，不断创新应用新型审计技术。

本阶段主要建设内容如下。

（1）持续优化审计管理作业

对新一代审计系统功能进行补充、完善，例如，加强非现场分析、决策支持报表、资源管理、领导驾驶舱等。增强移动应用能力，基于企业移动应用平台处理审计系统待办待阅事项，进行移动取证等。

（2）扩大数据接入范围，扩展数据审计广度和深度

基于集团统一数据平台，扩展数据采集范围。将部分分/子公司的财务数据及业务数据纳入审计数据分析系统，扩大审计数据集市规模，进一步扩展数据审计的广度和深度。此外，适当引入外部数据及接入非结构化数据，例如，影像、发票、客服录音等。

（3）持续探索实践前沿技术

探索前沿技术，将文本分析、地理信息位置分析、关联数据分析、图片识别等新技术与审计工作有机结合。例如，探索非结构化数据分析技术，对费用报销摘要、客服电话录音文本等文字材料进行文本处理与自然语言分析，筛选重点内容和可疑迹象等。

五、效益

（1）促进形成自循环数字化审计生态体系

以审计系统应用为依托，着力构建数字化审计生态体系。集中技术支持、审计模型研发应用、非现场审计模式推广、审计成果运用、审计管理实践等工作相互依存、相互影响。例如，集中技术支持、审计模型研发会促进审计系统建设，审计系统建设又会反过来促进技术支持能力升级、审计模型推广完善；又如，审计系统应用会促进非现场审计模式推广，而非现场审计模式的创新又会推动审计系统的完善。在审计系统的支撑下，各项审计工作相辅相成、相互促进，将构成一个全面、良性、自循环的生态体系。

（2）审计管理运作机制不断创新

一是项目统筹方式不断创新。依托审计信息共享，落实集团审计工作“一盘棋”，推动建立审计计划统一安排、审计项目统筹实施、审计资源统筹调配的工作机制，强化资源配置和组织方式统筹、加强审计现场的频次和时间控制，切实提高审计效率。同时，制定审计工作指引和各环节关键审计文书模板示例，依托审计系统对审计流程进行固化，规范审计工作流程，明确重点工作内容，确保项目运作规范有序，提升审计标准化水平。

二是审计质量管理不断创新。运用科技手段严格控制审计质量。一是在系统中建立审计报告复核审理机制，与审计项目作业管理和绩效管理有效衔接，提升审计监督的质量和效果。二是在系统中建立审计项目积分考核机制，严格把控审计计划和执行过程管理，优化审计人员业绩考核评估机制，有效激发审计人员干事创业的积极性和主动性，提升审计条线内在治理能力。

三是审计整改工作机制不断创新。不断对系统整改功能进行优化，与各子公司协作共促，推进审计业务和整改落实有序衔接。一是依托系统建设规范整改业务流程，促进审计部门和被审计单位之间的工作有效对接，建立整改方案、整改结果线上反馈机制。二是按照“查改一体化”工作思路和举一反三整改要求，健全完善审计系统中的整改台账动态管理，持续加强审计整改跟踪。

四是数字化审计运用不断深入。企业审计系统的运用，全面满足了审计领域的监管要求和企业审计一体化建设的需要，成为企业审计集中化管理的配套平台。通过建立大量的审计风险模型，确定审计重点，精准揭示经营风险，以实现审计的价值。全面推广和运用“总体分析、发现疑点、分散核实、系统研究”的数字化审计方式，能够将传统的抽样核查转变为对数据的全面完整的获取和利用，努力实现由局部审计向全覆盖审计转变、由事后审计向事后与事中审计相结合转变、由现场审计向现场审计与非现场审计相结合转变，扩大内部审计的覆盖范围，提高审计工作的效率。

五是技术创新融合能力不断增强。结合审计场景，突出实战性，不断探索前沿技术，推动不同类型的技术与审计工作有机融合。

场景二：企业业务信息化程度高、审计团队数字化技能低

此类场景主要集中在业务多元化的企业中。随着产业、资本的高度扩张，这类企业的业务运营对信息系统和数据的依赖程度更高，因此，虽然许多企业着重于数据集市的建立、智能 BI 的应用，但是审计团队仍以传统的工作模式开展审计工作，无法形成全流程数字审计。

下面以某企业集团为例进行介绍与分析。

一、基本现状

从业务系统、数据现状和人员 3 个方面来看，企业信息化现状具有以下 3 个特征。

① 业务系统：形成了统一的用户认证中心、流程中心、消息中心、门户中心、财务中心、采购中心等，不仅使各个业务系统实现了管理、数字、业务的深度融合，还使各业务系统之间的数据高度共享、高度集成，保证了数据的一致性、完整性、可追溯性。

② 数据现状：大部分企业不仅建立了比较完善的数据集市，例如，财务数据集市、人力资源数据集市、物资管理数据集市、经营管理数据集市、客商数据集市等，而且也建立了高效、智能的图数据库来存储大量的非结构化数据或半结构化数据，从逻辑上进行划分，以数据为中心已经构建了一个多维度、多层次、多领域的数据立方体。

③ 人员：大多数企业员工只掌握了办公软件的操作能力和上网获取信息的能力。

审计信息化及审计团队整体情况如下。

① 在审计信息化建设方面：各企业采用集团总部集中管理的模式，即由总部统一制定标准，并向各级企业的使用单位推广执行，构建了审计监督权和审计管理权既适当分离，又相互促进的审计体制。审计信息化系统建设不仅支撑了业务全流程线上管理，而且逐步具备了强大的审计分析功能，利用辅助审计手段（NLP、OCR、RPA 等）、结合多种审计抽样方式（随机抽样、等距抽样、PPS 抽样等）、采集各业务系统的信息数据（财务数据、合同数据、人事数据等）、智能提示审计风险预警，来满足业务风险关口前移和事中、事前监督。

② 在审计团队能力方面：企业大部分审计人员不具备使用 SQL、Python、大数据分析建模进行工作的能力。

二、审计数字化建设痛点

（1）数字资产的价值挖掘不够充分

企业审计数字化转型的重要前提是数据，对业务信息化程度高的企业来说，将数据仓库的分析结果同步到数据报表平台，供所需业务方使用，普遍存在数据利用率低、数据分析不到位等问题。

（2）内部审计人员的数字化能力无法与企业信息化程度匹配

对业务信息化程度高、审计团队数字化技能低的企业而言，最大的矛盾在于“一高一低”不匹配的矛盾。在公司整体信息化程度不断提升的前提下，如果无法保证内部审计人员的审计思维模式和整体素质及时适配，则会直接影响数字化转型的效果。

（3）审计手段和审计方法滞后，无法建立有效的非现场审计

一方面是思想制约因素。受传统审计观念的影响，部分审计人员对非现场审计工作的重要性认识不足，未能形成现场审计应建立在非现场审计基础上的现代审计理念。另一方面是系统制约因素。随着业务数据规模的扩大，整个数据集市逐渐归集成万亿以上的体量，利用相关技术已经无法确保审计预警模型运行的时效性，更不用说采用“T+1”（隔天）模式对公司主营业务进行实时审计监督。这种情况制约了审计人员在数据挖掘等方面的技术手段，无法形成数据、风险、审计工作全覆盖，无法实现业务风险关口前移和事中、事前监督，从而降低了审计工作效率及远程审计能力。

（4）审计模型的建设和应用面临更新迭代的挑战

目前已建立审计分析平台，审计人员主要通过以往系统中所积累的模型清单和一些简单的 SQL、Python 等方式进行数据分析。审计团队数字技术能力低，必然会面临审计模型不可用、不可信的问题，如果审计模型场景已经不适用，且内部审计人员又无法甄别，那么经模型运算产出的结果就不够精准，从而导致问题定性等关键环节产生偏差，使审计模型全生命周期管理产生一定的风险。

三、审计数字化建设目标和关键举措

对于业务数字化已经很高但审计团队数字技术能力不足的企业，做好审计数字化转型首先要确定目标，以便更好地履行审计职能、提升审计价值。

数字化审计的发展目标通常按照线上化、数字化、智能化进行递进式发展。面对审计团队数字技术能力不足的情况，建议企业按照先管理作业、后数据分析，先试点、后扩大应用的路线图制定相应的措施。

一是建立数字化的管理标准体系。建立基于统一审计计划、统一审计方案、统一标准口径、统一审计培训、统一审计处理的内部审计工作体系，统一审计体系内部的审计文书格式、作业流程、问题统计口径、处理标准，确保审计文书的规范性、作业过程的标准化，为建设数字化审计平台奠定基础。

二是建立数字化审计管理与作业平台。在完成标准化管理体系建设的基础上，建设数字化审计管理与作业平台，完成对审计计划、审计项目、审计作业、审计资源、机构人员的线上化，初步实现审计数字化，通过审计管理与作业的数字化来逐步提升审计团队的数字技术能力。

三是夯实基础保障，优化建立非现场审计体系。为了践行全面数字化审计的理念和工作方法，非现场审计不可或缺，它必须贯穿审计工作的全生命周期。由系统完成数据采集加工及处理功能，风险预警和监测结果以可视化图表和报表形式展现，为管理层提供决策支撑。同时，将预警后人工核实流程、审计项目管理流程及日常的内控评价流程固化到非现场审计系统中，进行流程管理。

四是试点实施，逐步扩大数据分析模型的应用范围。基于数据的审计模式是审计数字化的必由之路，数据分析模型的建设过程面临业务梳理复杂、费用投入大、审计人员技术能力不足等问题。特别是在审计团队数字技术能力不足的情况下，选择熟悉的重点业务场景，进行重点突破，投入低、见效快，能够鼓舞审计人员对于开展数据化审计的热情，主动提升技术能力水平。在试点建设取得成效后，再根据审计团队技术能力提升情况逐步扩大数据分析模型的应用范围。

四、企业数字化审计解决方案

基于对此类企业数字化战略规划、业务现状、痛点及建设目标的共性解读，内部审计数字化转型需要考虑企业信息化进程，统筹布局，从战略引领、业务驱动、价值导向、贯通融合、分层分类、安全规范等层面明确数字化转型的长远规划，依托集团统建的审计信息系统和审计分析平台开展审计工作，实现审计数据资源集中化、业务数字化、方式智能化和决策科学化。企业数字化审计解决方案具体分为以下 3 个阶段。

第一阶段：线上化管理规范

搭建数字化审计平台，实现审计作业及管理过程的规范化，共享审计专业知识，优化管理模式，提高作业效能，实现从线下到线上，从分散到集成，完成审计管理与作业的数字化改造。

本阶段的主要建设内容如下。

① 统一计划：统一收集审计需求，统筹全公司审计计划，统一调配审计资源，统一采购外审资源，高效利用审计资源，提升审计覆盖率，关注重大风险。

② 统一方案：在固化文档模板的同时，总结提炼同类项目的审计范围、重点、方法，形成标准的审计事项库，成为标准化审计作业的依据。

③ 统一口径：统一审计文书格式、作业流程、问题统计口径、处理标准，确保审计文书的规范性、作业过程的标准化、数据的准确性。

④ 统一处理：建立在线审计处理流程，规范审计问题整改的处理流程与要求，持续跟踪问题整改过程，实现在线闭环整改。

⑤ 管理贯通：建立从上到下贯通的内部审计管理体系，通过统一领导、集中管理，利用数字化审计平台将标准化的审计工作体系贯彻到整个公司，实现管理思路的上下贯通。

⑥ 资源共享：建立集中共享的审计人才库，吸纳多层次的审计人员队伍，充分利用内外两类资源，实现审计体系内部的审计人才资源共享。

第二阶段：数字化分析体系建设

数字化分析体系建设阶段的核心在于通过构建分析模型，充分释放数据价值。通过构建审计模型，强化建模能力；通过模型共享机制沉淀审计经验，并建立一个多层级的协同共享机制，使各单位可以共同使用“可视、可用、可查”的数据分析系统；促进科技手段与传统审计相融合，着力构建具有各企业自身特色的审计数据分析体系，持续提升审计职能数据分析能力。

根据审计分析模型建设需要，基于业务流程梳理和非现场审计数据需求分析数据来源，提出审计数据集市的取数需求，通过从数据仓库、内部系统、手工录入数据等源系统层抽取数据，并经过数据清理、数据转换、数据整合，建立统一的数据模型层，从而逐步形成数据汇总层，实现数据结构化，并形成数据字典，构建各企业的审计数据集市。现阶段的数据来源主要是内部的结构化数据，随着场景及模型的逐步拓展，非结构化数据、外部数据也将成为数据来源。

本阶段的主要建设内容如下。

① 非现场审计流程覆盖：流程设计从项目授权准备到疑点关闭为止覆盖非现场审计业务全流程的主要活动节点。

② 数据授权体系：有效的线上化授权流程，关注相关法律风险，控制数据使用的角色和使用范围，确保数据访问的合理性及安全性。

③ 数据安全保障：设立独立的数据交换区，确保数据及时获取和使用，确保集团总部与数据中心之间的数据交互及时、安全、可控。

④ 模型全生命周期管理：支持在线建立、使用、共享审计模型，有利于沉淀审计思路和经验。

⑤ 关联关系查询：对接商业查询平台数据，可供审计人员查询个人与企业信息，并且基于这些信息实现个人与公司、公司与公司的潜在关系挖掘。

第三阶段：智能化升级优化

智能化升级优化阶段是针对用传统方式分析利用数据无果的情况，利用人工智能与大数据分析技术，从而发现数据中的规律并揭示数据之间的关系。基于此类场景建设的审计信息化系统不仅具备审计全流程线上管理功能，而且具备一定的审计分析功能（财报分析等），因此，本阶段的建设重点是对已有的审计信息化系统进行智能化升级，从数据分析向AI分析转型，主要关注分类、回归、聚类、关联这四大类机器学习的成熟算法，以及OCR、NLP等非传统的数据分析手段。

本阶段的主要建设内容如下。

① OCR、NLP等新型信息获取能力的建设，例如，通过OCR获取发票、合同盖章文本等非传统数据，基于提取后的数据进行开票项目检查、开票地点检查、合同关键条款核查等。

② 模型自学习：补充新的数据，重新对模型进行训练，整个步骤自

动化，并自动将符合一定要求的模型发布或部署到生产中。模型自学习能解决模型长期得不到更新而导致准确性降低的问题，并极大地减轻运维人员的工作量。

③ 自主机器学习：可以对与特征、模型、优化、评价有关的重要步骤进行自动化学习，使机器学习模型不需要人工干预即可被应用，也让更多的人可以在缺乏专业知识的情况下轻松使用。

④ 模型对比：用于展示各个模型的分析结果、不同算法模型的对比分析，并导出评估报告，报告内容包括模型参数、特征变量、特征重要性、评估指标等。

五、效益

一是以创新思维构建审计知识体系。通过法规、政策、指标、案例不断地重组和完善，形成了一张庞大的知识网，凭借有序的、完整的体系结构，能够正确引领审计团队精准地获取最佳的审计实践。

二是以数据分析构建审计方法体系。运用统计分析技术发现偏差数据，运用关联分析技术揭示关键属性，运用孤立点分析技术挖掘审计疑点，运用聚类分析技术确定审计重点，为企业做出前瞻性的决策提供强有力的支持。

三是以全方位挖掘构建审计成果运用体系。能够从横向和纵向两个维度进行整合，真正做到“审”与“用”的有效结合，真正发挥审计成果效应，使其价值最大化。

四是以审计数字化促进企业生态环境的建设。“三位一体”的审计数字化体系，将会更有效地规范企业走出去的步伐，协助形成有效的监督机制，进而促进企业级生态环境的建设。

场景三：企业业务信息化程度低、审计团队数字化技能高

此类场景主要集中在国内大型企业中。相较于国务院国有资产监督管理委员会和审计署对其审计信息化的要求，该类企业业务信息化的程度还不足以支撑其短时间内完成审计数字化转型。审计信息化对业务数据的采集和质量提出了较高的要求，但大多数企业依然面临数据采集困难、数据量巨大、数据标准化程度低、数据颗粒度较粗等问题，主要原因包括企业尚处于数字化转型的初级阶段，数据的管理机制、权责机制及质控机制均处在发展构建的过程中，且尚未设立专门的职能部门进行归口管理，支撑审计信息化的企业整体管理能力尚不成熟；早期的数据存储工作未奠定坚实的基础，新开辟的业务领域出现新的主数据采集和构建的问题复杂，缺乏统一、持续的数据管理经验。因此，对于进入数字化管理运营阶段的企业来说，数据采集和处理能力成为亟待解决的技术问题。

我国大型企业的审计团队数字技术能力较强，主要是因为该类企业在就业市场对人才的吸引力较强，能吸收财务、审计、法律、计算机、工程科学等多种教育背景的人才，且更加注重员工培训，从而保证了审计团队整体的复合教育背景和数字技术能力的高水平。

下面以某大型企业为例进行介绍与分析。

一、基本现状

从业务系统、数据现状和部署实施 3 个方面来看，企业信息化现状具有以下 3 个特征。

① 业务系统：企业部分系统为统建系统（例如财务系统、采购系统

等），部分企业统一建设存在分级部署的情况，下级单位按时定期上报数据。

② 数据现状：一是企业存在集团统一建设系统和下属分支机构自建系统的情况，出现下属单位自建系统数据无法像集团单位那样归集的问题；二是系统存在大量的非结构化数据或半结构化数据，例如业务单据、发票信息、电子合同、制度文件等；三是早期各业务部门自建系统缺少统一的数据规划。

③ 部署实施：企业自建系统最初是物理机部署，经过几轮的系统迁移后，物理机部署逐渐被私有云或公有云部署代替。

审计信息化及审计团队整体情况如下。

① 在审计信息化建设方面：企业早已建设审计管理系统，但只起到内部审计工作的档案管理作用，目前，审计过程工作基本以手工作业模式为主，例如，运用文字编辑审计文档，运用表格进行计算、分析、复核等，占用了大量的时间。尚未建设审计分析平台，现场审计风险点分析主要通过人工查账、手工录入数据为主，依靠人员经验判断，造成审计人员工作量大、工作难度高，审计质量控制难度加大，无法全面履行审计职责，不仅影响审计效率，也严重影响审计质量。

② 在审计团队能力方面：在内部审计工作高峰期，需要借调下级单位财务或其他相关部门人员配合完成内部审计工作，企业人员技能较高，具备 Python、大数据分析建模能力。

二、审计数字化建设痛点

（1）企业业务数据质量差

企业审计数字化转型的重要前提是数据，对于业务信息化程度较低的企业来说，普遍存在的问题是业务数据质量差：一是数据缺失，由于对数据的存储管控不够严格，审计人员在收集数据时遗漏现象时有发生；二是数据的导入依赖手工输入，无法保证系统数据的准确性和完整性，不能直接用于企业内部审计工作，从而不能满足实际的内部审计需求。

（2）企业信息化程度无法与内部审计人员的素质匹配

对于业务信息化程度低、审计团队数字技术能力强的公司而言，最大的矛盾在于“一低一高”不匹配的矛盾。在内部审计人员的整体素质已经满足数字化转型需求的前提下，如果无法保证公司信息化程度及时跟进，则会直接影响数字化转型的效果。

（3）传统企业组织方式、企业文化制约了发展

由于企业的组织方式较为传统、依赖人工审计等，审计人员的思维方式依然比较传统，缺乏推进审计信息化的思路，未能建立信息化条件下新的审计业务与技术观念。与此同时，审计数字化转型对传统企业文化的冲击，会使这场“变革”不可避免地面对种种挑战，例如，自上而下的转型对企业管理者领导能力的挑战、转型中是否会因协作不畅而形成“部门孤岛”、监督者和被监督者之间是否能在数字化转型中朝着最终目标达成共识等。

三、审计数字化建设目标和关键举措

一是构建大数据审计平台，提高企业业务数据的质量。从根源上解决企业数据质量差的问题，这需要借助大数据平台的建设实现审计业务全覆盖。大数据审计是指在大数据环境下，运用新的审计理念和新的数据获取、分析技术，通过对审计大数据进行充分共享和深度挖掘，发现审计线索或生成审计结论，以进一步提高审计工作效率的审计方式。构建大数据审计平台需要以大数据为基础，对审计数据的集成、存储、安全、技术实现等进行全方位考虑。

二是建设多样化的、与审计团队数字化水平相匹配的审计工具。在构建大数据审计平台的基础上，为审计人员提供可视化的操作模型开发界面，通过构建报表分析工具、图形化建模工具及场景化分析工具，为拥有不同技术能力的审计人员提供柔性化审计工具，保障全员非现场审计工作的开展，通过培养大数据审计思维及开展专业技能培训，逐步建立审计人员自主建模能力。同时构建丰富的审计知识库，强化数字化审计人才培养，促进企业审计人才素质和审计信息化软硬件的共同发展。

三是打破传统企业文化的束缚，引进云计算与区块链等新技术，构建智能场景，实现智慧化审计。云计算与区块链等新技术有机结合，能实现审计数据智慧化关联和自动分析，降低审计人员机械重复劳动的强度，不断拓宽数据分析技术运用于审计实践的途径，加大审计对数据资源的综合利用力度，通过企业审计数字化转型带动企业整体数字化转型。

四是优化审计模型建设与应用的系统环境，打造技术领先、架构先进、可扩展程度高的审计系统。审计模型是数字化审计的“发动机”，而全方位优化企业的审计系统是审计模型建设的前提。只有提高审计系统的灵活性、实时性、拓展性、自动性、安全性，优化审计系统的追踪分析功能，带动审计模型的设计、开发、应用等建设工作，才能提高审计非现场监测、分析和现场检查的精准度。

四、企业数字化审计解决方案

基于对此类企业数字化战略规划、业务现状、痛点及建设目标的共性解读，内部审计数字化转型需要考虑企业信息化进程，统筹布局，从审计作业、审计管理、数据建设及应用等层面明确数字化转型的长远规划，总体规划分步实施，大致可以分为赋值、赋能、赋智 3 个阶段，贯穿于“标准持续梳理更新—平台持续建设—前沿技术持续探索和应用”整个过程，以螺旋式上升的方式推进数字化审计落地，确保企业内部审计转型方向准确、路径准确，以信息化、数字化、智能化助力审计，提高审计功效和覆盖面。企业内部审计数字化建设规划如图 11-4 所示。

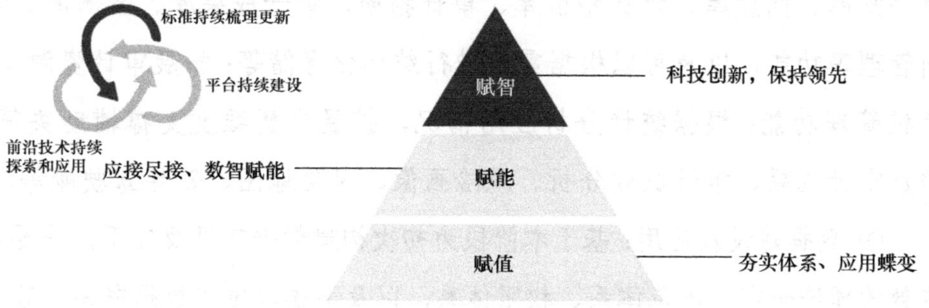

图 11-4　企业内部审计数字化建设规划

第一阶段：赋值

赋值阶段已建设审计作业、审计管理系统，所以本阶段的建设重点是对已有的审计作业、审计管理系统进行标准版建设、功能的优化升级、包括技术架构在内的适配升级，主要关注审计作业流程优化、知识积累与结网，强化智力资产的沉淀、能力的传递与利用，以审计数据集市为底座，打造集审计作业、审计管理、审计分析于一体的新型审计平台。

本阶段主要建设内容如下。

① 审计作业：实现从审计立项、审计准备、审计实施、审计报告、审计整改到审计结项的全流程优化升级。例如，根据业务需求对原有的非结构化存储的数据升级为要素化数据进行填报存储；审计文书可以做到自动生成、线上流转签发及版本化管理；能够突破局限，实现数据互

联互通，业审一体化协同审计、远程审计；支持文书类关键信息的自动提取；不断优化审计整改全闭环管理。

② 审计管理：通过调研分析，早期建设的审计管理部分更多只是实现了线上化与电子化，结构化程度不高，并非实际意义上的信息化，因此需要通过对标分析、结合业务实际，对审计管理部分功能进行优化升级、拓展，强化其审计知识的检索与应用能力。例如，建设制度库、法律法规库、问题库、审计指引库、审计指南、审计成果库、案例库、培训管理等功能，以及可以根据需求进行结构化存储等；拓展审计资源库、考核管理功能；根据统计分析应用情况，扩展分析维度支撑辅助决策，增加审计成果、审计成效分析、风险画像、风险地图、领导驾驶舱等。

③ 数据建设及应用：基于本阶段为初次构建数据建设及应用，需要对取数的理论研究、规范体系、权限体系，以及下属单位“数据壁垒”等一系列因素进行考量。本阶段审计大数据平台、审计分析平台的建设更多聚焦在整体架构、基础功能上，数据采集与分析主要聚焦于财务类数据。

- 构建审计大数据平台：基于企业信息系统建设情况，梳理模型体系、指标体系，实施数据治理，消除“数据孤岛”，形成审计数据集市，为健全数据分析模型奠定数据基础。同时，根据审计人员所属的审计业务领域，通过角色权限配置，实现对数据访问、分析处理等功能的分类管控。
- 构建审计分析平台基础功能：基于审计团队的高水平数字技术能力，审计分析工具可以提供固化模型分析、图形化建模、BI分析、SQL编辑器工具；建设模型管理及模型结果核查处置功能。
- 建设非结构化数据处理工具：利用NLP+OCR技术实现非结构

化数据的识别及结构化管理。

- 其他：基于早期或已建设过的系统，进行数据迁移、数据补录、技术架构升级建设。考虑长远规划，系统应具备灵活性、可扩展性，因此可以提供项目类型、审计流程、文书模板、资料完整性检查等配置功能。

第二阶段：赋能

赋能阶段主要是基于平台应用情况进行持续迭代优化，关注审计质量、审计效率和效果，进行审计模式、审计流程优化；探索自动化审计模式、智能分析预测，推进智能化水平，以及系统交互的友好性与流畅性建设；同时，基于初期建设积累的大量业务数据，构建指标体系，推动指标分析、审计预警、监测等能力的构建；探索全量信息处理，扩大分析范围，从数据、业务上实现全覆盖，更好地为公司风险防范提升价值。

本阶段主要建设内容如下。

① 审计作业：实现审计作业全过程关键功能的精细化管理、功能的优化与扩展，例如，通过知识结网支撑底稿的相互引用、审计方案的自动生成、基于业务模式变更的作业流程灵活变更；结合数据分析平台展示疑点清单；加强智慧化工具的应用，例如，重点风险领域推荐及辅助定性工具、语义纠错等功能的应用；加强离线作业工具、移动审计工具的建设。

② 审计管理：根据第一阶段建设应用情况，对标其他企业持续优化扩展，例如审计项目的质量及进度监控的精细化管理。

③ 数据建设及应用：持续治理、持续接入及规划数据；构建审计分析平台高阶能力，即构建指标体系、审计分析工具（例如，指标分析、Python 分析工具、数据挖掘工具、图计算工具等）；针对模型攻破、产出低、性能优化等问题，对模型进行全生命周期管理，以及预警监测、预警处置等功能

建设。

④ 其他：接入智慧工具，例如，图文识别、音视频识别、知识图谱、大屏开发等工具，优化界面与操作，升级技术架构、性能与安全体系，以增强用户黏性。

第三阶段：赋智

赋智阶段科技创新，保持领先。即紧跟潮流，持续进行新技术的研判，探索新技术在审计业务场景中的落地模式，例如，算法库嵌入、机器学习、虚拟现实等，数据与模型覆盖范围持续扩展，功能持续优化升级。

本阶段主要基于前期建设内容，持续新增智慧工具与构建智能场景，新增辅助审计工具，持续进行数据治理与模型构建，引入云计算、区块链技术，实现人在干、数在转、云在算的局面，使审计更加智能，信息化水平保持领先地位。

五、效益

一是促进风险防范和决策能力提升。高水平的审计大数据平台能力有助于实现各个系统业务数据的串联，强化人工智能算法及模型应用场景，一方面，可以加强风险防范能力，加大对重大风险业务领域的持续监督，通过实时动态监控，使风险防控更敏捷，帮助企业避免潜在损失，做到及时止损；另一方面，通过关键监测指标落地，为管理层经营决策提供量化依据，降低人的决策性偏差，提升数字决策能力，辅助企业科学管理。

二是促进企业数字化能力提升。审计数字化有助于提高业务数据的互联互通，推进数据质量标准拔高，提高企业数据治理能力。同时，审计数字化转型赋能企业数字化转型，为企业数字化转型起示范作用。

三是赋能企业社会责任担当。贯彻依法治国方针，发挥数据反腐的乘数效应；扩大审计覆盖面，有利于国家财政的增长和国有资产的保值、增值。有效遏制经济活动和会计信息系统中的弄虚作假、违法犯罪，促进社会资源的合理配置，保证国民经济的健康发展。

场景四：公司业务信息化程度低、审计团队数字化技能低

此类场景主要集中在我国传统民营企业，与部分大型央企、国企类似，我国的一些民营企业也存在业务信息化程度低，无法有效支撑其数字化转型的问题，此外，国内民营企业并不受国务院国有资产监督管理委员会和审计署的直接监督，因此缺乏提升业务信息化水平的内在动力和外在动力。相较于大型央企、国企，民营企业审计团队数字技术能力仍有待提高，主要原因有企业在就业市场不具有央企、国企吸引高水平复合背景人才的优势，审计团队人员的教育背景依然主要集中在财务会计、法律、审计领域；公司领导不够重视审计数字化，导致企业在信息化基础设施、人员配置和培训，以及软件开发等方面的扶持力度不够，并且在对各种领导岗位的培训中，审计内容也没有受到足够的重视。因此，在缺乏信息化内外动力的双重局限下，我国民营企业面临审计数字化水平提升难的困境。目前，民营企业已经成为支持我国经济增长、维持社会稳定的重要组成部分，该类企业应当及时识别并化解自身的企业风险，建立适合自身业务发展的内部审计模式及数字化审计思维，当下社会经济发展也对其提出了更高的要求。

本节以某典型民营企业为例进行介绍，围绕企业信息化现状、审计数字化及团队现状、解决方案及价值等方面进行阐述，让具有此类诉求的企业可以更好地完成内部审计数字化诊断，通过借鉴同业成功案例找到符合企业诉求的审计数字化路径。

一、基本现状

从业务系统、数据现状和部署实施3个方面来看，企业信息化现状具有以下3个特征。

① 业务系统：企业自身已经建设了财务一体化平台、采购平台、人资系统、电商平台等系统。因为早期缺乏统一的职能部门进行规划，所以主数据管理不完善、各系统间基础数据标准不统一。从业务全链条分析，部分核心业务还需要线下审批，尚未实现全部业务线上化。

② 数据现状：目前已建系统的数据存储方式不统一，主要使用的数据库有Oracle、MySQL、国产数据库及利用开源Hadoop构建的分布式数据库。由于部分业务未实现线上化管理，存在大量非结构化数据，例如，合同数据、部分采购订单数据。目前数据格式以结构化数据为主，存在大量的非结构化数据或半结构化数据。

③ 部署实施：目前，系统建设主要为企业统建或者外采，主要为私有云部署+公有云混合部署。

聚焦到审计数字化及审计团队，整体情况如下。

① 审计部门在企业的定位：企业实行二级管理制度，审计部门作为企业常设部门，由企业总经理分管，以监督为主。审计范围主要围绕采购类、财务资金审计，开展形式以传统的查错纠弊审计为主。

② 审计数字化建设情况：企业建立了简易的审计作业系统，可以将审计作业过程的资料以附件形式进行统一归集。企业尚未建立专门的审计分析平台，审计分析主要依靠审计人员的自身经验，存在审计经验缺乏统一管理及复用度低的情况。

③ 审计团队情况：企业审计人员以财务、会计、法律等专业背景人

员为主，技术型人才不足，兼顾管理与技术的复合型内部审计人才比例较低，且审计团队稳定性差。

二、审计数字化建设痛点

（1）审计数字化转型基础薄弱

审计数字化建设基础不牢固，缺乏专业的审计分析平台，难以支撑大数据背景下的审计业务开展工作，对企业内部审计数字化转型产生了一定的影响。

（2）审计作业标准化、质量管理不足

审计作业过程以线下开展、线上结果归集为主。在审计作业的过程中，缺乏标准化管理手段，审计作业过程无留痕及无法回溯，导致项目组内沟通成本增加。审计作业不支持线上审批，无法实现多级复核线上化。

（3）缺乏统一的审计知识共享能力

对于企业自身的规章制度、外部法律法规及优秀审计案例、审计经验等缺乏管理及平台支撑。大多数审计知识以非结构化数据存储，导致审计知识更新不及时且审计人员无法快速检索。

（4）缺乏审计分析专属工具，缺乏模型管理机制

目前尚未建立审计分析平台，审计人员开展数据分析主要通过个人终端设备的小工具或 Excel 等工具。随着业务不断拓展及业务数据量的激增，现有的分析工具已经无法满足审计业务的开展。同时，审计经验及审计思路停留在审计人员的个人计算机中，在数据安全性及模型积累、经验传承方面还存在很大的差距。

（5）内部审计人员的综合技能不高

内部审计人员以财务、会计、法律等专业背景人员为主，集管理与技术于一体的复合型内部审计人才比例较低，无法满足对现有业务问题查深、查透的基本要求，也难以就所查出的问题提出高质量的管理改进建议。

三、审计数字化建设目标和关键举措

对于上述内部审计面临的挑战，企业应从以下 4 个方面进行改进和完善，切实提升大数据背景下的审计数字化水平。

（1）实现审计作业标准化、流程化管理

提升审计工作规范化管理水平，同时全面管理审计资源，改进审计方法，规范审计过程，提高审计工作效率和质量，以现代信息科技理念深入诠释审计业务流程和管理方式，有效提高企业审计业务能力、风险管理水平和风险防范能力，从而防范和化解企业风险，提升审计价值。

（2）打造审计系统多维融合知识型管理平台

将审计分析、审计作业及审计知识库融合管理形成优势互补，构建以现场审计的实施作业、审计知识库管理，以及系统管理等为核心的计算机辅助审计系统应用功能，实现系统内信息高效流转、审计知识及标准化作业规范与业务开展动态环节相结合，构建学习型审计系统，提升知识传承及能力共享，赋能业务人员，提升业务人员综合作战能力及工作效率。

（3）构建统一的审计数据管理平台

审计人员及时收集业务部门相关的大量高质量数据源，是开展大数据审计的基础。因此，从企业内部审计长期规划来看，为满足企业开展跨层级、跨系统和跨业务的深入挖掘与分析，需要建立审计专属数据库，赋能审计业务人员提高审计分析质量及精准度，同时，利用平台提供的统一数据权限管理机制、普适性审计分析工具，实现审计分析数据的安全可控，降低数据安全风险。

（4）***构建普适性审计分析工具，逐步培养审计人员自助建模能力***

基于大数据平台的数据分析功能，为审计人员提供可视化的操作模型开发界面、报表分析工具、图形化建模工具及场景化分析工具，为不同技术能力的审计人员提供柔性化审计辅助，通过培养大数据审计思维及开展专业技术能力培训，逐步建立审计人员自主建模能力。

四、企业审计数字化解决方案

结合企业自身信息化现状、审计数字化现状及业务痛点，审计人员对该企业审计数字化建设进行了整体规划。基于规划内容的重要程度及优先级判断，审计数字化建设采取四步走战略，分阶段完成全部内容建设。审计数字化建设四步走战略如图 11-5 所示。

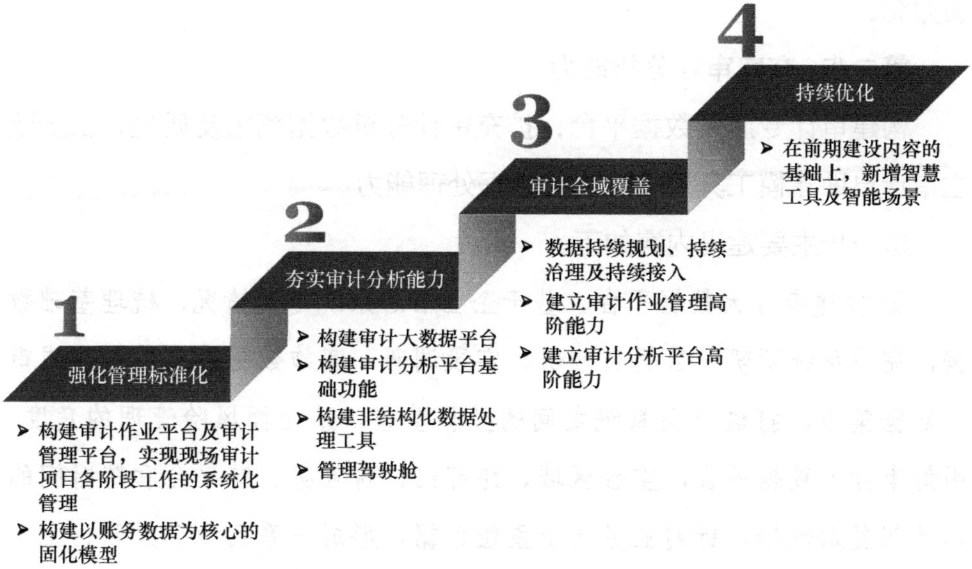

图 11-5　审计数字化建设四步走战略

第一步：强化管理标准化

保障审计业务标准化管理，强化审计知识库管理及检索能力，利用企业现有的数据构建审计固化模型。

这一步主要建设内容如下。

① 构建审计作业平台及审计管理平台，实现现场审计项目各阶段工作的系统化管理。审计作业平台建设主要包括审计计划、审计立项、审计准备、审计实施、审计报告、整改跟踪等所有工作流程的线上闭环。审计管理工作的系统化包括加强审计资源管理、档案管理、绩效管理，建立知识库、法规制度库，以及开发审计管理所需的各项查询和报表统计功能。审计流程管理包括通过建立工作流程和业务流程满足开展审计项目的各种需要，以及配置不同的项目流程和各环节的审批流程。

② 构建以财务数据为核心的固化模型，在项目实施阶段由审计部门和供应商共同完成审计模型思路梳理，由供应商协助完成审计模型线上初始化。

第二步：夯实审计分析能力

构建审计专属大数据平台，扩充审计分析数据范围及质量，初步建立审计自助建模工具及非结构化数据处理能力。

这一步主要建设内容如下。

① 构建审计大数据平台。基于企业信息系统建设情况，梳理基础数据，完成系统调研、数据表调研、字段调研，实施数据治理等，形成审计数据集市，打破不同系统之间的数据壁垒，从全面风险管理的角度，用好审计大数据平台，整合区域、跨部门、跨业务、跨平台和跨时间的内外部复杂数据，针对业务场景重组数据，形成一系列业务关联、上下游贯穿的基础数据表。整合模型结果、问题记录等审计系统自身数据，

构建面向审计业务的集中数据集市，为健全数据分析模型奠定数据基础。同时，根据审计人员所属的审计业务领域，通过角色权限配置，实现对数据访问、分析处理等功能的分类管控。

② 构建审计分析平台基础功能。在模型工具方面，支持可视化界面模型设计和SQL语句模型设计，结合审计人员技能储备情况，审计分析工具在本阶段以图形化建模、BI分析、SQL建模工具为主。在模型管理方面，建立模型跑批机制，支持模型单个运行、按照审计专题批量运行，支持模型运行任务后台自动跑批；支持内部审计人员对风险线索进行查询及督导核查。

③ 构建非结构化数据处理工具：利用NLP+OCR技术实现非结构化数据的识别及结构化管理。

④ 管理驾驶舱：针对经营指标、财务指标、风险指标、监管指标等，使用仪表盘技术，综合展示现状，管理驾驶舱提供多样化的报表展示界面，包括表格展示、各类图形展示等。

第三步：审计全域覆盖

持续扩展审计数据和模型覆盖范围，持续优化审计业务全过程管理，强化审计自助建模工具，提升审计预警监测水平。

这一步主要建设内容如下。

① 数据持续规划、持续治理及持续接入。

② 建立审计作业管理高阶能力：全面质量管理（包括多级复核、项目进度管理、项目质量评估等功能）、审计作业智能化功能建设（包括审计计划推荐、审计线索推荐、审计知识推荐、问题整改依据智能推荐等场景构建）。

③ 建立审计分析平台高阶能力：构建审计模型，构建指标体系及指

标工具，支持灵活的风险指标维护体系，实现经营指标、财务指标、业务指标、管理指标、评价指标等指标配置、监测、分析等功能。为具备开发技能的审计人员提供高阶分析工具，实现模型的思路提出、配置编码、上线、修订（版本更新）、停用等全生命周期管理，具有预警监测及预警处置等功能。

第四步：持续优化

持续扩展审计数据和模型覆盖范围、强化人工智能算法模型构建、持续构建智能化审计场景。

这一步主要建设内容如下。

① 在前期建设内容的基础上，新增智慧工具及智能场景。

② 智慧工具能力建设即可视化分析工具建设，分为图谱网络和图表展示两种方式。图谱网络便于审计人员使用先进的图形化工具，提升数据分析的效率和效果。系统以图表形式呈现分析结果，支持散点图、直方图、饼图、折线图、盒形图等，并且支持数据汇总和下钻。

五、效益

一是促进审计管理能力质的飞跃。 通过标准化、线上化审计作业平台建设，强化审计质量管控、共享审计资料；通过提供固化财务分析模型，逐步培养审计人员的数字化审计思维，提高审计人员的数据分析能力；通过构建审计知识管理与分享体系，构建审计专属知识库、强化知识的沉淀与传递，让审计人员有数可查、有据可依，提升其审计知识再利用能力，逐步提高审计人员的“战斗力”，从财务审计向全域业务审计转变。

二是审计和业务运营效能双提升。 通过建立灵活可扩展的审计作业平台，可以快速适应审计模式变化，敏捷响应新的需求，降低审计业务扩展带来的数字化建设成本；通过数字化、自动化建设，降低沟通成本、人员协作成本；通过探索审计数字化转型，逐步建立覆盖企业全域业务的实时监控能力，为企业运营降低了风险，及时止损。

第五节 集团化企业管控模式下的审计数字化建设路径

（一）集团化企业管控模式

集团化大企业与小企业在管理难度上存在很大差异：集团化大企业管理层级多，职能划分细致，下属法人实体多，集团化大企业通常有几百家下属企业，在管理上需要讲究分层、分流程、分工与协作；而集团化小企业管理一般以直接绩效导向为主，需要抓住核心的销售、生产、财务环节。

集团化企业管理的核心是确立集团管理总部与下属企业的责权分工，明确授权清单，并通过职能条线体系来推动集团业务战略的实施。集团管控模式广泛采用“集团管控三分法”模式。“集团管控三分法”于20世纪80年代由战略管理大师迈克尔·古尔德等人提出，1987年出版的《战略与风格》一书中指出了企业集团的3种管控文化偏好，这种最初被运用于战略管理风格划分的理论，后来经过多次演变被运用于集团管控类型的划分，形成了“集团管控三分法”模式，即将集团总部对下属企业的管控划分为财务管控型、战略管控型、运营管控型（操作型）。

① 财务管控型是指集团对下属企业的管理控制主要通过财务投资手

段来实现，对下属企业的具体经营运作基本不加干涉，也不会对下属企业的战略发展方向进行限定，集团主要关注财务目标的实现，即资本的保值和增值，并根据业务发展状况增持股份或选择适时退出。比较典型的财务管控型企业是国有资本运营企业。

② 战略管控型是指集团的核心功能为资产管理和战略协调功能。集团对下属企业的管控主要通过战略协调、控制和服务来实现，集团总部很少干预下属企业的具体日常经营活动。集团根据外部环境和现有资源，制定集团整体发展战略，使下属企业的业务活动服从于集团整体战略目标。比较典型的战略管控型企业是国有资本投资企业。

③ 运营管控型是指通过集团的业务管理部门对控股企业的日常经营运作进行直接管理，特别强调企业经营行为的统一，对经营要素的集中控制与管理。大部分有明确主业的企业属于这种情况，例如，银行业、保险业、房地产业，通过对经营要素的集中管控达到统筹协调企业经营活动的目标，实现价值的最大化。

这3种模式各具特点：财务管控型和运营管控型处于两端，战略管控型则处于中间状态。这3种管控模式各有其优缺点，有适用的具体场景。在现实环境中，大型企业集团的内部管控往往是以一种模式为主导的多种模式的综合。例如，某大型钢铁集团采用“一基五元”的战略，以钢铁制造业为基础，新材料产业、智慧服务业、资源环境业、产业园区业、产业金融业五大产业板块协同发展。对钢铁制造业的管控更接近经营管控模式，而对其他业务单位，特别是有行业管制要求的产业金融业板块更接近战略管控模式。

再如，某大型多元化央企以被纳入国有资本投资公司试点企业为契机，正在加快从以实业为基础的多元化控股企业集团向“管资本”

的国有资本投资公司转型，基于“集团多元化、业务单元专业化”的发展理念，集团对业务单元进行战略管控，业务单元对下属企业则是向运营管控模式转型。

再如，某投资集团既有战略管控模式的应用，例如对电力、煤炭等业务单元，又有财务管控模式的应用，例如对汽车配件等业务单元。同时，随着其投资集团向资本型集团转型，集团未来将主要采取财务管控模式。

这说明，企业的管控模式并不是一成不变的，它将随着自身的整体战略转型而进行动态调整。

（二）集团化企业管控模式对数字化建设的影响

从当前看，我国大多数集团化企业都处在一个不断转型的时期，例如，从以生产要素扩张为主向效率提升方向转型，从产业链的低端向高端升级，从产能扩张向低碳永续发展方向转型等。

经过几十年的发展，国内的集团化企业基本上已经开展了数字化建设，或多或少进行了信息化系统建设，绝大部分集团化企业目前的数字化建设的主要方向是贴合本企业的管控模式进行统筹规划，进行纵向的深化应用和横向的一体化整合，乃至产业生态链的打造。

纵向的深化应用是把企业的单一产业的业务链从前到后连通起来，打通整个产业链条。例如，打通采购、生产、销售、财务流程，实现前端业务和后台管理的无缝衔接，实现物资流、资金流、信息流的统一。

横向的一体化整合是指集团各成员企业之间通过数字化实现集中管控和资源共享。在财务、资金、采购、物流等方面通过统一的信息系统实现资源的集中、需求的集中，通过集中采购、集中服务等多种模式来实现成本节约、效率提升。

产业生态链则是以平台为基础，通过数字化手段将产业链上下游各企业和经营主体进行有效连接，推动信息技术与产业发展深度融合，形成全产业链协同发展的新模式。

集团化企业的数字化建设必须能够适应其复杂的管理需求，要与企业的管理方式相契合。模式选对了，数字化建设就能够达到事半功倍的目标；模式选错了，则事倍功半，甚至要推倒重来。这首先要清楚企业的管理模式，然后针对不同业务的具体管控要求采用相应的数字化建设模式。基于这个前提，就不能简单地套用某种数字化模式，而是要灵活地根据具体情况进行合理的选择。

基于集团对下属企业运营管控、战略管控、财务管控3种不同的管控模式，集团总部和所属企业的各自权责不同，集团管控的战略意图差异较大，数字化建设模式因此具有较大的区别。

3种管控模式下数字化建设的特点如下。

① 财务管控型集团化企业的集团总部仅作为投资决策中心，对下属企业的管控通过财务投资手段来实现，集团管理层更侧重于了解下属企业的财务状况，集团总部有获取下属企业财务信息的信息化系统，例如合并报表系统，可以及时获取决策数据。各下属企业往往业务形态差异大，集团总部没有能力也没有必要统一建设业务系统。在这种情况下，数字化建设主体要靠各下属企业。这种模式可称作“各自策划，各自建设”模式。

② 战略管控型集团化企业的集团总部作为战略决策和投资决策中心，一般关注下属企业的财务和经营状况，不关注日常生产和经营的业务细节。集团管理层更侧重于从宏观上了解下属企业的状况，这就要求

集团总部要有获取下属企业管理数据的信息化系统，例如分部报表系统，及时获取决策数据。战略管控型集团化企业的各下属企业之间业务往往有关联，但业务领域又不完全相同，集团总部没有能力也没有必要统一建设业务系统。依据集团整体规划，各下属企业可以独立安排各自业务系统和管理系统的建设，构建各产业链纵向一体化的业务信息化系统。这种模式可称作“统一策划，各自建设”模式。

③ 运营管控型集团化企业的集团总部作为生产运营指挥中心，需要通过统一建设的应用系统分配工作任务，了解各企业生产运营状况。集团高层和业务归口管理部门不仅要关注来自其下属企业的财务、运营状况等信息，也要从生产、营销等日常管理等业务中获取决策数据。如果没有统一建设和管理的应用系统，而是由各下属企业自行建设的话，就会造成信息上传下达不畅、管理脱节。这类集团化企业的数字化建设可以采用“统一策划，统一建设”的集中建设模式。具体来说，由集团总部牵头统一策划并统一建设各类管理系统和业务应用系统，即通过管理集中、应用集中和数据集中，实现信息资源的整合和优化，提高集团化企业的资源利用效率和业务协同能力。各下属企业只用建设和管理自身业务特色的系统，不需要单独建设核心业务系统，只需要按照集团总部的要求进行部署和应用。例如，银行、保险公司、电力公司、电信运营商基本上统一建设了财务、ERP、CRM、数据中心等业务系统和OA、HR等职能管理系统。

这3种信息化建设模式各具特点：“各自策划，各自建设”和“统一策划，统一建设”处于两端，而“统一策划，各自建设”则处于中间状态。这3种方式各有其适用的场景，对单个集团化企业来说，在大型建设的模式下，还需要根据具体的业务场景选择与业务相对应的建设模式。

例如，对于财务管控型企业，虽然主体建设模式是“各自策划，各自建设”，但是对于OA、财务、资金等共性业务，通常也会采用“统一策划，统一建设”的建设模式。在具体业务的数字化建设模式的选择上，还需要根据业务的实际情况进行考虑，对于共性强、协同性效益显著的业务以统一建设模式为主。

（三）集团化企业管控模式下审计数字化考虑

审计数字化建设中两个关键要素是审计管控模式与审计数据。

① 审计管控模式确定了集团审计机构对下属企业审计机构的管理权限，在集团审计机构对下属企业审计机构具有管理权限的前提下才可能将审计管理与作业的制度、流程、标准、模板统一，才可能建设统一的审计系统，否则就会事半功倍，因为在一个信息系统中按各单位的要求实现个性化，是难以完成的，各家都会不满意，最后造成系统建设失败。

② 审计数据是另一个关键要素。如果能够从统一的数据中台/数据中心获取高质量的审计数据，那么可以考虑统一建设模式。如果各单位业务系统各自建设，数据各自存储，基本的客商、物料、组织代码都不一致，则各自建设的模式更为合适。

审计管控模式与审计数据这两个要素与集团化企业的管控模式息息相关，需要根据不同的具体情况选择对应的建设路径。

财务管理型集团化企业建设路径

财务管控型集团化企业的集团审计机构与下属企业审计机构的管理关系通常仅限于统计数据报送，而不对下属企业的审计机构进行直接管控；在审计数据方面，通常难以获取下属企业的审计数据，需要按具体的审计项目到下属企业现场获取。在这种情况下，集团审计机构没有必要统一建设审计信息系统，通常采用“各自策划，各自建设”的策略，由下属企业各自进行审计数字化建设，根据集团的要求向集团审计信息系统进行数据报送。

例如，某地方投资平台集团的下属企业包括城建、地产、医药、金融、消费等产业集团，集团审计部门与下属企业审计部门的管理关系仅限于下属企业根据集团要求进行统计数据报送，集团难以承担统一策划的职责。下属企业均根据本企业的审计数字化需求自行建设审计信息系统。

战略管控型集团化企业建设路径

战略管控型集团化企业的集团总部通过集团数据中心可以获取下属企业的财务及经营管理数据，由于下属企业的业务领域不同，具体业务的生产经营数据明细通常不报送至集团数据中心，而是存储在下属企业自建的数据中心。

在这类企业中，集团审计机构通常对下属企业审计机构有较强的管理权限，例如对下属审计机构负责人的建议权、考核权、否决权等，按照全集团统一或业务板块统一的模式规划、审计、管理作业的制度、流程、标准。通常采用“统一策划，各自建设”的策略，指导各下属企业进行审计数字化建设。

在审计管理方面，基于集团审计机构对下属企业审计机构管理权限的开放程度及业务形态的差异，例如在审计管理上能够基本统一，则采用统一建设模式，如果在审计管理上无法做到统一，则按照各自建设的模式，并根据集团的要求向集团审计信息系统进行数据报送。

在数据分析方面，由于下属企业的数据存储在自建的数据中心，因此数据分析系统方面的建设通常采用“统一策划，各自建设”的策略，集团指导下属企业进行数据分析系统的建设。

例如，某大型钢铁集团的审计数字化建设在审计管理与数据分析方面采用了不同的策略。其审计体系采用“两级设计，统一管理”的模式，集团和二级公司设置审计机构，少量三级公司设置审计机构。集团对下属审计机构有较强的管理权限，在这种情况下，审计管理系统由集团进行统一策划，统一建设，纳入集团管控系统的范围，集团各下属企业均使用集团统建的审计管理系统。数据分析系统则采用各自建设模式，集团审计部基于集团数据中心进行集团的审计数据分析系统建设，各业务单元根据各自的数据中心进行审计数据分析系统建设。

运营管控型集团化企业建设路径

运营管控型集团化企业的集团总部管控下属企业的生产运营。全集团的信息化系统通常由集团统一建设，集团数据中心能够获取集团下属企业几乎全部的财务、生产、经营、管理数据。

在这类企业中，集团审计机构通常对下属企业审计机构有直接的管理权限，一般采用区域分中心派出审计组织模式，所有审计人员均由集团审计部门进行统一管理，通常会采用“统一策划，统一建设”的策略，统建审计信息系统。

例如，某大型能源央企在审计数字化建设方面采用了“统一策划，统一建设”的模式。其内审部统一管理各审计分局，区域的审计分局是集团审计部的派出机构。集团审计部通过集团的数据中心可以直接获取下属企业的财务、生产、经营、管理数据，审计数字化建设由集团审计部统一策划，审计管理与审计数据分析系统均为统一建设。

运营管控型集团化企业的下属企业在审计管理方面进行数字化建设的自主性会受到较大限制，但是基于“科技强审”的思路，运用人工智能、大数据分析等的数字化手段，通过科技创新进行新审计模式、数字化审计场景的探索分析还是能够得到集团层面的支持的。例如，通过 OCR、NLP、在线验证等技术对合同、发票等以往难以进行利用的审计资料进行技术处理后，再进行大数据审计分析，往往能获得很多新发现。

第十二章 审计数字化五大关键成功因素

经过多年的实践与探讨，越来越多的企业发现，审计数字化建设的成功，不在于系统建得多全面、多先进，而是在于适合企业，企业用得起来。本章的五大关键成功因素是企业将审计数字化发挥出最大效能的关键。

第一节 思想文化要引领

数字化转型是从思维理念开始逐级向下贯穿，直到在日常工作流程中落地的全方位转型。通过在组织内营造数字化文化氛围，向审计人员灌输数字化文化意识，让审计人员切实理解转型的重大意义，知悉转型的巨大收益，促使审计人员由被动到主动，自主、自愿拥抱转型，积极融入转型工作，形成组织内全员共同建设、共同推进的审计数字化转型氛围。

审计数字化转型文化建设离不开三大推手，即自上而下坚定不移的领导支持、全面且系统的文化体系、有序的文化宣贯与激励机制。

（一）自上而下坚定不移的领导支持

审计数字化转型是对审计机构整体的重塑，如此大体量的变革必然离不开领导强有力的支持。领导的支持可以反映在多个方面，包括自上而下的数字化理念灌输、资源分配上的保障、关键难点的高层推动等。数字化转型得到领导的首肯与重视将助力转型有序开展，反之，则可能造成审计人员缺乏转型动力，安于“舒适圈”内，抵触甚至不配合转型。

因此，在开展审计数字化转型前，需要与本部门乃至相关部门的领导，以及企业级负责人沟通，了解领导对于审计数字化转型的预期及领导层面亟待解决的痛点，向领导阐述审计数字化转型的优势及目标，将数字审计纳入企业战略规划，使其成为审计规划的一部分。

在审计数字化转型伊始，来自领导层的明确表态尤为关键。领导可以通过讲话等方式向审计人员表达领导层的关注，为后续审计数字化转型铺平道路。

在审计数字化转型的过程中，要定期识别进度与领导预期之间的差距，做好与领导层面的沟通。沟通内容既包括对于审计数字化转型预期达成情况的满意度，也包括需要领导出面协调的事宜。在推动审计数字化转型的过程中，应注意领导要时刻参与，实时协助，实时把关。

同时，要推动企业内部审计章程通过董事会、审计委员会、高级管理层审议，赋予企业内部审计部门必要的知情权、监督权和建议权。审计人员有权享有公司计算机网络上较高的信息访问权限，获取相关的数据和必要的技术文档，为开展审计数字化转型做好数据保障。

（二）全面且系统的文化体系

要确立审计数字化转型的定位，聚焦新风险，借助数字化手段，提高审计效能，实现审计高价值。

审计数字化文化体系要强调构建以人为本和科技创新的审计氛围。

一方面，向审计人员宣导将创新融入日常审计的意识和在审计中自我变革的理念，时刻思考如何利用数字技术优化现有的审计方式，形成全员创新的文化氛围，例如，传统的审计方式是依靠大量的人工查阅，但在海量、复杂的非结构数据背景下，此方式效率低下，获取目标主体特征信息不充分，特别容易忽略隐含的关联信息，而借助 OCR、NLP 等技术，可以帮助审计人员理解数据并挖掘数据背后的价值。另一方面，营造学习型组织的氛围，通过多种方式组合的宣贯和激励措施，广泛传播审计数字化理念，让全员愿意学习，愿意研究，愿意应用，愿意分享新技术、新流程，解决审计工作中的难点，促进审计向着数字化的道路快速革新。

在进行审计数字化文化熏陶时，要强调审计数字化不是对单一领域或单独事项、人群的数字化，明确审计数字化面向全员、全部领域。审计数字化文化体系要与日常审计工作紧密结合，以及与资源管理、质量控制等审计内部管理活动紧密结合，让不同岗位、不同专业的审计人员感受到自己所在的领域是审计数字化转型的组成部分，每个人都是审计数字化的一份子，进而共同为审计数字化转型建言献策。

（三）有序的文化宣贯与激励机制

文化宣贯是数字化转型中一项重要且需要持续开展的工作。通过文化宣贯，将最新的审计数字化理念传递给具体的审计人员，让审计人员将理念运用到日常工作中，通过群体效应形成正向的审计数字化文化。

文化宣贯可以以多样的形式开展。例如，通过讲座与培训，向审计人员讲述审计数字化的目标，向审计人员描绘数字化蓝图，即通过数字化让审计越来越全面、科学、高效。同时，在数字化转型伊始，要注意向审计人员明确数字化的范围和实施路径，每个人在其中承担的角色和对每个人的影响。通过讲座与培训，让审计人员了解数字化，避免其因为对技术的不了解而产生畏惧、抗拒的心理。

随着审计数字化文化逐步深入人心并开始切实推进，组织可以考虑通过多样化的形式推进审计数字化的文化引导，例如，针对数字化成效显著的审计成果，可以通过优秀审计项目评选、审计模型评优等形式予以鼓励。建立常态化的审计数字化项目经验交流机制，相互分享先进的审计方法和经验，强化审计数字化理念与组织特色化业务场景的有机融合，保障数字化方法的可落地性。部分组织还可以采取组织建设审计数字化月刊、审计数字化社区论坛等方式，广泛传播数字化审计理念，促进审计人员形成数字化新思维。

在文化引导的过程中，适度对管理要求、考核导向进行调整，鼓励审计人员应用数字化手段开展审计工作，例如，对以非现场持续方式开展的审计项目、成果予以额外的考核奖励等。同时，文化引导要与组织的数字化能力相匹配，文化建设应充分考虑现有审计平台、工具、模型、数据的适配性，避免出现理念先行，而平台、工具、模型、数据无法支持的情况。

第二节 组织模式要变革

组织是内部审计数字化转型的支撑架构，切实合理的组织架构是有序推进审计数字化转型的重要支撑与保障。如果组织架构未能适配数字化转型的需要，势必造成数字化转型事倍功半，甚至造成数字化转型推广受阻，形成一边数字化工具持续更新、一边审计人员仍依赖于传统的审计手段的情况，转型成果难以带来实际的审计效率、效果的提升。

随着审计数字化，内部审计也应由传统职能式的组织架构向敏捷、联动、开放的组织架构转型，包括在部门内分析数字化转型对现有审计组织架构的影响，开展相应的组织架构重构或优化，以适配数字化的架构促进组织的数字化发展；在跨部门层面，充分运用审计数字化带来的能力溢出作用，顺应业界大监督体系的发展方向。

（一）顺应数字化发展需要，优化审计组织架构

现行的审计组织架构主要分为 3 种模式。第一种模式是，在组织内设置专门处室负责数据分析等数字化事宜，该处室作为数字化能力的集中拥有者，在集中完成数据分析后将成果移交传统审计处室进行疑点确认。第二种模式是，虽然在组织内仍保留数字化处室，但审计数字化能力实际上已经外溢到各个处室，每个处室的专业人员均拥有审计数字化的专业技能。数字化处室的职责更多聚焦于数字化能力的统筹建设、新一代数字人才培养及新审计技术的预研。第三种模式是，在全组织已经全面掌握数字化能力后，由各个处室依据自身职责分头承担相应领域的数字化能力建设，进而逐步淡化原数字化处室的存在感与特殊性。

审计数字化变革下的组织架构模式需要紧密契合组织的数字化能力现状。目前，大多数审计数字化推动较为先进的审计组织正处于由第一种数字化能力强集中模式向第二种“统分结合”模式过渡的关键阶段。通过此次变革，能够有效解决第一种模式下数字化能力资源紧张的问题，促进数字化能力更好地与审计项目相结合，实现以使用促创新，为审计各领域带来持续不断的数字化转型思路。通过这种变化，可以将数字化处室从繁琐的日常项目中解放出来，将更多的工作精力转向新技术研究、技术平台建设，充分发挥数字化处室的中台建设基石作用，进而将更新、

更好的技术快速引入工作中，助力组织审计效率提升。

相较于第一、第二种模式，第三种模式的数字化转型更为彻底，但第三种模式的运用需要以组织内已经形成全面、强大、合理分布的数字化能力为前提，并且要防范数字化建设中不同处室各自为营等问题。

综合来看，组织需要根据自身的现状与需求，构建适合于自身的审计数字化组织架构，既要避免组织架构过于保守造成审计数字化能力发展受限，也要避免组织架构过于超前带来数字化能力管理失衡。同时，在组织架构建设上要考虑如何更好地调动全体业务审计人员共同参与审计数字化建设过程，避免部分业务审计人员被隔离在数字化之外，在审计组织内形成“两套体系、两班人马”的情况。

（二）以数字技术变革为核心，推动审计组织模式创新

数字技术为审计的组织模式创新带来了更宽阔的想象空间，充分把握技术带来的审计变革红利，可以更好地利用审计资源、推动审计质量、效率双升。例如，针对远程技术的应用，在制度层面，可以制定《远程审计项目实施细则》，规范远程审计实施流程和要求；在组织层面，可以为不同的审计需要匹配最合适的团队负责人、业务专家、数据专家和技术专家，使对口的专业人才执行擅长的审计工作，实现审计团队跨机构、跨空间的灵活组合，根据不同审计项目的特点，以柔性审计团队的方式组建临时工作组，形成以任务为中心、以数据为基础的新审计作业方式，并且通过专家组合有效提升审计效果，保证审计建议的前瞻性与务实性。

（三）数字化变革为审计成效走出审计部门提供可能

审计数字化带来审计由抽样取证向全量分析、由项目制阶段式向全

年持续监测的方向转变，由此带来了风险疑点数量的迅猛上升，要求疑点监测时效性更强。在此背景下，一方面，内部审计有动力从单打独斗模式转向独立审计与跨部门合作相结合的模式，可以更敏捷、更全面、更有效地利用数字化能力挖掘出风险疑点，助力持续提升企业级的风控能力。另一方面，审计部门也可以与合规、法律、纪检等部门联动，形成数字化大监督体系，促成问题闭环管理及必要的延伸处理。

在大监督体系构建的过程中，各方要加强跨部门的沟通与流程建设。为此，部分企业通过构建审计风险条线月度联席会议机制，共商联防联控中发现的突出风险及下一阶段联防联控的重点领域，对于常规事项则通过将部门联防联控工作流程固化到信息化系统中，确保联防联控的常态化开展。同时，各方还要共享但不越权，虽然在联防联控中分享风险隐患数据与检查的工具方法，但各方仍要根据“守土有责”的原则尽好自身所承担的风险管理职责，防止多部门风险管理职责不清、出现“真空地带”的情况。

第三节　团队能力要重塑

团队是内部审计数字化转型的关键要素，也是数字化转型中不可或缺的生产力。系统再智能、数据再多，没有相适配的人员能力，那也是“无源之水，无本之木”。在数字化转型的过程中，人的数字化意识、理念、主动性、能力是最难转变的。因为新工具、新系统的学习成本高，所以大多数人的反应是继续应用旧系统而排斥新系统，这使新系统的推广受到阻碍。此外，每个人在固定的岗位工作一段时间后，都会适应、熟悉相应的工作内容，一旦流程改变或职责变化，部分人员也会有抵触或排斥的心理，影响新流程的正常运转。因此，要想推动新系统的应用，要想顺利启动新流程，就必须有从上到下的整个体系做支撑，这就需要管理层在团队转型和能力培养上，具备坚定的意志和打持久战的决心。

除了日常开展数字化意识、理念的宣贯和培训工作外，还需要花费更多精力培养具备数字化能力的审计人员和建设适应企业内外部环境变化的数字化审计团队，这也是审计数字化转型的核心要素之一。需要注意一点，数字化审计团队需要根据审计工作的不同要求、人员意愿、知识背景等因素，构建不同的数字化层次，以帮助审计人员更好地转型。

（一）团队建设方向

审计数字化建设离不开数据分析专业人才，在人员现有结构上增加IT人员等专业人员的比例，侧重引进掌握大数据分析、人工智能技术且熟悉企业业务的数字化人才，完善审计人才库建设，优化人员的专业结构。此外团队可以设置数据舵手、数据主审、模型团队等多种角色对接具体的审计任务。设立数据舵手团队开展数据研究，梳理总结研究成果，做好专业领域内的人员培训和指导，帮助更多的审计人员了解数据。设立数据主审承接持续审计，以及审计项目中的数字化任务，形成机构、产品层级的数字化审计框架，使持续审计、审计项目更具“数字化基因”。设立模型团队开展特定任务的模型研发，增加主业务领域及重要场景模型覆盖率，提升数字化审计软实力。

在实践中，各企业要根据自身所处数字化转型的阶段及能力现状，合理规划团队建设方向，建立长期建设机制，有计划地开展持续性建设工作。

（二）人才培养体系

在人员能力培养过程中，应建立从低到高的立体化数字人才培养体系。例如，某企业经过多年实践，总结出一套较为成熟的体系，包括基石人才、领军人才、数字化转型培训师。

① 基石人才是面向全员的，人员通过通用的数据、模型、分析案例培训和认证考试后，能应用企业内部或行业通用的数据分析工具，开展基础的数据分析，这体现了企业内部审计数字化的底层能力。

② 领军人才一般为基础实、起点高的专业人员，他们能够带动部门形成浓厚的学习氛围、交流氛围和实践氛围，通过开展内外部专业培训，对企业的热点、难点、痛点问题开展前置专题研究，孵化价值审计课题，通过一系列培养使其成为专门攻坚克难的“领头羊”，领军人才占比一般不超过总人数的10%，主要体现企业数字化高精尖能力。

③ 数字化转型培训师是数字化人才中的尖端人才，主要以数字化审计理念宣导和技术应用培训为侧重点，打造数字化审计赋能项目、风险监测、模型解析等工作的样板工程。

在建立人才培养体系的同时，还要考虑建立适配的数字化分级认证系统，例如，某企业内部审计部门把数字化审计人才分成了 A、B、C 3 个层级，其中，A 级要掌握多个业务领域数据，可以编制高阶模型或复杂规则类模型，并要能形成有价值的审计成果。B 级要掌握至少 1 个业务领域数据，编制复杂规则类模型，注重业务理解与技术融合、模型效率与编制规范。C 级侧重于公共业务，可以编制简单的规则类模型，可以应用模型或者通用工具开展审计工作。其中，C 级对接基石人才，B 级对接领军人才，A 级对接数字化转型培训师。

（三）人才交流

实际上，数据分析挖掘、风险模型研发是一项复合型工作，既要熟悉计算机技术，又要熟悉企业运营中的一项或多项业务和管理领域，既能站在技术、数据层面透视业务或管理运作的各个流程，又能站在全局高度审视业务或管理整体风险状况，这样的通才原本就不多，需要从组织层面为技术骨干创造更多的跟岗学习、跨岗交流、业务审计、现场调研、同业交流机会，促进技术与业务的紧密融合，有计划、有目标地培养复合型人才，构建审计科技生态的人力资源基础。

例如，可以在审计部内部开展分层技术交流，联合技术团队、远程审计人员定期开展分层技术培训，重点开展数据挖掘工具应用、远程审计实例、典型审计发现、监管检查重点的分享交流，推进数据分析模型的技术转移和共同研发；充分利用企业内部平台，加强审计人员在线编制模型能力培训。

此外，积极开展同业人才交流，参与由行业组织、权威机构组建的审计交流生态，与审计同业、审计服务提供商、审计数字技术提供商交流学习数字化转型中所需的审计专业能力和审计经验，构建审计能力共享机制，促进审计在数字化转型中发挥更大的价值。

第四节　审计流程要再造

流程是内部审计数字化转型的实现路径，是审计数字化转型的根本，也是最大的难点。系统好不好，其根本是流程好不好，一个运行良好的系统背后一定有一个合理、高效、数字化的流程做支撑，由此可见流程的重要性。传统审计流程已经积累并运行多年，如果想开展流程再造，用新技术打破传统流程的固化链条，必然需要重新设定组织内部分工职责，这对管理人员，特别是企业领导者来说是一个巨大的考验。

要特别说明一点，审计数字化转型不是单纯地把审计流程从线下搬到线上，而是利用数字化手段推动审计作业开展和管理提升。审计流程再造有 3 个主要特征：一是充分运用数字化手段；二是高效流转；三是服务于用户，为用户创造价值。

数字化审计流程旨在推动审计方式、方法的改变，实现从传统审计向数字化审计的转变，从以项目驱动的审计模式向以数据驱动和持续审计为基础、敏捷审计和项目审计相结合的审计模式转变。数字化审计流程通用框架如图 12-1 所示。其中，数据驱动是新审计的基本特征，贯穿审计管理流程和审计作业流程的基本脉络。

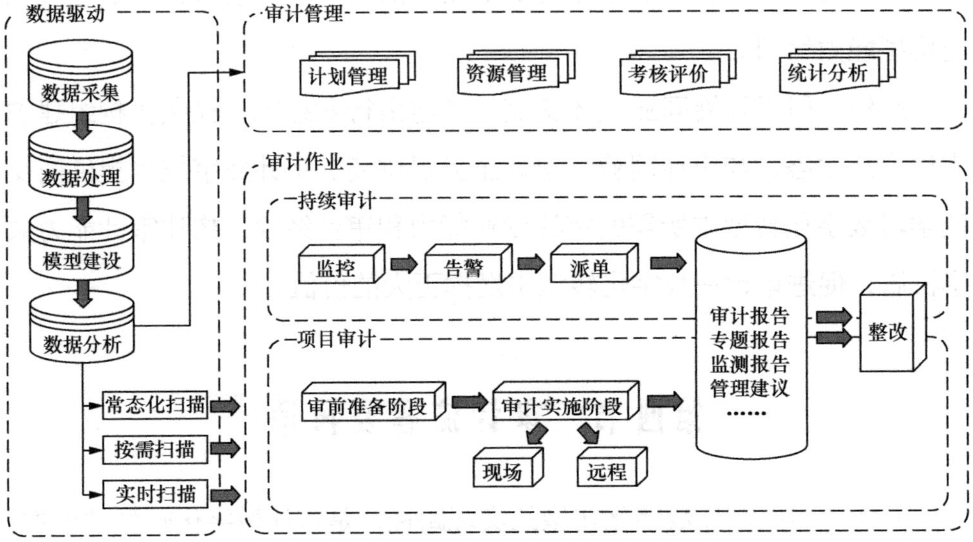

图 12-1　数字化审计流程通用框架

（一）审计管理流程

数据驱动审计管理流程发生全方位改变。

① 在审计计划方面，通过分析历史审计覆盖单位、覆盖次数、风险

特征分布等数据，基于风险导向和数据驱动自动推荐审计计划，管理人员可以更科学地执行流程，从而使工作更加高效、更有针对性。

② 在资源管理方面，基于数据驱动的审计资源管理可以通过工作量分析推荐资源分配方案，为项目合理、高效地分配人员。

③ 在考核评价方面，基于数据驱动的大数据考核可以利用RPA、提取校验框架等自动化工具，减少人工主观判断，更加客观、准确地开展考核评价。

在实践中，数据驱动可以辅助审计人员开展审计管理工作，但前提是审计人员要充分参与规则制定、结果验证等相关工作。另外，审计人员在调研、应用数据时，也要评估数据质量与元数据质量不高所带来的影响，不宜全盘否定，同时也要积极推动数据治理工作的开展。

（二）审计作业流程

数据驱动的审计作业流程将推动审计工作从传统的现场审计、抽样审计向大支撑、小现场的审计转变，从传统审计项目向持续审计、敏捷审计转变。

从具体流程来说，新审计作业流程依然可以分为审前准备阶段、审计实施阶段和审计发现后续阶段3个基本阶段，但每个阶段的内涵和节点因数据驱动而发生了变化，审计模式也因数据决策的参与发生了转变。

① 在审计准备阶段，审计方案设计可以根据机构、业务、产品等维度的模型集群进行审计重点的智能提示。

② 在审计实施阶段，模型疑点数据和监控预警信息汇成审计样本主体素材；审计项目资料调阅可以实现线上交互；人员访谈可以采用线上开展，并利用工具实现自动记录、录像留存、要点提取；现场取证、流

程审批可以利用移动技术，实现拍照上传、录音上传、移动审批。

③ 在审计发现后续阶段，可以利用数字化手段对系统内工作底稿进行分类，一键生成审计报告初稿；可以利用协同编辑技术，实现审计报告多线程同时修改；可以对审计项目档案进行电子归档。

在实践中，基于数据驱动的审计作业流程会对审计人员原有操作习惯造成较大影响，相应地，推动这项工作就会有较大阻力，这就需要内部审计决策人员在下达管理要求时要明确、要坚决，制度体系建设要全面、可落地。

第五节　制度体系要保障

制度是内部审计数字化转型的机制保障，是一切审计工作最基本的指引。将数字化转型的工作流程、各方权责利以制度的方式进行固化，以保证审计数字化持续、稳健向前推进，降低管理的任意性，避免出现数字化一事一议、一项目一议的情况。为适配数字化转型过程中审计定位、目标、工作流程、人员能力、模型及工具方法等发生的变化，必须对现有的内部审计制度体系进行梳理重构，识别需要新增、修改、废止的各项制度，以内部审计章程为引领，从审计流程、质量管理、团队管理、工具和模型管理、联防联控等方面进行重检。

（一）扩展、完善制度体系

制度化管理有利于内部审计工作的规范化和标准化。在数字化审计的探索和实践如火如荼开展的同时，要避免出现数字化审计相关理论、机理分析、审计指南等滞后的情况。通过在审计制度中融入数字化因素，适应新的审计模式和方法。在审计工作流程制度方面，要坚持"计划统一管理、项目统一运作、资源统一调配、流程统一规范、过程统一控制、结果统一报告"的审计运作机制，体现数据分析与现场审计融合，体现敏捷审计、持续审计新模式。在审计数字技术制度方面，应借助AI技术拓展审计数据应用场景，创新审计分析工具应用，体现审计作业线上化的操作规范。在质量管理制度方面，要对数据安全、平台应用、权限管理进行全面梳理与跟踪，完善审计数据、审计应用环境、审计文书等内容的安全使用制度与要求，体现审计数据安全应用规范。要规范审计模型的全生命周期管理，明确职责分工和流程，提高审计模型的质量及数字化审计分析的应用效果，体现审计模型生命周期、后评价等管理要求。在团队建设制度方面，应结合专业岗位资格要求体现人员数据能力的分级培养及评价策略。在联防联控制度方面，要明确部门间的工作机制及职责。

在实践中，制度的调整和完善固然紧迫，但不能急于求成、一蹴而就，应制订合理的时间计划，进行合理的人员分工，充分调研，广泛征求意见，形成科学的、适合自身发展的制度体系。涉及联防联控的制度，要跨部门充分沟通，确保部门之间达成一致意见。

（二）将数字化嵌入审计工作

通过修订制度，将数字化融入审计工作，例如，在审计方式上，一改传统的项目制审计，积极探索非现场审计工作模式，突出持续监测，持续审计、远程审计等工作模式。在审计流程中，体现审计来源与关键风险监测指标的联动，监测指标风险陡然提升会自动触发审计关注。在审计前明确数据分析要求，以数据分析、疑点查证代替传统的访谈、资料调阅、现场检查。将原先的以现场为主、非现场为辅的审计工作方式，转变为非现场为主、非必要不现场的工作方式。在审计完成后，通过自动化工具生成审计结论性文档，推送整改要求，分析审计资源使用效率，评价审计成效。

（三）突出强化数据安全

随着审计数字化的持续深入，审计人员接触的数据广度、敏感度逐渐排在企业各部门的前列，审计人员在工作中时刻要与各种数据打交道，数据安全保护尤为关键，必须建立健全审计组织内的数据安全保护机制，完善数据安全制度，强化数据安全保障。一是要在制度中定义数据安全分类分级，明确数据安全责任主体。二是建立覆盖事前、事中、事后的数据安全管理机制。在事前，明确各类审计人员可以访问的数据范围，建立数据使用权限分级管理架构。在事中，明确对大批量数据查询、数据下载等异常行为监控与阻断要求。与企业内数据防泄露手段集成，保证敏感数据不出企业边界。通过日志记录确保数据应用过程安全可控、可追溯、可审计。在事后，建立数据泄露追查、问责流程，构建应对数据泄露影响的应急预案，确保即使发生数据泄露也可以及时消除影响、降低损失。三是探索办公终端应用安全隔离虚拟化平台在审计工作中的应用，在确保数据可用的前提下提升安全管控水平。

第五篇

博学审例

因情施策、统建分治，多元化集团审计数字化建设之路

——华润集团内部审计数字化转型成果

一、企业开展内部审计数字化转型背景

近年来，中央企业内部审计工作正处于从单纯的查错纠弊和督促整改向业务合作伙伴和价值创造转型、从各自为战向业务协同和资源整合转型、从单一的事后审计向事后审计与事中审计相结合的模式转型、从单一的现场审计向现场审计与非现场审计相结合转型的过程之中。华润集团审计职能线积极落实中央、上级主管单位、集团战略发展的有关要求，全面推动审计工作创新提质。与此同时，在集团信息化建设和数据管理等方面不断发展变化的背景下，受集团行业范围广、各业务单元发展迅速、业务规模和复杂性不断提升等因素影响，审计工作尤其是非现场审计工作面临以下挑战。

一是非现场审计能力不足。目前，华润集团及各业务单元审计部对审计项目的实施仍以现场审计为主，在实施非现场审计的人员、能力和工具等方面均存在不同程度的欠缺。从整体情况看，由于在职能线层面缺乏统一的业务平台对各单位的数据授权管理、访问管理、模型开发管理、资源共享管理等数字化审计工作进行有效支持，仅依靠“单打一”的数据分析工具难以全面支撑非现场审计工作深入开展和审计工作转型，非

现场审计能力仍待进一步建设。

二是资源整合和工作协同不到位。在当前审计工作的新形势下，审计职能线对审计资源整合、工作协同等方面的需求不断提升。由于有关机制体制不够明确、缺乏资源集中共享平台等原因，在一定程度上影响了非现场审计工作的整体合力与效能。

华润集团为应对上述挑战并持续推动审计信息化建设，明确提出"建设并持续推广非现场审计系统，逐步打通集团审计系统与各业务系统的数据通道"的建设策略。华润集团非现场审计系统蓝图规划如图 1 所示。

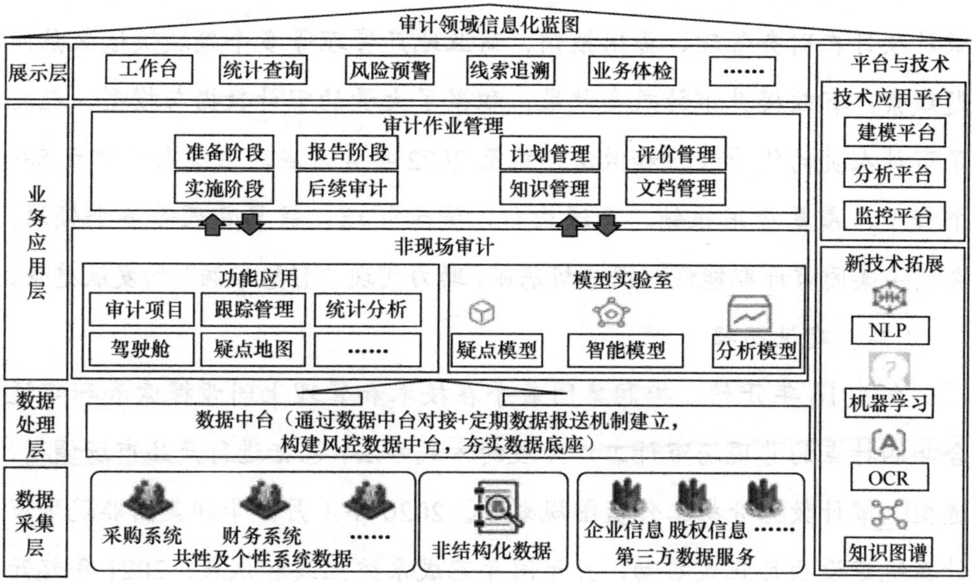

图 1　华润集团非现场审计系统蓝图规划

二、内部审计数字化转型方案

（一）项目概述

华润集团非现场审计系统于 2020 年 1 月开始建设，2020 年 9 月在集团总部和华润置地试点上线。截至2022年4月，非现场审计系统已在华润集团所属十余家业务单元进行了上线推广，涵盖地产、大消费、医药、能源等多个行业。该系统实现了审计数据管理、授权管理、查询分析、模型管理、疑点管理等多项功能，可覆盖审计业务的全生命周期。为取得足够丰富的业务数据，覆盖财务核算管理、资金管理、合并报表、报账管理、招采管理、商旅出行等多个领域，涉及4200多张业务数据整合表。与此同时，也与外部信用数据"天眼查"无缝对接，实现了企业工商信息、人员、关联关系、股权信息等穿透式查询功能。

华润集团非现场审计系统上线以来，支持集团总部及下属单位各类审计项目在财务管理、费用报销、商业地产管理等多个领域快速聚焦问题线索，有效提升审计效率效果，积累了大量的审计数据与模型，沉淀了审计人员的优秀经验和做法。截至2022年4月底，系统内已建立584个模型，覆盖费用报销、交通出行、资金管理、核算管理等多个领域，夯实了集团审计职能线数据分析基础，助力实现"智慧华润"的发展愿景。

（二）建设历程

自2016年开始，华润集团着手在技术和管理上同步探索和研究适合华润特点的非现场审计工作开展的方式方法，包括进行产品市场调研、选型、审计数据分析工作蓝图规划等。2020年1月，华润集团非现场审计系统建设项目正式启动，并于同年完成系统上线和试点，2021年起开始在各下属业务单元推广并深化应用。华润集团非现场审计系统建设里程碑如图2所示。

（三）功能方案亮点介绍

华润集团非现场审计系统完整覆盖了审计作业的全流程，同时也与各业务部门、下属单位建立了清晰的授权体系、技术保障机制，并以此制定了架构设计方案，确保数据管理满足按需分配、授权合理，满足了审计业务的需要。

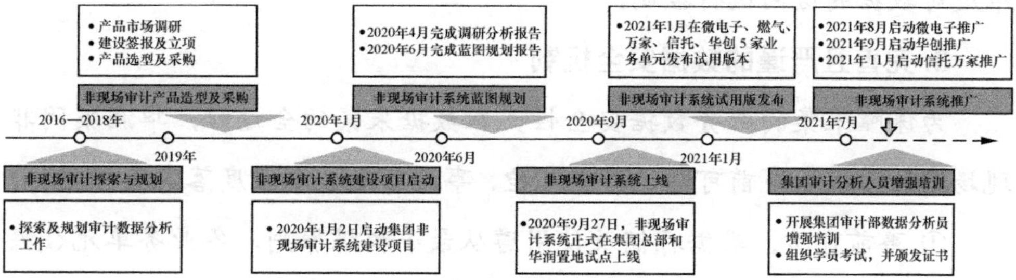

图2　华润集团非现场审计系统建设里程碑

1. 全审计作业流程覆盖的数据分析支持

华润集团非现场审计系统的流程设计从项目授权准备阶段开始到项目归档结束为止，覆盖审计业务全流程的主要活动节点。数据分析对审计业务的全流程覆盖如图3所示。

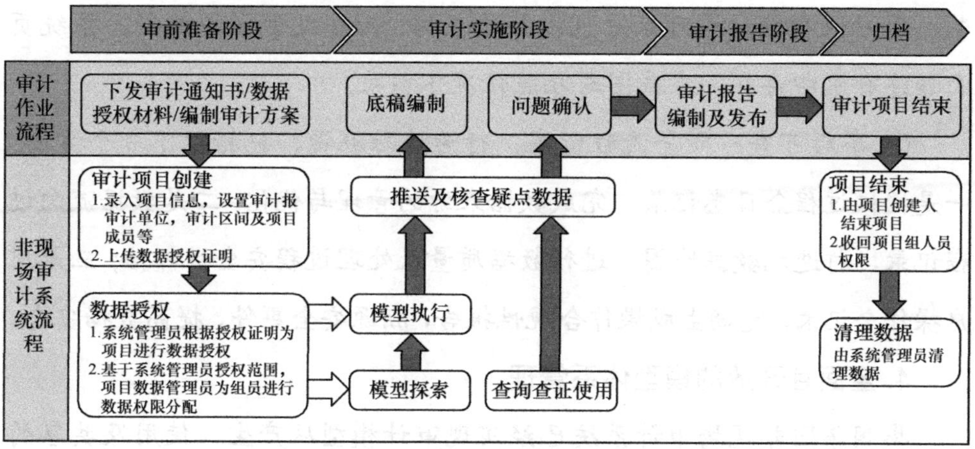

图3　数据分析对审计业务的全流程覆盖

2. 灵活且务实的数据授权体系

根据华润集团审计组织层级多、人员多、分工细，各单位审计管控模式不一致的特点，系统内建立“项目授权”和“长期授权”两种授权模式。支持通过数据使用者的角色分工、被审计机构、时间区间等多个维度对数据的访问进行控制。

3. 完善且严谨的数据安全机制

为保障采集的业务数据安全性，在数据采集的全过程，华润集团非现场审计系统从事前可防、事中可控、事后可查 3 个维度落实管控措施。

① 事前可防。数据存储及使用遵从最小权限原则，各业务单元数据相互独立，系统严格控制数据访问权限，不允许后台访问。

② 事中可控。数据使用过程严格管理，包括以下 6 个方面：一是设置用户登录，仅允许授权用户登录使用非现场审计系统；二是设置功能权限，分角色授权，使数据管理与使用权限分割；三是设置数据权限，对数据进行表级、字段级、记录级控制；四是设置敏感字段，控制敏感字段以“**”等不可见的方式展示给未授权用户；五是设置数据导出控制，用户仅在授权许可后才可以导出数据；六是设置水印控制，系统页面始终有水印存在，在截图与拍照情况下留痕。

③ 事后可查。即全流程留痕，行为追踪溯源，包括以下 3 个方面：一是授权过程全日志记录，完成数据来源的管理与优化；二是数据流向过程记录，打造元数据地图，进行数据质量及处理过程安全性评估；三是用户操作全记录，定期生成操作合规性报告，溯源安全事件、提高数据安全。

4. 全面且开放的模型体系管理

华润集团非现场审计系统已经实现审计模型从产生、使用及共享的全过程线上化，有利于审计思路和经验的沉淀。华润集团非现场审计系统模型库管理机制如图 4 所示。

其中，华润集团非现场审计系统创新性地引入共享模型库的理念，以更好地实现审计经验的共通共享。各级单位研发的模型除了在本单位内部共享外，还可以提交到“集团共享模型库”，在全集团范围内实现经验传递，打造审计数据分模型研发生态圈。

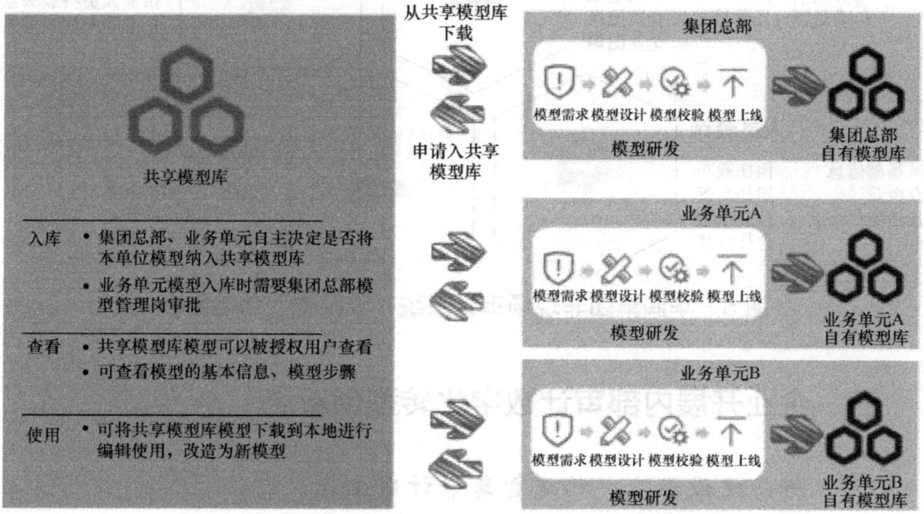

图 4　华润集团非现场审计系统模型库管理机制

5. 快捷且有效的外部数据支持

除与内部业务系统打通外，华润集团非现场审计系统还通过“天眼查”数据接口实现了个人与企业信息查询。在非现场系统内即可进行公司查询、工商信息查询、企业查询、工商查询、企业信用信息查询等相关信息查询，并基于这些信息实现个人与公司、公司与公司潜在关系挖掘，不需要额外登录外部系统。华润集团非现场审计系统“天眼查”功能模块如图 5 所示。

6. 及时且通畅的数据采集机制

针对审计项目开展周期较短、数据准备及时性要求高的诉求。华润集团建立了数据定期采集（报送）机制，根据年度工作计划，预先使用数据中台对被审计单位的信息系统的原始数据进行数据采集、加工、转换、存储和交换，在审计数据集市中形成统一的标准表，以缩短实现数据访问、交换的周期，节约了审计人员等待数据的时间。

图5　华润集团非现场审计系统“天眼查”功能模块

三、企业开展内部审计数字化转型创新点

（一）捋清建设思路，构建智慧审计新生态

华润集团广泛开展对标学习和市场研究，深入所属企业调研，立足集团多元化特点，按照集团审计“集中统一”的要求，运用“分治＋统承”的总体理念，围绕“释放数据价值、强化建模能力、沉淀审计经验、发挥协同效用”4个目标开展蓝图规划。其中，“分治”表现在4个方面：一是模型探索分别开展，各单位根据自身的业务特点、风险特征开展模型探索；二是业务流程自主定义，各单位可以根据管理需要设置审批流程；三是数据仓库和数据集市分级建设，确保数据流转安全可控；四是金融子企业分布部署，确保满足行业监管要求。“统承”表现在两个方面：一是对数据获取方式、模型标签、模型管理流程进行统一管理；二是对审计模型、审计工具集中共享使用。

（二）找准关键事项，精准实施非现场审计系统建设

针对前期梳理出数据管理、分析工具和分析团队三大难点精准施策，

构建契合华润实际情况的智慧审计新生态。

1. 全面夯实数据管理基础

一是基于审计逻辑对采集的业务数据进行加工再造，有效解决原始数据兼容性差、异构性强、结构复杂等问题，并将不同系统的数据串联起来形成“宽表”，增加对审计场景适用性的辅助说明，使数据易于理解、便于使用。二是针对不同单位采取差异化的数据采集策略，对强监管、上市的单位主要以定期报送数据到集团数据中台为主，其他单位则打通系统接口自动采集数据。通过上述采集策略，华润集团实现了在合法合规的前提下，广泛连接集团及下属企业核算、资金、采购等重点业务系统，穿透获取各级企业财务、业务数据。三是基于“事前可防、事中可控、事后可查”，建立了完整的授权体系、技术保障机制和架构设计方案，能够在审计项目中精准做到部分数据“可看可用”、部分数据“可用不可看”、部分数据“可看授权用”，为数据安全提供了有力的支持。

2. 重点打造新型分析工具

在系统建设中积极应用非指向性分析工具——可视化模型，其包含多种可以灵活组合使用的可视化量化分析工具，能够将晦涩的大段代码或逻辑函数拆解为简单易行的多个操作步骤，并输出直观分析结果，同时也支持具备一定 IT 背景的审计人员使用简易 SQL 语句对数据进行更加灵活的编译分析。该设计一是有效降低了审计数据的分析门槛，加快了系统普及；二是能够满足审计工作对发散性思维的需要，提升了使用体验，为系统从“能用”升级到“好用”奠定了基础。

3. 持续提升数据分析能力

一是组建核心团队，对分散在集团总部及下属单位审计部门的数据分析骨干进行统一管理，定期举办分主题的针对性拔高培训，利用跨行业优势围绕审计难题开发审计模型。二是加强全员培养，通过制作非现场审计系统实操录播课、利用审计空中课堂向全员分享数据分析思路与技巧等方式，不断推进全员数据分析能力建设，着力构建一支既懂审计业务又懂数据分析的复合型人才队伍，为系统的推广应用构建了有力的人才保障。

（三）全面落地系统，充分发挥审计利剑作用

华润集团非现场审计系统建成以来，非现场审计系统已在集团总部及 18 家业务单元上线，涵盖大消费、综合能源、城市建设运营、大健康、产业金融、科技及新兴产业等集团各业务板块。系统覆盖审计业务全生命周期，实现了审计数据管理、查询分析、模型管理等多项功能，为开展大数据审计提供了平台，使广泛开展远程审计从不可能变为可能，从个别探索发展为全面应用，取得了良好的成效。

1. 锻造审计核心能力

华润集团非现场审计系统对审计核心能力的提升主要体现在以下 3 个方面。

① 改变审计人员的作业方式。使用非现场审计系统对审计人员的数据分析能力提出了更高的要求，审计人员不仅需要熟悉业务流程和审计方法，还要精通信息化技术，使传统的审计人员成为复合型人才。随着系统多轮培训和大力推广使用，具备数据分析能力的审计人员占比由 10% 提升至 50%。同时，为进一步降低审计人员开展数据分析门槛，系统创新性地设计了非指向性分析工具——可视化模型，满足审计人员发散性思维的特点。可视化模型包含 12 种可以灵活组合使用的可视化量化分析工具，也支持使用简易 SQL 语句随时对数据进行编译和分析，具备不固定查询逻辑，具有高度灵活性，随时将审计思路转变为模型，

降低了大数据审计数据分析门槛，促进了审计水平的整体提升。

② 加速审计经验积淀复用。审计模型作为审计人员经验的载体，华润集团非现场审计系统的审计模型为审计人员提供了审计专属“图书馆”，集团和各个业务单元形成的模型可以通过模型共享库在各个业务单元之间借鉴学习。尤其对于集团统一建设的共性系统，各业务单元的数据表结构相似，可以快速复制到各个业务单元。例如，集团审计部累计向各业务单元共享20多个通用模型，帮助业务单元迅速提升非现场审计的能力。个性系统的共享机制也在逐渐形成。又如，华润微电子和华润江中都使用SAP系统，通过集团共享库的分享可以相互快速借鉴，缩短了共性审计模型的研发周期，形成多元化集团不同业务单元的合力。

③ 增强风险预判能力。通过非现场审计风险监测，对大量的数据进行分析和监控，使原有的风险预判主要依靠审计人员个人能力和经验性的主观判断向可量化的客观判断转变；同时，也解决了原有不可传承的经验判断向可共享的审计模型、风险预警转变，使审计对风险预判的结果更准确。

2. 全面提升审计效率效果

一是增加经济效益，运用非现场审计，通过开展数据审计专题及建立持续审计模型，覆盖公司高风险领域，监控或降低潜在的经济损失或规避风险。同时进一步提升审计效率，减少审计人员的工作量，间接为公司节省审计费用。二是提升管理效益，非现场审计发现的问题较为深入，风险控制得到持续性改善。三是强化审计效益，非现场审计实现了“远程＋现场”数据审计模式，通过审计数据支撑常规审计项目，减少了开展相关工作配合时间，审计工作效率得到大幅提高。

科技赋能，智慧审计

——中信银行内部审计数字化转型成果案例

中信银行审计部围绕审计工作转型发展进行了深入思考和总结，在推动审计数字化转型方面开展了积极探索和创新实践，制定了五年转型规划，提出了“三层九面”能力建设体系，积累了部分经验成果，形成了部分典型案例，为审计行业的发展贡献中信方案、中信智慧。

一、企业开展内部审计数字化转型背景

（一）向内看——审计数字化转型是审计的内在需要

根据IIA对内部审计的最新定义，内部审计要承担对组织风险管理、控制和治理过程的评价和改善职责，实现从遵循性审计到咨询性审计的转型。遵循性审计是依照规章制度开展的合规审计，而咨询性审计站位更高，不仅需要把审计空间覆盖从会计向业务、管理和治理延伸，而且要把审计时间覆盖从事后向事中、事前延展。这就需要应用技术手段对海量数据进行全面分析，深入挖掘组织存在的风险和机会，为组织创造更大的价值。

（二）向外看——审计数字化转型适应被审计对象的需要

如今，商业银行的营销、服务、运营、风控等经营管理活动高度依赖数字技术，数据成为继土地、资本、劳动力后的重要生产要素，这就需要中信银行审计部通过数字化转型进行主动适配，利用数字化手段审计数字化产物，实现与被审计对象同步对话，解决“数字鸿沟”，同时

加强非现场审计，降低迎审成本，提高审计效率。

（三）向上看——审计数字化转型符合国家战略要求

坚持科技强审，加强审计信息化建设，是党中央对审计工作提出的总要求。加强审计科技应用已经成为实现国家战略目标的必要手段及转型关键。审计部作为商业银行风险管理的第三道防线，不仅需要加强业务管理领域的精深理解，而且需要持续加强科技手段的应用，积极部署数字化转型战略，推动审计数字化转型。

（四）向下看——信息科技为审计数字化转型提供条件

这里的“下”指当下，5G时代的互联网、物联网使我们可以获得更多的实时数据，大数据、云计算和人工智能技术又使海量数据的处理能力大幅提升，这也为传统审计作业方式转型提供了技术基础，为远程审计、持续审计等“新审计”模式的创新发展带来了前所未有的机遇，推动“旧审计”加速进入数字化转型的快车道。

（五）向远看——审计数字化转型是践行中信银行“十四五”审计工作规划的重要途径

中信银行“十四五”审计工作规划中提出“推动事后审计向事中监督转型，持续构建跨地域的远程审计支撑保障体系，逐步实现从传统实体审计场景向现代虚拟审计场景的转变，从项目制审计向全天候持续审计转变”的审计工作要求。这也促使中信银行审计部积极谋求数字化转型发展，练就“利器”与“金睛”，做好行内的“卫士”与“谋士”，为全行高质量可持续发展保驾护航。

二、内部审计数字化转型方案

近年来，中信银行审计部在总行党委的指导和支持下，通过前期的充分调研、咨询，明确转型方向，积极探索转型路径，确保转型规划全面翔实、可执行落地。坚持“两手抓”，一手抓转型任务进度，一手抓转型要素广度、深度，全面推进审计数字化转型。

（一）横向——序时有计划地推进转型工作

中信银行审计部自2018年开始推进审计数字化转型：在谋划阶段，收集审计痛点、难点、堵点，开展同业、跨业交流，了解业界最佳实践，根据行内现状，明确转型方向，并初步制定审计数字化转型的概要性规划；在规划阶段，对审计数字化转型的目标和任务进行了详细规划，设计了“三层九面”数字化能力建设体系，形成行动方案和蓝图；在实施阶段，推动“三层九面”数字化能力建设体系逐项落地实施；在释能阶段，主要开展系统推广应用，释放能力，体现审计价值；在完善阶段，不断优化系统功能、性能，完善审计数字化保障机制，确保审计数字化体系的顺畅运转，保持审计数字化的先进性。中信银行审计数字化转型五年规划如图1所示。

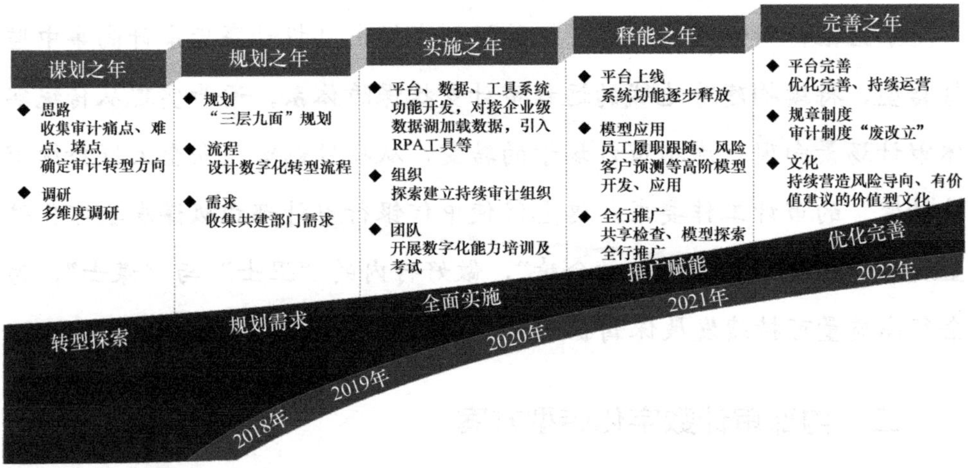

图1　中信银行审计数字化转型五年规划

（二）纵向——全面扎实地落实转型任务

中信银行审计部对审计数字化能力建设进行了有益探索和创新实践，提出了“三层九面”能力建设体系。该体系覆盖“宏观、中观、微观”3个层次，涉及“文化、组织、制度、流程、团队、系统、工具、模型、数据”9个方面，具体包括：建设“新审计”文化，优化组织架构，优化现有审计流程、制度，提升审计人员数字化能力，利用大数据、人工智能技术对传统审计系统及工作方式进行改造，将审计系统打造为支撑审计作业流程、数据分析、监控预警等方面的综合功能平台，充分应用业务数据、管理数据及外部数据开展数据分析，扩大审计覆盖面，提高审计及时性和准确性，持续提升审计价值。中信银行审计数字化“三层九面”能力建设体系如图2所示。

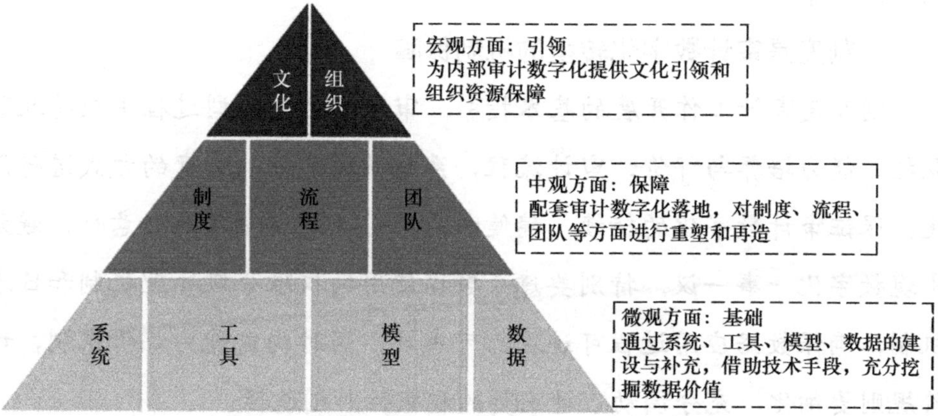

图2 中信银行审计数字化“三层九面”能力建设体系

1. 文化是审计数字化转型的顶层基调

文化建设是可以确保数字化转型切实推动、真正落实，避免其沦为形式主义的重要环节甚至是先决因素。数字化转型是从思维理念开始逐级向下贯穿直到在日常工作流程中落地的全方位转型，向审计人员灌输数字化文化意识，让审计人员切实理解转型的重大意义，知悉转型的巨大收益，促使审计人员由被动到主动，直至自主自愿地“拥抱”转型，积极融入转型工作，形成全员共同建设、共同推进的审计数字化转型氛围。

2. 组织是审计数字化转型的支撑架构

组织转型主要是由传统职能式的架构向敏捷、联动、开放的架构转型，合理的组织架构不仅有助于提升审计工作的灵活性，也可以有效应对“信息孤岛”、数据割裂、管理缺位等带来的一系列问题。组织转型要考虑建立更多的虚拟团队，合理调整考核主体及评价占比，要建立跨部门的大联防体系，形成信息共享与协同办公的有效机制，挖掘联动场景，做到协同不越位、共享不越权，同时要在审计理念、组织管理、模型思路、新技术应用等方面跨企业开展交流合作，建立专家库、案例库、联合团队等。

3. 制度是审计数字化转型的机制保障

制度是审计工作开展的基本指引。审计数字化转型过程中应将联防联控、能力培养与评价、审计流程、系统及模型等以制度的方式进行固化，保证审计数字化的持续、稳健向前推进，减少管理的任意性，避免出现数字化一事一议。特别要建立数据使用的权限分级管理机制和日志机制，确保数据应用过程可追溯、可审计，同时构建能力评价机制，评价规则要细化，充分调动审计人员的积极性和创造性。

4. 流程是审计数字化转型的实现路径

流程是审计数字化转型的根本，系统好不好，究其根本是流程好不好，一个好的系统背后一定有一个合理高效的流程做支撑。数据驱动是“新审计”流程的基本特征，是贯穿审计管理流程和审计作业流程的基本脉络。在应用数据的同时，要评估数据质量不高带来的影响，不宜全盘否定，要有一定的容忍度，进而推动数据治理工作持续开展。中信银行审计数字化流程框架如图3所示。

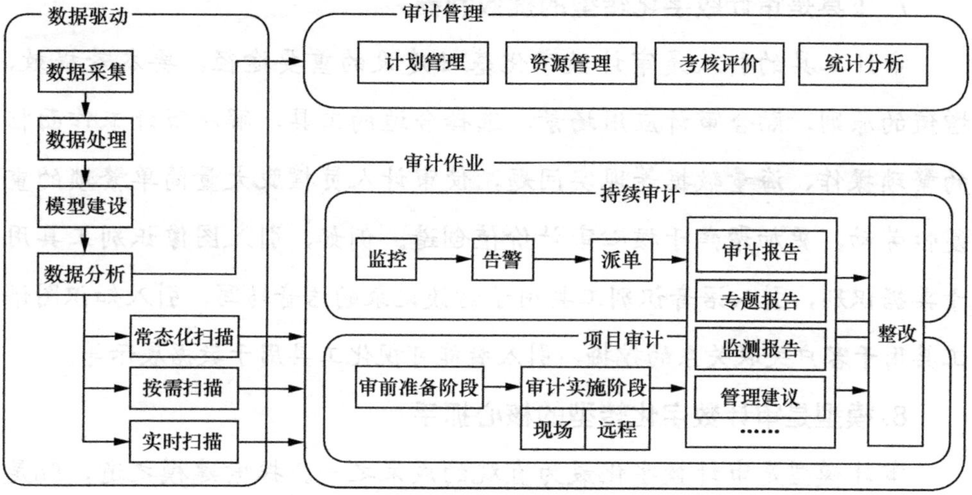

图3　中信银行审计数字化流程框架

5. 团队是审计数字化转型的关键要素

团队是数字化转型中不可或缺的生产力。系统再智能、数据再多，如果没有相适配的人员能力，就如同把一辆好车交给不会开车的人，把顶级食材交给不会做饭的人。中信银行在开展审计数字化团队建设时，不仅向审计人员持续宣贯数字化理念，增强审计人员数字化意识，而且全面加强人员数字化能力培养，建立了一整套审计人员分级培养体系及评价机制，避免人员培养重形式、轻效果，出现“走马观花”“邯郸学步”“揠苗助长”“小马过河”等弊病。

6. 系统是审计数字化转型的技术保障

系统是落实制度、流程的重要载体。人控不如机控，一套好的审计系统不仅在功能层面可以满足“新审计”流程的需求，而且在内部控制、效率提升等方面也有很好的表现。审计系统要考虑与其他管理系统、数据平台对接，建立数据通路，形成流程线上闭环，建立数据分析、监控预警和持续审计能力，实现数字化、智慧化审计。

7. 工具是审计数字化转型的提效利器

审计工具的引入是审计数字化基础建设的重要途径，要本着提效、增值的原则，贴合审计应用场景，选择合适的工具，解决审计工作面临的繁琐操作、海量数据等现实问题，使审计人员摆脱大量简单繁琐的重复性劳动，更加聚焦于核心审计价值创造。例如，引入图像识别工具用于票据识别，引入语音识别工具用于访谈记录的语音转写，引入知识图谱工具用于客户关联关系的挖掘，引入智能可视化工具用于数据展示等。

8. 模型是审计数字化转型的核心抓手

审计模型是审计数字化最为直观的成果之一。探索建模之道，既是促进审计数字化的重要措施，也是对审计水平的自我检阅，有助于厘清管理方式的缺陷，看清管理流程的痛点，摸清管理协同的不足，全面挖掘薄弱环节，及时反哺管理优化，促进管理水平提升。审计模型的构建要适配业务场景和逻辑，要合理选择模型类型，不能一味追高、唯算法论。对模型能力的评价也不能只考虑模型数量，要注重业务的覆盖率、审计成果的孵化率，同时也要开展模型的全生命周期管理。模型全生命周期管理如图 4 所示。

9. 数据是审计数字化转型的重要基石

中信银行审计部作为中信银行数据应用最广泛的部门，需要获取范围广、周期长的基础数据。数据的准确性与完整性是审计数字化的基本保障，在审计数字化建设中尤为重要，是审计数字化工作开展的前置条件。此外，要重视数据分类及授权，建立分类标准，依法依规做好数据安全管控，还要重视数据运营及治理，建立元数据管理、码值转译、数据更新、数据质量反馈等机制，推动企业数据治理能力提升。

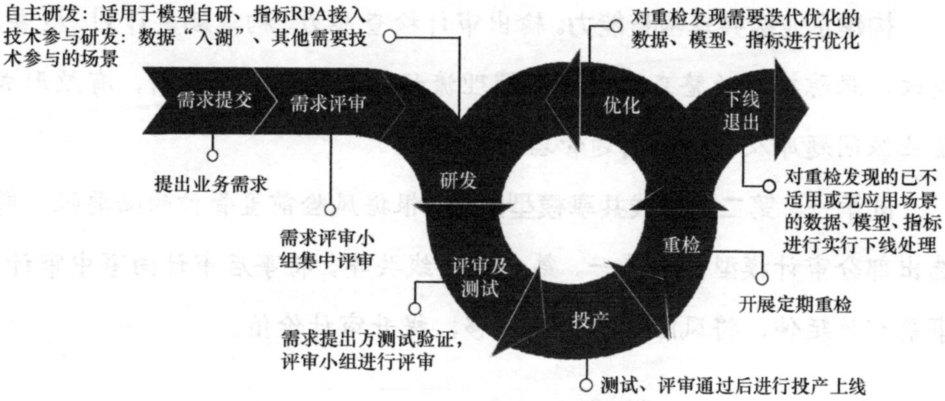

图 4　模型全生命周期管理

三、内部审计数字化转型创新

（一）系统功能应用创新

1. 系统概述

审计科技平台是中信银行审计数字化转型的核心载体，先进的数字化理念结合信息技术、统计分析技术、人工智能技术，形成集数据分析、审计（检查）作业、监控预警、知识库于一体的平台架构。审计科技平台在高效承载审计数字化转型的基础上，推动模型、检查流程的共建共享，建立三道线信息沟通和工作协同渠道，形成企业级综合风险防控平台。中信银行审计科技平台功能架构如图 5 所示。

2. 业务特点

数据驱动审计流程重构。在数据驱动的基础上，审计资源分配变得更容易、更合理，模型疑点数据和监控预警信息构成审计样本主体，实现持续审计，取代了传统的断点式抽样审计。

支持远程审计新模式。支持非现场审计作业流程，实现线上资料调阅、远程访谈、线上确认工作底稿，以及移动端访谈、取证、审批等功能。

构建企业级共享检查能力。输出审计检查能力，构建涵盖计划、检查、整改、跟踪功能的整套检查闭环管理流程，共享到全行应用，有效形成企业级问题库及全面的问题管理视图。

向第一、第二道防线共享模型赋能。根据风险前置管控的必要性，筛选出部分审计模型并向第一、第二道防线共享，将事后审计向事中审计、事前审计延伸，将风险管控关口前移，提升审计价值。

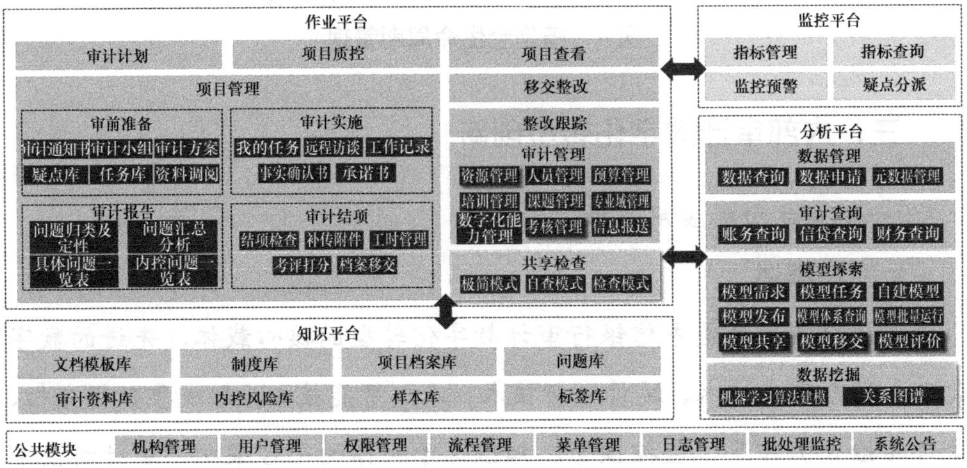

图5　中信银行审计科技平台功能架构

3. 应用效果

对于跨境审计甚至有些境内审计项目，审计人员因不可抗力无法进入现场，中信银行审计部借助审计科技平台，通过疑点生成、系统抽样、线上调阅、远程访谈、线上确认等数字化手段，开启全过程远程审计新模式，顺利完成3个跨境项目、1个境内项目的审计工作。审计模式的变化并没有导致问题发现率低、全流程运作时间长、项目质量无法保证等情况，反而突出了非现场审计高效率、高质量、低成本的特点。

中信银行审计部于2021年启动审计模型共建共享工作，推进风险的提早发现、及时整改。据统计，2022年推送至各分行的成熟审计模型80余个，部分分行根据审计模型的疑点数据，深入调查发现问题，形成了合规风险提示函、移交函等多项成果，取得了较好的成效。

（二）人才培养体系创新

1. 体系概述

中信银行审计部在平台基础设施搭建的过程中，同步开展人才培养及认证工作，现已形成一支专业化的审计数字化团队，成为全行数字化应用能力第一梯队。

2022年，中信银行审计数字化团队建立了审计数字化基石人才、领军人才、教练等层次化的人才培养架构，印发了《审计数字化能力认证基础教材》，定期开设审计数字化能力认证公开课，组织超百人参加建模考试并通过认证，产出了一批具有高价值的高阶模型及研究课题成果，形成了完备的审计数字化能力培养及认证体系。中信银行审计数字化能力培养体系如图6所示。

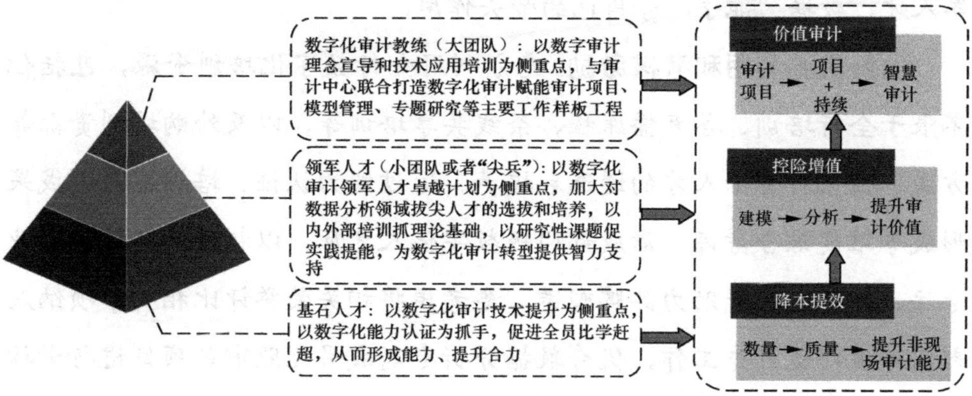

图6　中信银行审计数字化能力培养体系

2. 体系特点

把握分层培养、阶梯晋级的基本原则。基石人才培养实行审计中心负责制；领军人才由审计部统筹培养，采取非现场审计处负责制；数字化审计教练由审计部统筹设立，牵头各机构数字化转型相关工作。中信银行审计部遵从知识积累的量质变化规律，稳扎稳打、循序渐进，通过非现场等级次序认证和数据分析域次序进阶，不断提升审计数字力和生产力。

建立合理的组织架构保障。数字化审计团队建设工作事关审计部全局，需要群策群力，在做好顶层设计的同时做好统筹领导，同时强化落地执行。设立领导小组，主要职责包括但不限于审核审批整体思路、方案设计、推进要求等内容，统筹资源、考核、评优评先等事项，涉及重要疑点数据的决策、重要审计成果的审核等。同时也要明确执行小组，落实领导小组决策和要求，协同各中心、本部各处室推进相关工作，按照数据分析域发展需要，按年谋划重点工作和重点课题。执行小组可根据需要组建若干虚拟团队，例如，数字化能力等级认证团队、数字化审计领军人才团队、培训需求支持团队等，充分发挥数字化审计教练、领军人才、数据“舵手”等角色的带头作用。

做好资源利用和考核激励。充分利用全行数字化培训资源，包括但不限于全行培训、各直播课程、条线共享培训等，以及外购培训资源等方式，强化对骨干人才的遴选和培养。通过能力认证、培训参与、成果形成等维度综合考评，形成部门级数字化人才库，以相对稳定促进专业专注、以能力提升助力品牌塑造。要考虑将相关荣誉评比相关事项纳入部门年度评优评先工作，优秀数据分析专题成果比照审计项目进行考核和评优，结果可作为年度绩效考核和职级晋升依据。

3. 实施效果

近年来，中信银行审计部在数字化审计认证工作上取得了“一十百”成果，即一本《审计数字化能力认证基础教材》印发、十次高质量数字化审计能力认证公开课讲授、超百人参加数字化能力在线上机考试并通过认证。在数字化领军人才卓越计划培养上取得了“模式＋载体＋成果”多维度创新成效，创新搭建全部门虚拟化领军人才种子团队，并形成班委会自管理、自服务模式；在部门层面构建数字图书馆，内容涵盖各项考试、大数据基础研究和大数据进阶研究等，形成了一批具有高价值的高阶模型、研究课题和审计成果，目前已发表行业期刊论文3篇，正式发布智能监管助手模型。通过推荐和遴选方式，审计数字化能力认证在选拔数字化审计教练、数字化能力认证考试、模型资产梳理等工作中发挥着重要作用。

科学规划，明确路径，体系化推进审计数字化建设

——浦发银行内部审计数字化转型成果案例

一、企业开展内部审计数字化转型背景

国际内部审计师协会秘书长兼首席执行官安东尼·普耶兹在2022年国际内部审计研讨会上指出内部审计行业面临新挑战、新机遇。目前，内部审计行业面临技术方法变革、新风险涌现等问题，内部审计的咨询与风险评估作用更加显著，对内部审计人员的技术要求也在不断提高。当前浦发银行内部审计工作面临的新挑战主要包括以下3个。

（一）系统不能支撑数字化转型带来的冲击

伴随审计应用复杂度的增加、审计系统数据加载和处理任务的繁重，以及审计人员对于灵活数据分析诉求的激增，当前系统的硬件、功能和工具不足以完全满足审计人员各类使用场景的需要，因此需要加强数字能力建设，赋能审计业务发展。

（二）审计线索被掩埋于海量数据中

数字化转型的发展推动商业银行的业务逐渐线上化、移动化，交易规模越来越大，服务类型日益丰富，渠道和模式不断创新，导致审计线索被掩埋于海量数据中。因此，需要加强内部审计运用数据的技术能力，提升内部审计人员胜任数字化审计的能力，实现审计的数字化

转型。

（三）内部审计如何提升增值服务价值

当前我们正处于一个不稳定、不确定、复杂的环境中。在这个大环境下，商业银行的高级管理层不仅需要单一领域的风险报告，而且期望能有覆盖全集团、海内外等的全面风险报告。在内部审计工作中，仅限于重点业务领域、重点产品、重点机构的重点静态审计已不能满足需要，应该对全集团各区域、各部门、各业务及各类风险进行全面的、持续性的审计，提升审计视角的前瞻性、系统性和综合性，为商业银行的经营管理提供更具价值的增值服务。

企业内部审计价值突围的有效路径是数字化转型。多年来浦发银行审计部与多家同业积极交流并探索实践，确定了明晰的审计数字化建设目标，体系化推进审计数字化建设。

二、内部审计数字化转型方案

浦发银行内部审计以风险导向为主线、项目审计和持续监控两轮推进的审计方式，不断夯实数字化、规范化和专业化3项基础工作，其中排在首要位置的是审计技术数字化建设，浦发银行将其作为保障内部审计规划实现的重要路径。

（一）审计数字化建设目标

浦发银行“十四五”发展战略规划中指出“持续提升审计数字化水平，打造数字审计，重构智能化数字审计环境”。

浦发银行“十四五”创新规划中指出“打造数字审计品牌，重构智能化审计系统群，推行数字能力认证，建设具有审计特色的数据中台，开发多维度信息管理平台，赋能审计业务发展”。

（二）审计数字化建设思路

为了推进审计数字化建设有效落地，浦发银行内部审计在审计体制优化、审计业务分析系统建设、数字技术应用、复合型审计队伍建设与审计方式转变等方面进行了不断的探索与改进，全面紧跟数字审计时代。

审计体制是内部审计数字化转型的重要基础，合理的组织架构是有序推进审计数字化转型的重要支撑与保障。2020 年 12 月，浦发银行审计部进行组织架构优化，建立前、中、后台职责分工架构。总部设现场审计中心，与已设的 7 家审计分部组成前台审计机构，总部设业务技术处、信息科技处组成中台审计机构，全力支撑前台审计机构开展项目审计和持续监控，其中信息科技处负责审计业务分析平台建设、模型开发管理、数据分析服务、远程审计、审计数据归口管理和审计人员数据分析培训与认证，全面统筹推进审计数字化建设各项工作。

系统和数据是内部审计数字化转型的生产要素，也是银行的重要资产和核心竞争力。浦发银行内部审计打造的审计平台是以联机分析处理为主、以联机事务处理为辅的复合型应用。其间采用迭代开发的工作模式，将审计工作平台架构逐步扩展成组件式松耦合的系统群架构，以及分布式异构数据集群，并且提供友好的交互界面、BI 展示、丰富的数据来源及移动端应用功能。

数字技术是内部审计数字化转型的方法和手段。浦发银行内部审计借助 OCR、NLP、RPA 等人工智能技术，扩展审计数据应用场景，并以模型管理为抓手，积极探索非现场审计、持续监控、远程审计等工作模式，创新审计方式和审计分析工具应用，实现了审计效能的有效提升。

审计方式转变是内部审计数字化转型的必然结果。数字化审计旨在推动审计方式、方法的变革，实现从传统的现场、抽样审计向数字化的非现场、全量审计转变，从以项目驱动型的审计模式向以日常监控数据驱动型的审计模式转变。

审计理念创新是内部审计数字化转型的价值体现。与传统三道防线的职能定位相比，浦发银行内部审计构建审计数据资产共享机制，推进审计成果在第一、第二道防线共享，加强三道防线协作协同，提升数据价值转化能力，发挥内部审计增值服务功能，助力全行经营管理和内部控制。浦发银行内部审计架构如图 1 所示。

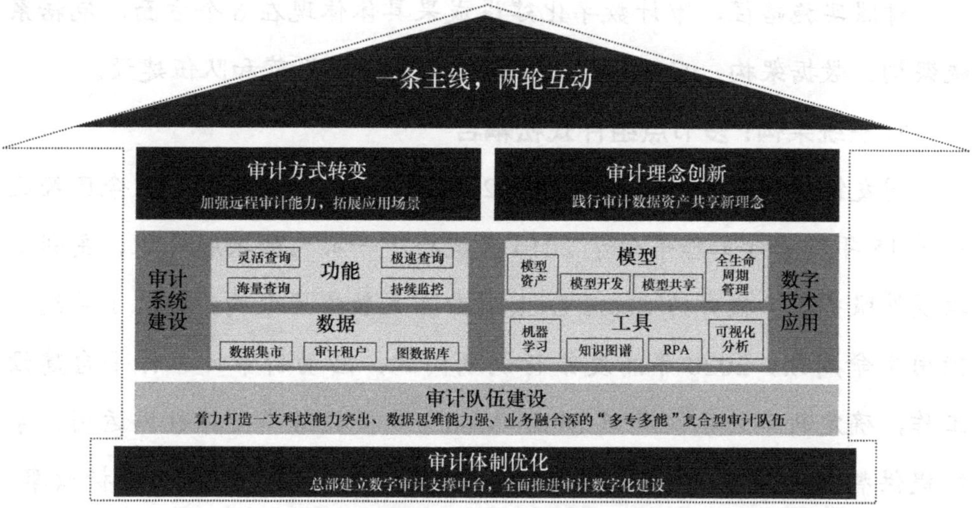

图 1 浦发银行内部审计架构

（三）审计数字化实施路径

浦发银行审计数字化有一个五年发展的实施路径，聚焦数字环境、数据安全、数字能力 3 个方面，即在遵循浦发银行技术架构、数据架构、安全架构及应用架构的前提下，通过近期目标与远期目标相结合，采用迭代开发、科技融合与派驻团队的工作模式，结合人工智能、云计算、大数据应用、RPA 等新技术，将审计工作平台架构由单一系统逐步扩展成组件式松耦合的系统群架构，由单一数据库转变为分布式异构数据集群，建设具有审计特色的数据中台，赋能审计业务高质量发展。采用“数据+AI”驱动的模式，满足多元化、智能化的现场审计、远程审计、持续监控、数据查询、数据分析应用需求，并且运用行内的安全产品，提升数据安全管控措施。同时通过考核激励、人员结构优化、培训轮岗等方式，打造一支懂数据、懂业务、懂模型的复合型审计队伍。

（四）审计数字化建设成果

对照实施路径，审计数字化建设成果具体体现在6个方面，包括系统架构、数据架构、应用架构、审计作业、制度规范和队伍建设。

1. 系统架构：多节点组件式松耦合

浦发银行审计工作平台始建于2007年，自2008年投产至今已经运行了15年，审计工作平台于2014年进行了一次大的换版升级，更新了软硬件服务器，提升为Share Disk的分布式数据库架构，延续了系统的使用生命周期。2020年浦发银行调研同业，启动新审计工作平台建设工作，确定新审计系统构建Multi-Model多模数据库支撑数据运用，系统提供智能化和微服务，解决各个细分审计场景应用及提升分析效率。2022年该平台正式上线并对全体审计人员开放。浦发银行审计工作平台建设过程如图2所示。

新审计工作平台在系统架构层面，从原有的仅支持关系型数据库转变为基于大数据平台、关系型数据库、图数据的分布式异构数据支撑平台。大数据平台基于全行租户大集群，关系型数据库使用IQ、MySQL、Oracle满足不同场景应用，图数据库单独部署6个分析节点。该平台借助Share Nothing分布式架构优势，单个ETL任务处理性能提升1倍，使用ES+Hbase组合方案，增加4台ElasticSearch服务器，定制查询页面功能，解决T级大数据单表联机查询效率低的问题。

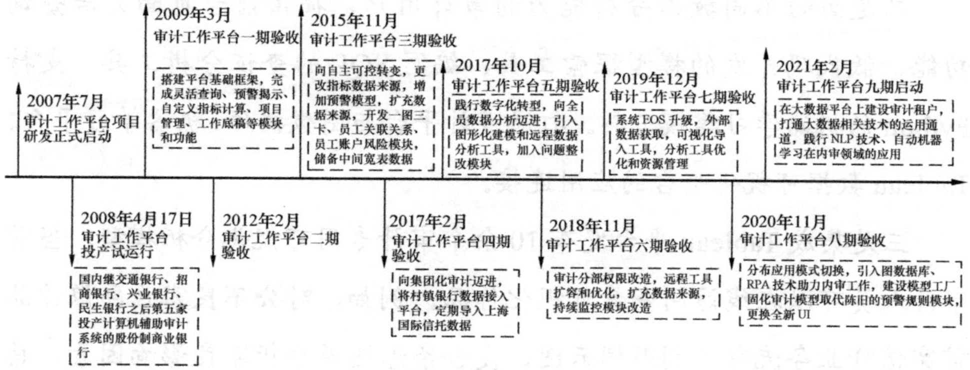

图2　浦发银行审计工作平台建设过程

2. 数据架构：多模态数据库

一方面，新审计工作平台可以访问关系型数据库、大数据平台、图数据库等不同类型的数据平台。

另一方面，审计租户同步110多个业务系统的4000多张数据表，用以支持审计人员对新数据开展关联分析。覆盖运营、公司、零售、金融市场、信用卡、风险、合规等部门的主要信息系统数据，并引入工商、司法等外部数据，丰富数据来源。在此基础上加工审计特色数据宽表，从客户、机构、产品等维度进行数据整合，目前审计特色宽表90多张，涉及客户、信贷、额度、押品、RWA、信用卡等方面的业务数据，为灵活查询、固化模型、常规审计、自主建模提供支持。

3. 应用架构：聚焦场景深耕

新审计工作平台通过引入机器学习、社交网络分析、非结构化数据分析等技术，深耕场景化应用，从更深层次对海量数据进行分析挖掘。

一是结合审计线索挖掘场景，试点开放图数据库供审计人员自建蓝图，在自建图谱上开展小范围图计算和图挖掘。目前，图数据库加载约

1.8 亿个节点、13 亿条边。

二是面向不同数据分析能力的审计用户，提供前台页面灵活查询功能、低代码开发的模型探索工具、编写 SQL 的查证分析工具、支持 Python 的机器学习建模工具。打通审计平台与图数据库、机器学习平台、Tableau 数据可视化平台的应用连接。

三是集成 Tableau 平台发布 10 余个审计专用可视化分析模型，当前审计人员可以在线访问查看可视化作品。例如，对公不良客户画像作品贯穿信贷业务流程，利用词云图、复合条形图等分析不良影响因素，总结不良客户特征，为后续风险管理提供参考；单位结算户可视化作品聚焦新增开户的客户，分析客户基本信息，并从风险视角关注地址集中、公司联系人集中等异常客户，以案例形式进行展现。

4. 审计作业：数据驱动支撑审计工作

在审计作业支撑层面，一是打造审计固化模型体系，增强审计抽样和分析的精准度、有效性。目前，新审计工作平台部署近 400 个策略级的固化模型，均由审计人员自行开发、维护和运行。同时，针对违规手法多样、反监督手段隐蔽化，审计部不断探索审计模型全生命周期管理。2021 年、2022 年审计部对自主开发的固化模型，从模型需求、开发、上线、使用、优化、评审下线等环节开展模型全生命周期管理，保持审计模型的实用性。

二是深化 RPA 在审计场景中的运用。对多维报表平台、手工台账、查证数据等多渠道的审计数据来源，通过 RPA 技术进行整合与采集，建立审计持续监控指标库。截至 2022 年年底，开发 RPA 流程 50 多个，持续监控指标页面 2022 年查询总次数近 4000 次。

三是审计培训课件的数字人视频转换，完成对相关课件和讲稿的调整及制作，打造模型分享、业务知识、案例分享等方面的培训课件，供审计人员反复观看学习。

5. 制度规范：全面梳理与跟踪

浦发银行审计部对数据安全、平台应用、权限管理等方面的制度进行全面梳理与跟踪。为有效落实《中华人民共和国个人信息保护法》，持续加强审计专用数据特别是各类终端设备保存、使用客户数据的管理，为进一步加强数据生命周期安全管理，防止客户信息泄露和滥用，逐年开展客户数据现场检查，通过桌面管控系统扫描，提升远程扫描的精准性，用于持续的敏感数据自查。

6. 队伍建设：开展分层分类的人员培训

一是加大信息科技背景人员引进。加大对具有信息科技背景、系统开发与数据分析经验的专业人员的招聘力度。

二是推行分层分类的数据分析培养计划。针对业务审计人员数据分析能力参差不齐的情况，推行分层分类的数据分析培养计划。针对无数据分析基础的审计人员，开展零基础数字化能力培训，使其学习掌握Excel中高阶功能、Tableau数据可视化分析工具，培养独立运用查证分析工具编写SQL及在审计平台进行模型探索的能力。

三是着力消除数据分析与业务审计的“沟通鸿沟”，打造复合型团队。近年来，审计部组织技术人员和业务审计人员共同参与的研讨交流，到各前台审计机构开展现场培训，推行送课上门；不定期以视频沙龙的方式开展新技术应用探讨等，加大业务审计人员与技术人员的交流融合；组织开展年度数字化审计模型构建与应用竞赛，以赛代练，取得了良好的效果。

三、内部审计数字化转型创新

IIA于2020年7月发布了全新的“三线模型”。新模型明确提出“内部审计的独立性不意味着完全孤立”，强调履行治理和风险管理职责的各部门之间的关系，突出风险管理在价值创造方面的目标和使命。因此，内部审计需要与各项职能部门沟通协作，避免工作的交叉、重复和空白，提高内部审计的效率和效益。

与传统三道防线的职能定位相比，浦发银行内部审计积极践行审计数据资产共享新理念，探索审计成果的输出，向第一、第二道防线部门共享审计发现、审计逻辑、审计模型、审计研究成果等内容，充分利用审计数字化能力的外溢作用，秉承共商、共建、共享理念，发挥内部审计增值服务功能。

（一）审计数据共享

浦发银行审计部前期自建的数据中台积累了准确、完整的各类型内外部数据，也利用大数据、人工智能等新技术实现了风险异常数据的批量、实时抓取。一方面，在持续监控、远程审计作业时，浦发银行审计部将检查行为数据、审计成果数据等作为“枪支弹药”向前台业务部门和风险管理部赋能输出，供其进行风险排查，提前锁定关键客户、人员和机构等。另一方面，浦发银行审计部将经过抽取、转换、加载的交易资金流水共享给信用卡中心使用，并建立信息共享、结果共用的工作机制，有力支撑其内部控制或风险管控。

（二）审计模型共享

随着审计数字化工具应用能力的提升，隐性的检查规则和审计思路更显现化、成熟化，沉淀了较多的审计能力和经验。

浦发银行审计部自行研发、维护和运行近400个固化模型，并探索建立审计模型全生命周期管理。为充分利用审计模型风险线索抓得准、覆盖面更全等优势，浦发银行审计部高级管理层和业务部门高度重视审计发现，直接共享有关数据分析模型的脚本和运算结果给业务管理部门。通过输出检查能力，把关键控制点前移，提前在业务准入等环节加强风险把控。

多年来，浦发银行审计部向总分行机构共享近50个内部审计模型，覆盖公司、零售、金融市场、财务运营等多个业务板块。针对内部审计发现的典型性、普遍性、倾向性问题，各机构及时分析研究，制定和完善相关管理制度，建立健全内部控制措施。例如，公司业务的流动资金贷款存在评级工作过程管理较为薄弱，多个客户共用一套财务报表评级的问题；审计某分行期间发现，存在一些小微客户共用多套财务报表进行评级的情况，涉及金额千万元。在上述操作中，评级过程管理流于形式。为此，内部审计人员将审计思路固化成模型共享给业务管理部门。经过问题整改，2018年该模型产生的线索涉及近千套财务报表，被多个客户共用，2022年模型线索降幅近80%，有效弥补了对公评级管理工作的短板，促进了审计问题有效整改，提升了企业级风险管理水平。

（三）审计系统共享

审计数字化建设使审计抽样取证向全量分析转变、审计项目阶段式实施向全年持续监测的方向转变，因此，内部审计正从“单打独斗”模式转向跨部门联防联控模式，以更敏捷、更全面、更有效的方式利用数字化能力挖掘风险疑点，助力企业级的风控能力持续提升。

浦发银行审计部开放审计平台系统功能，与第一、第二道防线共享平台功能和审计数据资产，包括审计工具、审计模型、审计结果等，推动审计成果的前端运用，为业务部门进行风险检查和业务监督提供参考，同时聚焦经营管理痛点、监管关注重点，在审计思路、新技术应用等方面与各机构、各部门沟通，共享共商共建，打造BizDevOps的业务技术敏捷开发模式，促进总分行间的纵向联动、板块间的横向联合。

纵向贯通，横向协同，体系融合

——中国远洋海运集团内部审计数字化转型成果案例

一、企业开展内部审计数字化转型背景

中国远洋海运集团（以下简称集团）作为以综合物流供应链服务为主业的特大型国有企业和骨干央企，积极实施创新驱动，把数字化建设作为推动集团改革发展的战略性和基础性工程，积极探索建设符合国际发展潮流的先进性数字化体系。2021年，集团编制了《“十四五”数字化转型暨网信工作规划》，明确“十四五”期间数字化转型的发展愿景、战略主题和重点任务，这对集团开展数字化转型工作具有重要战略意义。在数字经济和集团数字化转型过程中，企业管理理念、经营模式、方式方法都将发生重大的改变，作为监督体系的重要组成部分，内部审计和内部巡视应顺势而为，积极主动融入集团数字化转型发展大局，通过科技赋能实现数字化转型，提升监督价值。

为推动“十四五”时期集团审计、巡视等相关工作高质量发展，集团构建与数字化转型相适应的审计巡视等相关工作数字化（以下简称审巡数字化）工作格局，明确审巡数字化转型发展思路、目标任务、工作重点和相关措施，指导“十四五”期间审巡数字化转型。

集团在成立之初就同步推进审巡数字化建设。2016年，集团开发并在全系统范围运用了联网审计系统，成为各级审计机构远程审计联网查

证的重要工具，并逐步丰富扩展联网和数据运用分析范围，到2021年年底，联网审计系统已完成了三期建设。2020年，在联网审计基础上，集团进一步实现审计巡视管理和作业的信息化转型，启动开发了融合审计管理和作业、巡视管理和作业、直属公司监事会事务、责任追究功能于一体的审计巡视管理信息系统，服务于各级审巡机构的管理和作业，实现了由审巡信息化向审巡数字化迈进。集团审巡数字化发展大体经历了3个阶段。

（一）远程财务审计阶段（2016年4月—2017年12月）

这一阶段的主要任务是联网审计系统一期建设，实现远程审计零的突破，充分利用集团信息化资源，引入广域网、单点登录和虚拟桌面等技术，实现前台联网。审计人员能在集团广域网范围内的任何地点、任何时间，对集团境内外所属公司的财务系统、账务记录、会计凭证和财务报表开展远程审核和数据追踪。截至2017年年底，实现对集团境内所有三级单位约1200家单位财务系统的联网。

（二）审计数据仓库建设阶段（2018年1月—2020年3月）

这一阶段的主要任务是推进联网审计系统二期建设，扩大前台联网范围和搭建审计中台的数据仓库，逐步将集团、直属单位重要业务系统、管理系统纳入联网范围，丰富审计开展分析和核查的数据来源。截至2020年年初，前台联网已经涵盖集团及所属单位12个重要财务系统和27个业务管理信息系统。联网审计工作开始向审计中台发展，截至2018年年底，完成了针对财务数据采集接口的开发，实现定期数据采集，完成审计辅助数据库、数据分析等功能的建设工作，为进一步实施“财业审”一体化审计奠定技术基础。

（三）审计巡视业务数字化阶段（2020 年 4 月至今）

这一阶段的主要任务是提升联网审计系统对外部的业务数据的分析运用能力，建设审巡管理信息系统，实现对审巡自身数据的“云化”管理。通过联网审计系统三期建设，采用集团数据集成平台开发框架，实现对审计数据仓库的集成优化，创建多个数据分析模型实现跨公司、跨区域、跨平台的财务数据分析；建立所属单位基本信息、规章制度、经营业务信息等数据库，将审计需要的各类信息集中展示、集中归纳、集中使用，为审计人员提供综合查询功能；通过建设审计巡视管理信息系统，推动各级审巡机构实现审巡计划管理、项目管理和作业、成果运用、责任追究、监事会事务、资源管理、综合支持等数字化转型，推动审巡统筹管理平台化、业务流程规范化、上下联动标准化、信息交互集成化。

长期以来，基于集团领导对审计工作的重视，对审巡信息化建设的持续投入，集团审巡数字化转型工作取得明显成效，集团联网审计系统得到审计署、中共中央纪律检查委员会的认可，品牌效应凸显。目前，集团审巡数字化建设以审巡管理信息系统和联网审计系统“双平台”为基础，为集团各级审巡机构开展在线作业、云上管理、成果运用及数据分析，提供了信息化支撑。

二、内部审计数字化转型解决方案

在高度认识集团审巡数字化转型的目标和意义后，为支撑远景目标的实现，在推进审巡数字化工作的落实过程中应遵循以下原则。

1. 坚持战略引领

以集团数字化战略为指引，高标准制定审巡数字化转型工作规划，紧盯对标先进企业，细化分解任务，统筹推进规划落地。

2. 坚持业务驱动

紧紧把握内部审计、巡视巡察、监督追责、监事会事务的职能定位，进行业务解构和流程再造，通过数字化推动审巡等业务质量和效率适应集团的数字化进程。

3. 坚持价值导向

以创造价值为目标，注重从审巡业务自身数据中发掘价值，同时努力“唤醒”海量财务和业务数据的价值，支持辅助决策。

4. 坚持贯通融合

审巡数字化是集团数字化转型的组成部分，需要在集团数字化转型“公转”基础上做好自身业务的审巡业务数字化“自转”，在开发建设过程中要前瞻性地考虑与其他系统的集成联动和贯通融合。

5. 坚持分层分类

立足当前实际，差异化推进数字化转型，坚持先行先试，在部分模块、部分单位率先试点实施，及时总结经验后再予以推广。

6. 坚持安全规范

将网络和应用安全始终摆在重要位置，与数字化转型工作共同推进，夯实安全基础工作，落实安全责任，常态化开展信息安全专项检查，及时解决安全问题事项。

集团的内部审计数字化转型全套解决方案主要包括以下 4 个方面。

① 搭建审计本部信息化平台，实现全集团审计工作、巡视工作、监事会等全流程线上管理，对相关工作的进度和质量进行实时把控。采用信息化平台，实现内部审计工作的统一管理、协同合作和数据分析。

② 实现工作流程、标准、模板的标准化，梳理审计、巡视、监事会等工作的标准工作流程、工作程序、文档模板，并固化在平台内，规范

工作开展过程。

③ 数据分析工具应用。集团采用数据分析工具，对企业业务数据进行全面分析，以发现业务中的异常情况和风险隐患。例如，采用关联性分析、聚类分析、时序分析等方法，对业务数据进行深度挖掘，以提升内部审计的数据支撑能力。实现多维度数据统计与分析，自动完成各类统计与信息报送，并基于审计发现、巡视发现等对集团内各级单位进行风险分析，有重点地安排资源，有针对性地进行监督。

④ 审计人员培训和能力提升。集团注重审计人员的能力提升和培训，提高审计人员的数字化技能和专业素养，以提高审计工作的质量和效率。

集团审计巡视管理系统覆盖了全集团及下属子公司，与现有办公自动化系统、邮件系统、党建系统、人力资源系统、联网审计系统及国资委相关系统进行了数据对接。

通过以上全套解决方案的实施，集团实现了内部审计数字化转型，提高了内部审计工作的效率和准确性，增强了内部控制和风险管理能力，为企业的可持续发展提供有力保障。

集团审计巡视管理系统涉及158个功能点、26个业务流程、41份表单模板。功能范围涵盖审计管理、审计作业、巡视巡察管理、巡视巡察作业、成果运用、违规追责、监事会事务和综合支持。

系统实现了工作标准、制度要求与信息系统相融合，作业和管理相融合，线上工作与线下工作相融合，计划统筹制定、项目统筹实施、资源统筹调配、工作统一评价的全过程融合，审计、巡视巡察、监事会事务、责任追究业务集成融合。

审计管理模块主要功能包括计划管理、项目管理、审计成果和档案管理等。计划管理实现集团对下级单位审计计划进行全面管理，包括审计任务的分配、审核及监督等，保证审计工作有序进行。项目管理协助审计人员对审计项目进行计划、组织、实施和监督，同时可以对已完成的审计项目进行评估和反馈。审计成果模块记录和跟踪审计过程中发现的问题，落实相关单位进行整改和反馈，形成审计问题的闭环管理。档案管理将审计过程中产出的文书、底稿、报告等内容进行归档总结，形成数字知识，沉淀审计工作成果。

审计作业模块主要功能包括审前资料、审计准备、审计实施、审计报告和项目归档。审前资料主要是保存和管理与被审计单位相关的信息资料。审计人员可以在这个模块中对被审计单位的背景信息、总体情况等资料进行搜集和整理。审计准备是对审计任务进行准备工作，包括接触被审计单位，进行初步评估，以及明确审计的目标和方法等。审计实施主要是对审计任务进行全面实施作业环节，包括审计证据的获得、分析，审计结果的评价等。审计报告主要是审计人员通过对审计实施的结果进行整理，形成审计报告，包括发现的审计问题、提出的改进建议、审计结论等。项目归档是指审计结束后，对相关的审计信息资料进行归档管理。该模块主要包括对资料的整理记录、文件归档管理等操作。通过对审计作业模块的实施，审计人员能对审计过程进行全面的监控和操控，有利于提高审计工作的效率和质量，并且可以有效进行内部控制和风险管理。同时，该模块为审计人员提供了一种基于信息化、标准化的效率保障管理方式，有利于提高审计作业的准确性和可比性。

成果运用模块主要功能包括审计整改、统计分析、审计成果管理、审计成果运用情况。该模块通过整改情况月报、成效情况报表形式，从各个维度剖析问题的整改情况和成效，共统计整改台账总数 4218 个，问题数量25918个，核销申请单798份，转出申请单3份，实现审计问题全生命周期管理，充分发挥审计工作作用。

巡视巡察管理模块包括巡视巡察规划管理、巡视巡察项目管理、整改及成果运用、巡视巡察报备管理、巡视巡察会务管理、巡视巡察项目档案、报表填报管理。业务范围涵盖了巡视巡察管理层面各项关键节点和报表要求。

巡视巡察作业模块包括巡视巡察准备、巡视巡察了解、巡视巡察报告、巡视巡察反馈、巡视巡察移交、会务管理和巡视巡察归档。该模块覆盖了巡视巡察现场作业的全部环节，相较于巡视巡察单机版软件，解决了巡视巡察作业人员数据汇总和报告的难题，通过“一站式”平台完成巡视巡察作业流程，并将相关工作经验归纳总结。

审计平台项目进度页面显示如图1所示。

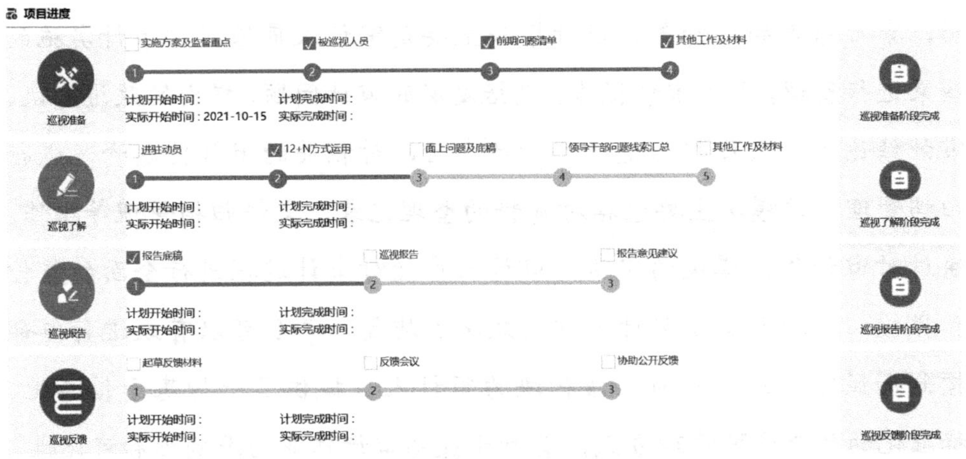

图1　审计平台项目进度页面显示

整改及成果运用模块主要包括面上问题整改、问题线索处理、意见建议处理、点人点事处理、信访处理、督查督办、巡视回访、报表填报管理。从8个维度对巡视巡察工作中发现的问题进行处理、跟踪和反馈。

违规追责模块主要包括问题线索台账、禁入限制人员、定时报告、实时报告、汇总统计。问题线索台账用于记录和管理由内部举报和检查发现的违规问题和线索，并对问题和违规线索进行分类和分析，以及建立违规行为的标准化和规范化流程。禁入限制人员是指对因内部违规行为而被禁止进入公司内的人员进行管理。企业可以在违规追责系统中进行人员限制的设置和管理，制定多重安全保障措施，以保证企业内部管理的有效性和安全性。定时报告主要是对企业的违规情况进行定时记录和报告，以保证监管部门和高层管理人员对企业的监督能够得到及时和准确的反馈，同时还可以提高公司保持良性竞争的能力。实时报告是对内部违规行为的实时监控和报告。当系统监测到违规行为时，会直接自动发送报告给监管人员和高层管理人员，以便他们及时采取相应的措施来避免纠纷的发生。汇总统计是用于统计违规行为的相关数据，并对整体情况进行分析和总结。这种数据汇总统计功能的追责模块能够帮助企业管理人员了解公司内部出现的违规行为问题，及时采取相应的工作对策和整改措施，提升企业的管理水平和风险预防的能力。

监事会事务模块主要包括任期档案、会议及决议、监督检查、列席会议、事务管理。任期档案主要是保存和管理监事会成员的基本信息、履职情况、任期档案等相关信息，以保证监事会成员的管理更加规范和透明。会议及决议可以对监事会召开的会议进行统一管理，包括会议的召开时间、议题、决议等内容，同时，还可以对会议纪要进行公示和归档，以保证会议的程序和决议的合法性、有效性。监督检查主要是对被监督单位进行监督和检查，发现潜在的问题和风险，并向被监督单位提出改进建议和评价，以保证监事会的监督职能能够得到有效的实施。列席会议主要是管理监事会与被监督单位的沟通和协调，包括列席被监督单位的会议、展开相关业务交流等操作，保证监事会的监督职责能够得到有效的履行。事务管理是指对监事会的日常事务进行管理，包括公告发布、邮件发送、信息传递等操作，以加强监事会的组织和协调能力。通过以上模块，监事会的工作可以得到更好的监督和管理，可以提高监事会工作的制度化和规范化水平，同时也有利于提高被监督单位的自我约束和管理能力，推动企业内部治理的良性发展。

综合支持模块主要包括专项填报、人才库、学习培训和信息资源。专项填报模块中，实现了集团向审计署直接报送数据，提升了审计人员的工作效率。在人才库方面，建设了审计人才库（包括344人）、巡视人才库（包括189人）。学习培训和信息资源中产出审计工作手册58份、巡视工作手册61份，沉淀审计巡视专业知识，为后续业务开展提供支撑。

以2025年年底实现既定目标为时间节点，以循序渐进为原则，将审巡数字化推进工作分为3个阶段，分别是功能完善阶段、场景拓展阶段和长效应用阶段。

（一）功能完善阶段（目前至2022年年底）

该阶段的主要任务是推进系统应用尽用，对系统已有功能进行完善，强化模块间贯通协同，完成历史数据初始化工作，探索试点建立直属单位层面的数据分析预警平台。

1. 全面推广信息系统应用

定期汇总并通报系统应用情况机制，继续将系统应用情况与单位审巡业务工作质量评估挂钩。完善系统账号配置和权限设置管理体系，统一审巡管理信息系统和联网审计账号，实现账户增减、调整、权限设置的分层分类管理。

2. 完善现有功能

全面梳理业务流程，打通线上流程断点，制定线上流程标准，用系统规范人的行为。一是全覆盖监测功能，多维度、多角度动态监测全覆盖任务落实情况，为年度计划立项提供决策支持；二是规范和丰富成果应用场景，做好成果向其他系统输入的前提准备；三是实现人才库数字化管理，探索审计资源与审计任务匹配机制；四是着力实现内部模块贯通融合，加快审计巡视管理信息系统与联网审计系统的深入融合，完善审计作业与审计成果的衔接贯通，探索审计和巡视作业线上节点融合；五是按照应上尽上原则，加快年度任务督办、投稿箱、投票箱、问卷填报、在线测评、线上培训、调用人员考勤和报销管理等功能的开发和使用。

3. 完成各模块历史数据初始化

审计业务模块需要将2016年以来所有审计项目录入系统；巡视巡察模块需要将党的十九大以来所有巡视巡察项目录入系统；责任追究模块需要将2020年以来所有处理信息数据、定期报告等录入系统；直属单位监事会事务模块需要将2020年以来监事会履职相关信息录入系统。

4. 选取部分直属单位试点数据分析预警平台建设

选取2～4家直属单位，集团总部、直属单位、系统开发项目组共同组建攻坚团队，探索在直属单位层面建立预警平台建设试点，研究直属单位个性化的数据采集和运用方式，为下一阶段个性化开发和扩大试点范围做好准备。

5. 组建审巡数字化转型团队

集团审计本部/党组巡视办、审计中心、2～4家直属单位审巡机构、系统开发项目组共同组建审巡数字化转型工作团队，建立工作机制，滚动推动需求、开发、测试、运行工作。初期团队人数控制在10人左右。同时，要求各直属单位确定1名系统关键用户，定期参加培训，负责与集团审巡数字化转型团队的沟通协同，以及在本单位的培训和推广应用。

（二）场景拓展阶段（2023年年初至2024年年底）

该阶段的主要任务是加大数字技术的应用，强化与其他系统的协同，完善决策支持功能，丰富移动端数字场景应用。

1. 加强与其他系统的贯通融合

加强与集团数据集成平台、其他统建信息系统（例如“三重一大”系统、投资管理系统、费控报销系统、采购平台等）的集成联动，加大数据分析运用和交互力度，实现对财务和业务的风险监测预警，辅助各级单位的运营管理和智能决策。为集团各职能部门等创建协同账号，便于资料收集、意见征求、成果协同等工作管理和维护。到2024年年底，审巡管理信息系统和联网审计系统具备与集团数据集成平台的集成交互的功能，系统生成的数据资产具备提供集成平台的标准技术条件。

2. 完善决策支持功能

在完成全部初始化工作的基础上，运用大数据技术滚动分析预警，根据试点情况研究扩大直属单位数据分析预警平台范围。完善系统决策支持功能，丰富数据内容，分层分类向总部和直属单位开放领导管理“驾驶舱”功能和权限，探索运用大数据为被审巡对象画像，为各级审巡机构提供有针对性、个性化的决策支持。

3. 探索移动端数字场景应用

明确移动端展示内容和操作范围，运用企业微信等，做好信息推送搭建，探索拍照取证上传、组内远程会议等功能。探索区块链技术在隐私保护、数据防篡改、数据存证、数据验证、访问控制等方面的应用。健全网络安全和运维服务保障体系，加强关键信息的安全防护，每年至少开展1次全面的安全性检查，每季度开展至少1次常规性的安全性检查。

（三）长效应用阶段（2025年年初至2025年年底）

该阶段的主要任务是总结前两个阶段的经验，根据上级新任务和新要求、集团工作部署，进一步优化和完善系统功能和体验，健全完善系统应用的长效工作机制和制度，实现“智慧审巡”机制基本建成，安全管理常态化。常态化开展信息安全专项检查，及时解决安全问题事项。

三、内部审计数字化转型创新点

受不可控力影响，出境审计困难加剧，在这样的形势下，集团先进经验得以充分展现。集团开展了远程非接触审计，有效保障了海外子公司年度审计工作的顺利进行，同时也为其他企业提供了经验借鉴。集团通过建立远程视频连线，采取影像监控、文件传输等高科技手段，实现了应收账款、应付账款、联营业务等审计工作的顺利进行。这一技术的引入，提高了单位审计效率，缩短了审计周期，同时也减少了出国审计的费用。

在境外企业审计中，审计组强化远程审前调查，充分了解被审计单位的经营管理方式、经济活动特点、业财融合程度、以往审计情况等。采取线上审计+报送审计结合的方式，远程查询、调取账簿和凭证资料；利用公司数据报表平台，抓取经营数据进行分析；通过企业微信“云集结”召开审计组碰头会，对审计事实反复论证，提炼审计成果，促进境外企业安全、规范、高效运营。

集团及各所属单位积极转变观念，变被动为主动，在审计过程中，紧紧依靠科技助力，通过集团审计管理信息系统和联网审计系统，对已联网的 SAP 系统、ERP 系统、审计证据资料库等财务业务系统资源开展线上审计，充分运用数据分析、视频交互、电子确认、信息共享等技术方法保证审计查证效果，逐步摸索出适应集团实际情况的远程非接触审计工作模式。

在集团保障产业链供应链稳定情况跟踪审计中，审计组充分应用联网审计系统对被审计单位的规章制度、财务报表、会计凭证、客商往来、以往审计报告、行业指数等重要数据进行“一站式”查询分析，并通过数据筛查模型开展趋势分析、数据比对、异常检测，提升审计工作的精准度，助力保障产业链供应链稳定，为中小企业纾困解难。

集团不断革新传统运营模式，不仅在海运网络建设、船舶装备配置、客户服务等方面不断创新，还着力革新传统的运营模式，从而实现更高效、更可持续的海运运营，为客户创造更大的价值。

多业态、多种类、全流程审计数字化建设

——物产中大集团内部审计数字化转型成果

一、企业开展内部审计数字化转型背景

企业内部审计作为企业治理的关键工具，必然面临数字化转型带来的机遇和挑战。通过开展审计数字化转型，企业不断强化审计职能、丰富审计视角、提升审计效能，审计数字化转型成为内部审计适应数字化大趋势、助力企业数字化大发展的必然选择。

物产中大集团股份有限公司（以下简称集团）是浙江省省属特大型国有控股上市公司，致力于成为中国智慧供应链集成服务引领者，拥有各级成员单位近500家，员工逾2万人，业务范围覆盖全球90多个国家和地区。随着近年来企业经营规模的不断扩大、商业模式的不断丰富和经营领域的不断拓展，审计监督在强化全面风险管理、推进高质量发展中的重要性愈发凸显。

集团在“十四五”规划中重点突出数字化转型工作，提出要着力打造数字化管控体系，为集团规范经营、防控风险和改革创新提供有力支撑。审计部门在数字化转型过程中主动作为，充分发挥监督、评价和咨询的职能作用，从战略落地、风险防控、合规经营和能力建设4个领域

积极为企业赋能，成为企业数字化转型不可或缺的推动者。

审计与内控数字化监督平台建设项目是为集团构建“审计大监督”模式，实现全面风险管理的重要依托。同时集团通过审计与内控信息化监督平台的建设实现审计与内控业务数字化转型，全面提升审计与内控的工作效率与质量，推进内部审计、内控等业务管理与执行的规范化，并全面构建审计与内控的知识与经验管理体系，形成知识积累、沉淀、共享的机制，以实现集团审计与内控业务水平的整体提升。

二、内部审计数字化转型解决方案

（一）集团审计数字化转型的重要基础

1. 机制创新是开展审计数字化转型的前提

“打铁还需自身硬”，内部审计赋能企业数字化转型这一重要使命的第一步，是要实现自身的数字化转型，明确目标定位，改变传统审计项目驱动和现场优先的原有机制，为数字化审计及持续审计、敏捷审计、远程审计和价值审计等新审计形式奠定基础，并通过对内部审计的管理机制和工作流程进行全面梳理和必要变革，形成标准化作业流程、高效化管理机制、可视化信息展示、智能化工作支持。

2. 人才队伍是审计数字化转型的核心

数字化审计转型需要建立一支具有信息化、数字化建设能力和审计业务背景的复合型人才队伍，建立良好的人才培养机制，提升全体审计人员的数字化能力。数字化审计团队的搭建不仅包括审计人员，还应有业务、技术人员等，共同构建业务专家团队、技术支撑团队、资源协调团队。集团要实现审计人员和业务人员的协同，就要通过团队的知识交换，使审计人员具有数字化、结构化思维和全局观念，让 IT 人员了解审计数字化的目标需求和工作逻辑，进而打造一支科技能力突出、数据思维能力强、业务精通、多专多能的审计科技队伍，推动内部审计转型升级。

3. 整体框架为审计数字化转型提供技术环境

集团的审计与内控数字化监督平台基于集团“十四五”规划要求的“1+2+3+X”的总体架构进行建设，该架构为平台提供了良好的信息系统建设基础，通过物产云数字化基础设施建设，实现云基础设施、数据、安全、服务、应用等 IT 资源的统筹管理，基于数据中台和技术赋能平台建设，开展数据治理，推进数据应用赋能，发挥数字技术价值，促进业技融合发展。

（二）集团审计数字化转型的实现路径

1. 总体建设目标

集团审计与内控数字化监督平台建设的总体目标是：为适应集团信息化发展需求，有效提升审计、内控管理工作，为集团发展战略服务。集团就审计、内控职能的发展现状及未来规划，确定了信息化工作要达到的 4 个具体目标——搭建一个数字化监督平台、形成一套标准化作业流程、架设一张集成化审计内控监督网络、培养一支信息化审计队伍。

搭建一个数字化监督平台，是指通过部署应用统一的信息系统，将审计、内控综合管理、计划、项目准备、项目实施、评价与报告、整改与跟踪等流程性工作借助信息化手段辅助完成，实现对集团系统各单位审计、内控业务开展相关信息的汇总统计、相关数据的多维度分析、明细数据的穿透查询、各类监督指标的自动预警，为审计内控管理工作提供决策支持。

形成一套标准化作业流程，是指在总结集团系统各单位在审计项目与内控评价项目作业环节、现场检查步骤、问题分类等方面异同点的基础上，考虑不同项目的类型，规范形成一套标准的项目作业操作规程、审计与评价现场工作实务指南、问题分类、文书模板等内容，并逐步应用到审计与内控数字化监督平台中。

架设一张集成化审计内控监督网络，是指建立审计信息平台与集团的各系统，以及权属单位的财务系统、人力资源管理系统、业务管理系统等的接口，获取所需数据并通过预置分析模型和疑点库进行在线分析，提高获取问题线索和分析问题的准确性和时效性。

培养一支信息化审计队伍，是指提升审计人员在企业信息化环境下的工作技能和知识水平，提高审计与内控的工作质量和效率，降低企业风险。

集团审计与内控数字化监督平台架构如图 1 所示。

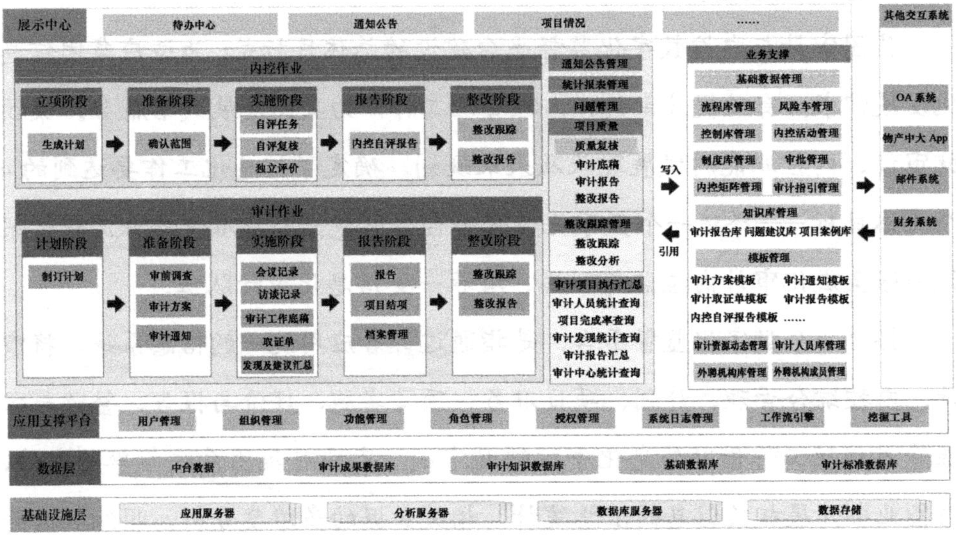

图 1　集团审计与内控数字化监督平台架构

2. 系统功能建设

(1) 审计全流程管理模块

该系统通过计算机网络来完成审计立项、审计准备、审计实施、审计报告、审计整改、审计归档的全过程作业，从而实现审计作业信息在审计项目组之间、审计管理层级之间、审计人员与被审计单位之间的协同、传递和控制。审计信息化有效地规范了审计的作业流程，减少了审计工作的随意性，保证了审计工作的程序有效和合规，实现审计项目全生命周期管理。

① 审计计划管理：支持集团各级审计机构计划的编制、审批、变更和跟踪等，其中，计划变更可以实现对审计项目的增加、取消、修改等操作，计划跟踪可以跟进各级审计机构计划执行情况。审计计划包括但不限于审计项目类型、审计项目名称、审计目标、审计对象、审计范围、审计内容、审计资源安排、项目实施时间等信息。

② 审计项目执行：审计项目启动后，为开展审计项目各阶段工作提供支撑。

③ 审计整改管理：支持审计项目后续整改相关工作，包括整改方案、整改报告、整改提醒及整改完成情况的认定等。

（2）标准化内控管理模式

该系统为单位内控评价职能的领导或主管、评价作业人员、被评价单位反馈人员提供的内控评价协同工作平台，可以实现按组织层面和业务层面对内部控制的设计和运行的有效性进行检查和评价。系统支持开展多组织、多层级的内控评价工作，也支持各分支机构、各部门发起内控自评价工作。

内控管理模块对集团内控管理工作提供全面的支持，内控管理功能模块包括内控矩阵管理、内控评价管理、资源库管理等功能，支持集团总部、各成员公司及下级单位多级联动的内控管理工作，规范、优化内控管理工作的流程，提升内控管理的效率和效果。

① 内控矩阵管理。支持建立集团内控标准总体框架，在集团内控标准总体框架下，集团总部、各成员公司及其下级单位分别建立自有的内控矩阵，各成员公司所属下级单位可以选择从成员公司标准矩阵中选择控制点，也可以自行新增。支持记录、查看、维护各级内控矩阵与集团内控标准总体框架的关联关系，支持集团标准框架向各级内控矩阵关联要素的同步更新，支持成员公司标准矩阵向各下级单位的同步。支持对流程、风险点、控制点的梳理、分配、更新和维护，能对控制点与具体流程、业务活动及控制执行的岗位进行有机关联。

② 内控评价。支持开展集团型多层级的内控评价工作，也支持各分子公司、各部门独立发起内控评价工作；支持各单位自评、审计部门独立评价、往年缺陷整改跟踪等不同的评价方式；支持内控评价任务的灵活分配，自动生成评价底稿。内控评价包括计划管理、内控自评管理、内控独立评价管理、问题管理、统计报表等功能。

（3）建立领导辅助决策中心

建立领导辅助决策中心，实现数据的全覆盖，对所有经营情况做全面的整体分析，将审计与内控信息横向、纵向快速传递，使被审对象的信息刻画得更全面和精准，并将定性的经验转为定量的数据规则，实现“人工”分析向“机器”自动分析的转变。领导可以通过系统及时了解关键节点上的重要信息及现状，根据需要灵活开展远程指挥，提高指挥的及时性，实现内部审计从抽样审计向全覆盖审计的转变，从现场审计向非现场审计的转变。领导辅助决策中心主要包含多维度展示、动态监控、风险画像 3 个部分。

① 多维度展示。为领导提供总揽全局的管理层“一站式”决策分析平台，通过条形图、堆积柱状图、仪表盘、分柱状图、面积图等形式展

示，查看审计全覆盖、审计项目开展情况、审计金额情况、内控项目开展、整改情况等。

② 动态监控。以大数据视角打通全业务链整体监控，真正聚焦高风险领域，为审计现场管理者提供了一个全过程实时监控和调度的管理平台，满足领导直观了解宏观层面的数据的需求，通过“上卷下钻式”查询方式，对指标逐层细化、深化分析，实现目标和任务的动态管理，微观检查与宏观监控相结合，也可以跟踪各项审计任务，动态监控各个审计事项的进展情况，及时获取审计的各项具体信息，对审计进行动态监控和实时调度。

③ 风险画像。构建集团风险画像，对集团关键风险进行监测、评估和趋势分析，强化风险预警监控，为重点监管、科学施策提供支撑，有效遏制重大事故的发生。

（4）知识赋能企业内部审计数字化变革

打造专属的知识资源库，对内部审计、内控涉及的各类信息进行集中管理，建立信息之间的关联，形成内部审计信息积累，将标准化知识贯穿于业务全过程，赋能业务人员，提升全员综合能力。探索知识图谱技术在企业内部审计数字化转型中的应用，利用知识图谱技术，将碎片化的审计知识、人员信息、财务数据等块状信息连接在一起，高效、直观地描绘出被审计对象的相关网络，并从多维视角展现对象的真实情况和错综复杂的关系。

持续探索大数据技术在数字化审计中的应用，尝试利用数据挖掘开展数据审计，通过持续审计项目和数据审计项目对数字化审计成果进行应用和管理，最终形成审计全生命周期闭环管理。

① 风险库管理。风险库可以挂接相关制度条款、查看风险相关事件，

实现风险与制度的关联，维护风险点，支持风险评估。

② 流程库管理。流程库可以维护集团流程框架、控制环节，维护报表项目与流程的关联关系。

③ 控制库管理。控制库可以维护控制环节中的控制点，与风险、流程相关联。

④ 制度库管理。制度库能够分层级（例如，总部制度库、分公司制度库）地管理各公司制度。

⑤ 公告管理。公告管理可以根据集团信息分类设置不同的内容主题和栏目，进行公告、事件、新闻等内容的录入与发布。

⑥ 知识库。系统提供业务知识、案例等内容，支持文档上传和导入，可供使用者查看。

⑦ 内控活动管理。系统支持各项内控专题活动进展情况的上报、跟踪。

三、内部审计数字化转型创新点

1. 数字化审计思维，助力企业数字化转型升级

数据是数字化转型的关键驱动要素，通过审计数字化转型，集团可以充分运用云计算技术对海量、动态、高增长、多维度、异构多元的数据进行处理和存储，现已完成财务数据对接，获取财务数据、组织数据等，依据财务数据对全集团约 500 家并表范围内单体公司进行定量计算以确定评价范围，且实现根据财务数据定义的并表范围内的单体公司对比评价范围，确定各年度的全覆盖情况。未来集团还将利用数据挖掘技术持续探索，通过大数据分析和建模方法进行按需、动态、高效的分析挖掘，通过跨专业、跨部门的数据融合应用，全面把握业务方向，实现审计成果转化的数字化。因此，数字化审计不仅能够及时发现异常情况，

更便于集团快速发现市场信号、优化业务运营流程、提高战略决策效率，从而促进集团治理各领域的良性循环。

2. 智能化审计平台，创新审计数据智能推荐新模式

基于开展的项目、发现的问题等，审计与内控数字化监督平台可生成多维度的项目开展情况报表、缺陷统计分析报表、内控矩阵创建情况报表。同时梳理最小颗粒度的审计数据要素，建立审计数据要素的关联关系，搭建审计知识网络，构建审计知识库，形成智能推荐的数据基础，实现制度推荐、词条推荐及语义纠错的智能化推荐场景，为审计人员提供个性化、有价值的审计数据推送服务。

3. 标准化内控流程，促进风险防控

为满足审计业务高速发展需求，通过计算机和网络开展审计、内控作业管理流程的标准化及管理体系的标准化工作；通过项目实施，集团建立形成了内控流程框架，加强了审计工作质量控制，避免了重要流程、文本等的缺失，保障了审计工作程序的完整及合规。

4. 协同化审计模式，探索远程审计新形态，实现跨系统跨组织互动

审计与内控数字化监督平台与集团整体信息化系统相融合，实现统一组织、统一门户、统一登录的“一站式”工作新模式；加速推进审前调查资料邀请，审计实施过程中的通知书、工作底稿、事实确认单、审计报告等与相关被审计单位的“无感”交互，实现系统互联互通，促进跨组织协同，合力共同推进集团审计发展；构建审计资源动态看板，实时掌握人员参与项目情况、任务饱和度，为审计项目组织、内控评价任务分派人员选择提供数据支撑。

5. 高效化内控作业，自设定规则，自动生成评价重点

审计与内控数字化监督平台通过穿行测试、控制测试等方法，发现并认定内部制度的设计缺失和运行缺陷。平台可以根据设定的定量规则，自动生成评价范围，自动生成评价重点内容，并通过缺陷整改、跟踪落实等控制手段，实现内控的闭环管理促进管理，促进管理水平的不断提高，进行以流程为基础的与环节相关的风险识别评估，明确风险等级、风险清单、控制节点及控制要求，并以此为基础实施业务流程再造，自动生成内部控制管理手册，最终实现从流程化到信息化的转变，帮助集团建立完善的内部控制和风险管理体系。

6. 锚定重点，以多维视角拓展内控信息化能力

通过自上而下的“梳理控制点—选择固化模式—系统优化实施”方法及风险导向下的业务流程梳理，结合风险评估等级、控制频率、控制类型、控制方式等要素识别，分析内控信息化提升的必要性，结合分析当前系统能力（基于系统架构、功能、接口、数据域等现状），选择适当的固化模式，例如，增加系统控制节点，增加校验功能等方式，对信息系统进行功能升级、开发实施。

后记

企业数字化转型是一项战略性、系统性工程，转型过程中将面临诸多风险和挑战，转型成功与否事关企业的生存与发展。审计作为企业治理的重要基础和保障，应该在数字化转型的过程中主动作为，充分发挥监督、评价和咨询的职能作用，成为数字化转型不可或缺的推动者。

本书就是在这样的背景和逻辑下，开始立项、组织并进行编写的。本书的创作有两个核心目标：一是向企业治理层、高管层阐明内部审计在企业数字化转型的定位和价值，并形成共识；二是出版一本对企业内部审计团队和人员数字化转型的工具书，整合行业最佳实践和专家见解，说明审计应该做什么，以及怎么做，促进审计新定位、新价值的落地实现。

本书源于内部审计赋能企业数字化转型研究课题，该课题于2021年10月由中国内部审计协会和中国信息通信研究院联合发起，历时10个月的研讨、编写和评审，形成《做数字化转型不可或缺的推动者——内部审计赋能企业数字化转型研究报告（2022）》，并在2022年7月的第一届全国数字化审计论坛上正式发布。报告一经发布就得到审计同人的广泛关注，引起全行业共鸣。经过课题组讨论，我们决定进一步将报告完善成书稿，增加实践案例，细化审计方案，形成实施路径，让课题的理念、内容得到更广泛的推广，让课题的价值得到最大化的发挥。

经过了10个月的努力，经过编写专家组的反复研讨、修订，最终形成了《慧眼识数：内部审计赋能企业数字化转型》一书。

本书汇集了27家机构60余名专家的经验与智慧！衷心感谢沈立强秘书长、何宝宏所长的指导，感谢周立云、曹迎春、陈天元3位专家对核心章节结构和内容逻辑提供的宝贵建议，感谢程广华、王鹏虎、刘国华、闫振平4位专家的技术专业性指导，感谢陈艳娇教授提供的审计专业性内容，感谢张松涛、庞博、童杰、陈博、张蕴专家对编写专家的协调和指导，感谢李晓娴、李远、陈雪嵩、于威、庞瑞江、陈鸣、詹万钧、杨文松、宋心峰、许琦、邹庆、李晨光、陈丽娜、徐哲显、吴少华、王开志、汪黎、王天、王阳、王意林、王加冕、卞勇、孙宁、任玲、左民玮、任资政、刘天放、米昌顺、李轩、李强、李艳东、李瑛、李菁、李勇、吴江煌、吴王凯、张丽萍、陈颖芳、林晓东、赵学敏、赵奕强、曹圻、谭昕、颜涵、鄢皓、苏纯燕等对本书内容的贡献。感谢南京审计大学、中国石油化工集团有限公司、中国移动通信集团有限公司、中国工商银行股份有限公司、交通银行股份有限公司、中国电信集团有限公司、中国卫星网络集团有限公司、华润（集团）有限公司、中信银行股份有限公司、上海浦东发展银行股份有限公司、中国国际海运集装箱（集团）股份有限公司、中国移动通信集团浙江有限公司、中国移动通信集团云南有限公司、中国移动通信集团广东有限公司、中国移动通信集团上海有限公司、中国有色工程有限公司、深圳前海微众银行股份有限公司、深圳顺丰泰森控股（集团）有限公司、北京微梦创科网络技术有限公司、上海华瑞银行、北京中软国际信息技术有限公司、北京慧点科技有限公司、上海宝信软件股份有限公司、厦门美亚亿安信息科技有限公司、北京至臻云智能科技有限公司等对本书给予的专家和案例支持。特别要说明的是，在本书编写的过程中，上述各位专家克服不可抗力带来的种种困难，体现了专家们的敬业精神和奉献精神，再次向大家表示最诚挚的敬意和感谢！

本书首次系统性探索、回答了企业数字化转型过程中内部审计能做什么、如何做等核心问题，由于涉及领域比较新，研究难度大，有些建议还有待进一步实践检验。加之编者的理论水平、眼界和视野所限，难免存在缺点和不足，敬请广大读者批评指正。